U0796381

中华人民共和国
监察法
及相关规定索引速查手册

秦前红／主　编
石泽华／副主编

法律出版社
LAW PRESS·CHINA
北京

图书在版编目（CIP）数据

《中华人民共和国监察法》及相关规定索引速查手册 / 秦前红主编 ; 石泽华副主编. -- 北京 : 法律出版社, 2025. -- ISBN 978-7-5197-9526-9

Ⅰ. D922. 11

中国国家版本馆 CIP 数据核字第 2024BX3798 号

《中华人民共和国监察法》及相关规定索引速查手册
《ZHONGHUA RENMIN GONGHEGUO JIANCHAFA》JI XIANGGUAN GUIDING SUOYIN SUCHA SHOUCE

秦前红 主　编
石泽华 副主编

责任编辑 董　昱
装帧设计 汪奇峰 臧晓飞

出版发行 法律出版社
编辑统筹 法规出版分社
责任校对 王　丰　李景美
责任印制 耿润瑜
经　　销 新华书店

开本 A5
印张 10.875　　**字数** 302 千
版本 2025 年 2 月第 1 版
印次 2025 年 2 月第 1 次印刷
印刷 永清县金鑫印刷有限公司

地址:北京市丰台区莲花池西里 7 号(100073)
网址:www. lawpress. com. cn
投稿邮箱:info@ lawpress. com. cn
举报盗版邮箱:jbwq@ lawpress. com. cn
销售电话:010-83938349
客服电话:010-83938350
咨询电话:010-63939796
版权所有 · 侵权必究

书号:ISBN 978-7-5197-9526-9　　**定价**:58. 00 元

凡购买本社图书,如有印装错误,我社负责退换。电话:010-83938349

编　委　会

主　编　秦前红

副主编　石泽华

撰稿人名单（以姓氏笔画为序）

王　译　石泽华　刘怡达　张晓瑜

张演锋　周　航　秦前红　焦自路

法律法规术语表

简称	全称	版本
一、宪法、党章		
《宪法》	《中华人民共和国宪法》	（1982 年 12 月 4 日通过，根据历次修正案修正）
《党章》	《中国共产党章程》	（中国共产党第二十次全国代表大会部分修改，2022 年 10 月 22 日通过）
二、“三法一条例”		
《监察法》	《中华人民共和国监察法》	2024 年
《公职人员政务处分法》	《中华人民共和国公职人员政务处分法》	2020 年
《监察官法》	《中华人民共和国监察官法》	2021 年
《监察法实施条例》	《中华人民共和国监察法实施条例》	2021 年
三、国家法律		
《立法法》	《中华人民共和国立法法》	2023 年
《全国人民代表大会议事规则》	《中华人民共和国全国人民代表大会议事规则》	2021 年
《各级人民代表大会常务委员会监督法》	《中华人民共和国各级人民代表大会常务委员会监督法》	2024 年

续表

简称	全称	版本
《地方各级人民代表大会和地方各级人民政府组织法》	《中华人民共和国地方各级人民代表大会和地方各级人民政府组织法》	2022 年
《公务员法》	《中华人民共和国公务员法》	2018 年
《人民警察法》	《中华人民共和国人民警察法》	2012 年
《刑法》	《中华人民共和国刑法》	2023 年
《刑事诉讼法》	《中华人民共和国刑事诉讼法》	2018 年
《反有组织犯罪法》	《中华人民共和国反有组织犯罪法》	2021 年
《治安管理处罚法》	《中华人民共和国治安管理处罚法》	2012 年
《道路交通安全法》	《中华人民共和国道路交通安全法》	2021 年
《国家赔偿法》	《中华人民共和国国家赔偿法》	2012 年
《未成年人保护法》	《中华人民共和国未成年人保护法》	2024 年
《审计法》	《中华人民共和国审计法》	2021 年
《精神卫生法》	《中华人民共和国精神卫生法》	2018 年
《企业国有资产法》	《中华人民共和国企业国有资产法》	2008 年
《保守国家秘密法》	《中华人民共和国保守国家秘密法》	2024 年
《国际刑事司法协助法》	《中华人民共和国国际刑事司法协助法》	2018 年

续表

简称	全称	版本
《出境入境管理法》	《中华人民共和国出境入境管理法》	2012 年
《引渡法》	《中华人民共和国引渡法》	2000 年
四、党内法规		
/	《中国共产党纪律检查委员会工作条例》	2021 年
/	《中国共产党党内监督条例》	2016 年
/	《中国共产党纪律处分条例》	2023 年
/	《中国共产党问责条例》	2019 年
/	《中国共产党巡视工作条例》	2024 年
/	《中国共产党党员教育管理工作条例》	2019 年
/	《中国共产党党员权利保障条例》	2020 年
/	《中国共产党党务公开条例（试行）》	2017 年
/	《中国共产党组织处理规定（试行）》	2021 年
/	《中国共产党纪律检查机关监督执纪工作规则》	2018 年
/	《干部教育培训工作条例》	2023 年
/	《党委（党组）落实全面从严治党主体责任规定》	2020 年
/	《纪检监察机关派驻机构工作规则》	2022 年
/	《纪检监察机关处理检举控告工作规则》	2020 年

续表

简称	全称	版本
五、其他相关的规范性文件		
/	《全国人民代表大会常务委员会关于〈中华人民共和国刑法〉第九十三条第二款的解释》	2009年
/	《全国人民代表大会常务委员会关于〈中华人民共和国刑法〉第九章渎职罪主体适用问题的解释》	2002年
/	《全国人民代表大会常务委员会关于司法鉴定管理问题的决定》	2015年
/	《公务员范围规定》	2020年
/	《公务员登记办法》	2020年
/	《参照〈中华人民共和国公务员法〉管理的单位审批办法》	2020年
/	《国家监察委员会特约监察员工作办法》	2018年
/	《关于实施〈中华人民共和国国际刑事司法协助法〉若干问题的规定（试行）》	2024年
/	《最高人民法院关于适用〈中华人民共和国刑事诉讼法〉的解释》	2021年
/	《最高人民法院、最高人民检察院关于办理国家出资企业中职务犯罪案件具体应用法律若干问题的意见》	2010年
/	《人民检察院刑事诉讼规则》	2019年

续表

简称	全称	版本
/	《最高人民法院、最高人民检察院关于适用犯罪嫌疑人、被告人逃匿、死亡案件违法所得没收程序若干问题的规定》	2017 年
/	《关于人民检察院立案侦查司法工作人员相关职务犯罪案件若干问题的规定》	2018 年
《出境入境边防检查条例》	《中华人民共和国出境入境边防检查条例》	1995 年
/	《中国公民往来台湾地区管理办法》	2015 年
/	《中国公民因私事往来香港地区或者澳门地区的暂行管理办法》	1986 年
/	《公安机关督察条例》	2011 年
/	《公安机关人民警察内务条令》	2021 年
/	《公安机关实施停止执行职务和禁闭措施的规定》	1998 年
/	《公安机关办理行政案件程序规定》	2020 年
/	《公安机关办理刑事案件程序规定》	2020 年
/	《公安机关办理刑事案件电子数据取证规则》	2019 年
/	《公安机关刑事案件现场勘验检查规则》	2015 年

续表

简称	全称	版本
/	《司法鉴定机构鉴定人记录和报告干预司法鉴定活动的有关规定》	2020 年
/	《金融机构协助查询、冻结、扣划工作管理规定》	2002 年

目　　录

中华人民共和国监察法

中华人民共和国监察法

（2018年3月20日第十三届全国人民代表大会第一次会议通过　根据2024年12月25日第十四届全国人民代表大会常务委员会第十三次会议《关于修改〈中华人民共和国监察法〉的决定》修正）

第一章　总　　则

立法目的[1]

第一条　为了深入开展廉政建设和反腐败工作，加强对所有行使公权力的公职人员的监督，实现国家监察全面覆盖，持续深化国家监察体制改革，推进国家治理体系和治理能力现代化，根据宪法，制定本法。

【关联法条】

1.1　《宪法》

第一百二十四条　中华人民共和国设立国家监察委员会和地方各级监察委员会。

监察委员会由下列人员组成：

主任，

副主任若干人，

委员若干人。

[1]　条文主旨为编者所加，下同。

监察委员会主任每届任期同本级人民代表大会每届任期相同。国家监察委员会主任连续任职不得超过两届。

监察委员会的组织和职权由法律规定。

1.2 《立法法》

第五条　立法应当符合宪法的规定、原则和精神，依照法定的权限和程序，从国家整体利益出发，维护社会主义法制的统一、尊严、权威。

指导思想

> 第二条　坚持中国共产党对国家监察工作的领导，以马克思列宁主义、毛泽东思想、邓小平理论、“三个代表”重要思想、科学发展观、习近平新时代中国特色社会主义思想为指导，构建集中统一、权威高效的中国特色国家监察体制。

【关联法条】

2.1 《宪法》

序言第七自然段　中国新民主主义革命的胜利和社会主义事业的成就，是中国共产党领导中国各族人民，在马克思列宁主义、毛泽东思想的指引下，坚持真理，修正错误，战胜许多艰难险阻而取得的。我国将长期处于社会主义初级阶段。国家的根本任务是，沿着中国特色社会主义道路，集中力量进行社会主义现代化建设。中国各族人民将继续在中国共产党领导下，在马克思列宁主义、毛泽东思想、邓小平理论、“三个代表”重要思想、科学发展观、习近平新时代中国特色社会主义思想指引下，坚持人民民主专政，坚持社会主义道路，坚持改革开放，不断完善社会主义的各项制度，发展社会主义市场经济，发展社会主义民主，健全社会主义法治，贯彻新发展理念，自力更生，艰苦奋斗，逐步实现工业、农业、国防和科学技术的现代化，推动物质文明、政治文明、精神文明、社会文明、生态文明协调发展，把我国建设成为富强民主文明和谐美丽的社会主义现代化强国，实现中华民族伟大复兴。

2.2 《党章》

总纲第二自然段 中国共产党以马克思列宁主义、毛泽东思想、邓小平理论、“三个代表”重要思想、科学发展观、习近平新时代中国特色社会主义思想作为自己的行动指南。

2.3 《监察官法》

第二条 监察官的管理和监督坚持中国共产党领导，坚持以马克思列宁主义、毛泽东思想、邓小平理论、“三个代表”重要思想、科学发展观、习近平新时代中国特色社会主义思想为指导，坚持党管干部原则，增强监察官的使命感、责任感、荣誉感，建设忠诚干净担当的监察官队伍。

2.4 《中国共产党纪律检查委员会工作条例》

第二条 党的各级纪律检查委员会高举中国特色社会主义伟大旗帜，以马克思列宁主义、毛泽东思想、邓小平理论、“三个代表”重要思想、科学发展观、习近平新时代中国特色社会主义思想为指导，增强“四个意识”、坚定“四个自信”、做到“两个维护”，不忘初心、牢记使命，深入贯彻全面从严治党战略方针，坚定不移推进党风廉政建设和反腐败斗争，构建一体推进不敢腐、不能腐、不想腐体制机制，从严从实加强自身建设，自觉接受监督，充分发挥监督保障执行、促进完善发展作用。

第四条 党的各级纪律检查委员会遵循以下原则开展工作：

（一）坚持党的全面领导，坚持党中央集中统一领导。

（二）坚持以人民为中心，践行党的根本宗旨和群众路线。

（三）坚持民主集中制，实行集体领导和个人分工负责相结合的制度。

（四）坚持严的主基调，全面从严、一严到底。

（五）坚持实事求是，依规依纪依法履行职责。

（六）坚持惩前毖后、治病救人，实现政治效果、纪法效果、社会效果有机统一。

第五条 党的中央纪律检查委员会（国家监察委员会）在党中央领导下进行工作，履行党的最高纪律检查机关（国家最高监察机关）职责。

党的中央纪律检查委员会严格执行加强和维护党中央集中统一领导的各项制度要求，及时向中央政治局、中央政治局常务委员会请示汇报工作，研究重大事项、重要问题以及作出立案审查决定、给予党纪处分等事项向党中央请示报告。执行党中央重要决定的情况应当专题报告。

第六条 党的地方各级纪律检查委员会和基层纪律检查委员会在同级党的委员会和上级纪律检查委员会双重领导下进行工作。

党的地方各级纪律检查委员会和基层纪律检查委员会应当落实同级党的委员会推进全面从严治党、加强党风廉政建设和反腐败工作的部署，执行同级党委作出的决定，及时向同级党委汇报工作，按照规定请示报告重大事项。

上级党的纪律检查委员会加强对下级纪律检查委员会的领导，对下级纪委的工作作出部署、提出要求；督促指导和支持下级纪委开展同级监督，检查下级纪委的工作，定期听取工作汇报，开展政治和业务培训；坚持查办腐败案件以上级纪委领导为主，按照规定审议和批准下级纪委关于线索处置、立案审查、纪律处分等的请示报告，按照程序改变下级纪委作出的错误或者不当的决定，必要时直接审查或者组织、指挥审查下级纪委管辖范围内有重大影响或者复杂的案件。

性质和职能

> 第三条 各级监察委员会是行使国家监察职能的专责机关，依照本法对所有行使公权力的公职人员（以下称公职人员）进行监察，调查职务违法和职务犯罪，开展廉政建设和反腐败工作，维护宪法和法律的尊严。

【关联法条】

3.1 《宪法》

序言第十三自然段　本宪法以法律的形式确认了中国各族人民奋斗的成果，规定了国家的根本制度和根本任务，是国家的根本法，具有最高的法律效力。全国各族人民、一切国家机关和武装力量、各政党和各社会团体、各企业事业组织，都必须以宪法为根本的活动准则，并且负有维护宪法尊严、保证宪法实施的职责。

3.2 《党章》

第四十六条　党的各级纪律检查委员会是党内监督专责机关，主要任务是：维护党的章程和其他党内法规，检查党的路线、方针、政策和决议的执行情况，协助党的委员会推进全面从严治党、加强党风建设和组织协调反腐败工作，推动完善党和国家监督体系。

党的各级纪律检查委员会的职责是监督、执纪、问责，要经常对党员进行遵守纪律的教育，作出关于维护党纪的决定；对党的组织和党员领导干部履行职责、行使权力进行监督，受理处置党员群众检举举报，开展谈话提醒、约谈函询；检查和处理党的组织和党员违反党的章程和其他党内法规的比较重要或复杂的案件，决定或取消对这些案件中的党员的处分；进行问责或提出责任追究的建议；受理党员的控告和申诉；保障党员的权利。

各级纪律检查委员会要把处理特别重要或复杂的案件中的问题和处理的结果，向同级党的委员会报告。党的地方各级纪律检查委员会和基层纪律检查委员会要同时向上级纪律检查委员会报告。

各级纪律检查委员会发现同级党的委员会委员有违犯党的纪律的行为，可以先进行初步核实，如果需要立案检查的，应当在向同级党的委员会报告的同时向上一级纪律检查委员会报告；涉及常务委员的，报告上一级纪律检查委员会，由上一级纪律检查委员会进行初步核实，需要审查的，由上一级纪律检查委员会报它的同级党的委员会批准。

3.3 《监察法》

第五条　国家监察工作严格遵照宪法和法律，以事实为根据，以法律为准绳；权责对等，严格监督；遵守法定程序，公正履行职责；尊重和保障人权，在适用法律上一律平等，保障监察对象及相关人员的合法权益；惩戒与教育相结合，宽严相济。

3.4 《监察法实施条例》

第二十五条　监察机关依法对监察法第十一条第二项规定的职务犯罪进行调查。

第二十六条　监察机关依法调查涉嫌贪污贿赂犯罪，包括贪污罪，挪用公款罪，受贿罪，单位受贿罪，利用影响力受贿罪，行贿罪，对有影响力的人行贿罪，对单位行贿罪，介绍贿赂罪，单位行贿罪，巨额财产来源不明罪，隐瞒境外存款罪，私分国有资产罪，私分罚没财物罪，以及公职人员在行使公权力过程中实施的职务侵占罪，挪用资金罪，对外国公职人员、国际公共组织官员行贿罪，非国家工作人员受贿罪和相关联的对非国家工作人员行贿罪。

第二十七条　监察机关依法调查公职人员涉嫌滥用职权犯罪，包括滥用职权罪，国有公司、企业、事业单位人员滥用职权罪，滥用管理公司、证券职权罪，食品、药品监管渎职罪，故意泄露国家秘密罪，报复陷害罪，阻碍解救被拐卖、绑架妇女、儿童罪，帮助犯罪分子逃避处罚罪，违法发放林木采伐许可证罪，办理偷越国（边）境人员出入境证件罪，放行偷越国（边）境人员罪，挪用特定款物罪，非法剥夺公民宗教信仰自由罪，侵犯少数民族风俗习惯罪，打击报复会计、统计人员罪，以及司法工作人员以外的公职人员利用职权实施的非法拘禁罪、虐待被监管人罪、非法搜查罪。

第二十八条　监察机关依法调查公职人员涉嫌玩忽职守犯罪，包括玩忽职守罪，国有公司、企业、事业单位人员失职罪，签订、履行合同失职被骗罪，国家机关工作人员签订、履行合同失职被骗罪，环境监管失职罪，传染病防治失职罪，商检失职罪，动植物检疫失职罪，不解救被拐卖、绑架妇女、儿童罪，失职造成珍贵文物损毁、流失罪，过失泄露国家秘密罪。

第二十九条 监察机关依法调查公职人员涉嫌徇私舞弊犯罪，包括徇私舞弊低价折股、出售国有资产罪，非法批准征收、征用、占用土地罪，非法低价出让国有土地使用权罪，非法经营同类营业罪，为亲友非法牟利罪，枉法仲裁罪，徇私舞弊发售发票、抵扣税款、出口退税罪，商检徇私舞弊罪，动植物检疫徇私舞弊罪，放纵走私罪，放纵制售伪劣商品犯罪行为罪，招收公务员、学生徇私舞弊罪，徇私舞弊不移交刑事案件罪，违法提供出口退税凭证罪，徇私舞弊不征、少征税款罪。

第三十条 监察机关依法调查公职人员在行使公权力过程中涉及的重大责任事故犯罪，包括重大责任事故罪，教育设施重大安全事故罪，消防责任事故罪，重大劳动安全事故罪，强令、组织他人违章冒险作业罪，危险作业罪，不报、谎报安全事故罪，铁路运营安全事故罪，重大飞行事故罪，大型群众性活动重大安全事故罪，危险物品肇事罪，工程重大安全事故罪。

第三十一条 监察机关依法调查公职人员在行使公权力过程中涉及的其他犯罪，包括破坏选举罪，背信损害上市公司利益罪，金融工作人员购买假币、以假币换取货币罪，利用未公开信息交易罪，诱骗投资者买卖证券、期货合约罪，背信运用受托财产罪，违法运用资金罪，违法发放贷款罪，吸收客户资金不入账罪，违规出具金融票证罪，对违法票据承兑、付款、保证罪，非法转让、倒卖土地使用权罪，私自开拆、隐匿、毁弃邮件、电报罪，故意延误投递邮件罪，泄露不应公开的案件信息罪，披露、报道不应公开的案件信息罪，接送不合格兵员罪。

3.5 《中国共产党纪律检查委员会工作条例》

第三条 党的各级纪律检查委员会是党内监督专责机关，是党推进全面从严治党、开展党风廉政建设和反腐败斗争的专门力量。

党的各级纪律检查委员会的主要任务是：维护党的章程和其他党内法规，检查党的理论和路线方针政策、党中央决策部署执行情况，协助党的委员会推进全面从严治党、加强党风建设和组织协调反腐败工作。

党的各级纪律检查委员会把坚决维护习近平总书记党中央的核心、全党的核心地位，维护党中央权威和集中统一领导作为最高政治原则和根本政治责任。

依法独立行使监察权

第四条　监察委员会依照法律规定独立行使监察权，不受行政机关、社会团体和个人的干涉。

监察机关办理职务违法和职务犯罪案件，应当与审判机关、检察机关、执法部门互相配合，互相制约。

监察机关在工作中需要协助的，有关机关和单位应当根据监察机关的要求依法予以协助。

【关联法条】

4.1 《宪法》

第一百二十五条　中华人民共和国国家监察委员会是最高监察机关。

国家监察委员会领导地方各级监察委员会的工作，上级监察委员会领导下级监察委员会的工作。

第一百二十六条　国家监察委员会对全国人民代表大会和全国人民代表大会常务委员会负责。地方各级监察委员会对产生它的国家权力机关和上一级监察委员会负责。

第一百二十七条　监察委员会依照法律规定独立行使监察权，不受行政机关、社会团体和个人的干涉。

监察机关办理职务违法和职务犯罪案件，应当与审判机关、检察机关、执法部门互相配合，互相制约。

4.2 《监察法实施条例》

第八条 监察机关办理职务犯罪案件，应当与人民法院、人民检察院互相配合、互相制约，在案件管辖、证据审查、案件移送、涉案财物处置等方面加强沟通协调，对于人民法院、人民检察院提出的退回补充调查、排除非法证据、调取同步录音录像、要求调查人员出庭等意见依法办理。

第九条 监察机关开展监察工作，可以依法提请组织人事、公安、国家安全、审计、统计、市场监管、金融监管、财政、税务、自然资源、银行、证券、保险等有关部门、单位予以协助配合。

有关部门、单位应当根据监察机关的要求，依法协助采取有关措施、共享相关信息、提供相关资料和专业技术支持，配合开展监察工作。

第二百二十五条 监察机关对于人民检察院在审查起诉中书面提出的下列要求应当予以配合：

（一）认为可能存在以非法方法收集证据情形，要求监察机关对证据收集的合法性作出说明或者提供相关证明材料的；

（二）排除非法证据后，要求监察机关另行指派调查人员重新取证的；

（三）对物证、书证、视听资料、电子数据及勘验检查、辨认、调查实验等笔录存在疑问，要求调查人员提供获取、制作的有关情况的；

（四）要求监察机关对案件中某些专门性问题进行鉴定，或者对勘验检查进行复验、复查的；

（五）认为主要犯罪事实已经查清，仍有部分证据需要补充完善，要求监察机关补充提供证据的；

（六）人民检察院依法提出的其他工作要求。

第二百二十九条 在案件审判过程中，人民检察院书面要求监察机关补充提供证据，对证据进行补正、解释，或者协助人民检察院补充侦查的，监察机关应当予以配合。监察机关不能提供有关证据材料的，应当书面说明情况。

人民法院在审判过程中就证据收集合法性问题要求有关调查人员出庭说明情况时，监察机关应当依法予以配合。

4.3 《刑事诉讼法》

第七条　人民法院、人民检察院和公安机关进行刑事诉讼，应当分工负责，互相配合，互相制约，以保证准确有效地执行法律。

4.4 《反有组织犯罪法》

第六条　监察机关、人民法院、人民检察院、公安机关、司法行政机关以及其他有关国家机关，应当根据分工，互相配合，互相制约，依法做好反有组织犯罪工作。

有关部门应当动员、依靠村民委员会、居民委员会、企业事业单位、社会组织，共同开展反有组织犯罪工作。

4.5 《审计法》

第四十八条　被审计单位违反本法规定，转移、隐匿、篡改、毁弃财务、会计资料以及与财政收支、财务收支有关的业务、管理等资料，或者转移、隐匿、故意毁损所持有的违反国家规定取得的资产，审计机关认为对直接负责的主管人员和其他直接责任人员依法应当给予处分的，应当向被审计单位提出处理建议，或者移送监察机关和有关主管机关、单位处理，有关机关、单位应当将处理结果书面告知审计机关；构成犯罪的，依法追究刑事责任。

4.6 《中国共产党纪律检查委员会工作条例》

第三十条　发挥党的纪律检查工作在党和国家监督体系中的重要作用，强化对权力运行的制约和监督，重点加强对领导干部特别是主要领导干部的监督，提升监督全覆盖质量，增强监督的政治性、严肃性、协同性、有效性。

深化纪检监察体制改革，推进纪律监督、监察监督、派驻监督、巡视监督统筹衔接，整合运用监督力量，构建系统集成、协同高效的监督机制。坚持以党内监督为主导，促进人大监督、民主监督、行政监督、司法监督、审计监督、财会监督、统计监督、群众监督、舆论监督等各类监督有机贯通、相互协调，健全信息沟通、线索移交、措施配合、成果共享等机制，形成常态长效的监督合力。

4.7 《中国共产党纪律检查机关监督执纪工作规则》

第十一条第二款　纪检监察机关在工作中需要协助的，有关组织和机关、单位、个人应当依规依纪依法予以协助。

监察原则

> 第五条　国家监察工作严格遵照宪法和法律，以事实为根据，以法律为准绳；权责对等，严格监督；遵守法定程序，公正履行职责；尊重和保障人权，在适用法律上一律平等，保障监察对象及相关人员的合法权益；惩戒与教育相结合，宽严相济。

【关联法条】

5.1 《宪法》

第五条　中华人民共和国实行依法治国，建设社会主义法治国家。

国家维护社会主义法制的统一和尊严。

一切法律、行政法规和地方性法规都不得同宪法相抵触。

一切国家机关和武装力量、各政党和各社会团体、各企业事业组织都必须遵守宪法和法律。一切违反宪法和法律的行为，必须予以追究。

任何组织或者个人都不得有超越宪法和法律的特权。

第三十三条　凡具有中华人民共和国国籍的人都是中华人民共和国公民。

中华人民共和国公民在法律面前一律平等。

国家尊重和保障人权。

任何公民享有宪法和法律规定的权利，同时必须履行宪法和法律规定的义务。

5.2 《公职人员政务处分法》

第四条　给予公职人员政务处分，坚持党管干部原则，集体讨论决定；坚持法律面前一律平等，以事实为根据，以法律为准绳，给予的政务处分与违法行为的性质、情节、危害程度相当；坚持惩戒与教育相结合，宽严相济。

第五条　给予公职人员政务处分，应当事实清楚、证据确凿、定性准确、处理恰当、程序合法、手续完备。

第六条　公职人员依法履行职责受法律保护，非因法定事由、非经法定程序，不受政务处分。

5.3 《监察官法》

第五条　监察官应当维护宪法和法律的尊严和权威，以事实为根据，以法律为准绳，客观公正地履行职责，保障当事人的合法权益。

5.4 《监察法实施条例》

第四条　监察机关应当依法履行监督、调查、处置职责，坚持实事求是，坚持惩前毖后、治病救人，坚持惩戒与教育相结合，实现政治效果、法律效果和社会效果相统一。

第五条　监察机关应当坚定不移惩治腐败，推动深化改革、完善制度，规范权力运行，加强思想道德教育、法治教育、廉洁教育，引导公职人员提高觉悟、担当作为、依法履职，一体推进不敢腐、不能腐、不想腐体制机制建设。

第七条　监察机关应当在适用法律上一律平等，充分保障监察对象以及相关人员的人身权、知情权、财产权、申辩权、申诉权以及申请复审复核权等合法权益。

5.5 《刑事诉讼法》

第二条　中华人民共和国刑事诉讼法的任务，是保证准确、及时地查明犯罪事实，正确应用法律，惩罚犯罪分子，保障无罪的人不受刑事追究，教育公民自觉遵守法律，积极同犯罪行为作斗争，维护社会主义法制，尊重和保障人权，保护公民的人身权利、财产权利、民主权利和其他权利，保障社会主义建设事业的顺利进行。

第六条　人民法院、人民检察院和公安机关进行刑事诉讼，必须依靠群众，必须以事实为根据，以法律为准绳。对于一切公民，在适用法律上一律平等，在法律面前，不允许有任何特权。

5.6　《中国共产党纪律检查委员会工作条例》

第四条　党的各级纪律检查委员会遵循以下原则开展工作：

（一）坚持党的全面领导，坚持党中央集中统一领导。

（二）坚持以人民为中心，践行党的根本宗旨和群众路线。

（三）坚持民主集中制，实行集体领导和个人分工负责相结合的制度。

（四）坚持严的主基调，全面从严、一严到底。

（五）坚持实事求是，依规依纪依法履行职责。

（六）坚持惩前毖后、治病救人，实现政治效果、纪法效果、社会效果有机统一。

5.7　《中国共产党纪律处分条例》

第四条　党的纪律处分工作遵循下列原则：

（一）坚持党要管党、全面从严治党。把严的基调、严的措施、严的氛围长期坚持下去，加强对党的各级组织和全体党员的教育、管理和监督，把纪律挺在前面，抓早抓小、防微杜渐。

（二）党纪面前一律平等。对违犯党纪的党组织和党员必须严肃、公正执行纪律，党内不允许有任何不受纪律约束的党组织和党员。

（三）实事求是。对党组织和党员违犯党纪的行为，应当以事实为依据，以党章、其他党内法规和国家法律法规为准绳，执纪执法贯通，准确认定行为性质，区别不同情况，恰当予以处理。

（四）民主集中制。实施党纪处分，应当按照规定程序经党组织集体讨论决定，不允许任何个人或者少数人擅自决定和批准。上级党组织对违犯党纪的党组织和党员作出的处理决定，下级党组织必须执行。

（五）惩前毖后、治病救人。处理违犯党纪的党组织和党员，应当实行惩戒与教育相结合，做到宽严相济。

第五条　深化运用监督执纪“四种形态”，经常开展批评和自我批评，及时进行谈话提醒、批评教育、责令检查、诫勉，让“红红脸、出出汗”成为常态；党纪轻处分、组织调整成为违纪处理的大多数；党纪重处分、重大职务调整的成为少数；严重违纪涉嫌犯罪追究刑事责任的成为极少数。

5.8 《中国共产党党员权利保障条例》

第四十一条　党的纪律检查机关应当担负起保障党员权利的职责，加强对党组织和领导干部履行党员权利保障工作职责情况的监督检查，受理和处置有关党员权利保障方面的检举、控告和申诉，检查和处理侵犯党员权利方面的案件，对侵犯党员权利的党组织和党员作出处理、处分决定或者提出处理、处分建议。

5.9 《中国共产党纪律检查机关监督执纪工作规则》

第三条　监督执纪工作应当遵循以下原则：

（一）坚持和加强党的全面领导，牢固树立政治意识、大局意识、核心意识、看齐意识，坚定中国特色社会主义道路自信、理论自信、制度自信、文化自信，坚决维护习近平总书记党中央的核心、全党的核心地位，坚决维护党中央权威和集中统一领导，严守政治纪律和政治规矩，体现监督执纪工作的政治性，构建党统一指挥、全面覆盖、权威高效的监督体系；

（二）坚持纪律检查工作双重领导体制，监督执纪工作以上级纪委领导为主，线索处置、立案审查等在向同级党委报告的同时应当向上级纪委报告；

（三）坚持实事求是，以事实为依据，以党章党规党纪和国家法律法规为准绳，强化监督、严格执纪，把握政策、宽严相济，对主动投案、主动交代问题的宽大处理，对拒不交代、欺瞒组织的从严处理；

（四）坚持信任不能代替监督，执纪者必先守纪，以更高的标准、更严的要求约束自己，严格工作程序，有效管控风险，强化对监督执纪各环节的监督制约，确保监督执纪工作经得起历史和人民的检验。

第四条　坚持惩前毖后、治病救人，把纪律挺在前面，精准有效运用监督执纪“四种形态”，把思想政治工作贯穿监督执纪全过程，严管和厚爱结合，激励和约束并重，注重教育转化，促使党员自觉防止和纠正违纪行为，惩治极少数，教育大多数，实现政治效果、纪法效果和社会效果相统一。

一体推进“三不腐”

第六条　国家监察工作坚持标本兼治、综合治理，强化监督问责，严厉惩治腐败；深化改革、健全法治，有效制约和监督权力；加强法治教育和道德教育，弘扬中华优秀传统文化，构建不敢腐、不能腐、不想腐的长效机制。

【关联法条】

6.1　《宪法》

第二十四条　国家通过普及理想教育、道德教育、文化教育、纪律和法制教育，通过在城乡不同范围的群众中制定和执行各种守则、公约，加强社会主义精神文明的建设。

国家倡导社会主义核心价值观，提倡爱祖国、爱人民、爱劳动、爱科学、爱社会主义的公德，在人民中进行爱国主义、集体主义和国际主义、共产主义的教育，进行辩证唯物主义和历史唯物主义的教育，反对资本主义的、封建主义的和其他的腐朽思想。

6.2　《监察官法》

第九条　监察官依法履行下列职责：

（一）对公职人员开展廉政教育；

（二）对公职人员依法履职、秉公用权、廉洁从政从业以及道德操守情况进行监督检查；

（三）对法律规定由监察机关管辖的职务违法和职务犯罪进行调查；

（四）根据监督、调查的结果，对办理的监察事项提出处置意见；

（五）开展反腐败国际合作方面的工作；

（六）法律规定的其他职责。

监察官在职权范围内对所办理的监察事项负责。

6.3 《监察法实施条例》

第五条　监察机关应当坚定不移惩治腐败，推动深化改革、完善制度，规范权力运行，加强思想道德教育、法治教育、廉洁教育，引导公职人员提高觉悟、担当作为、依法履职，一体推进不敢腐、不能腐、不想腐体制机制建设。

6.4 《中国共产党纪律检查委员会工作条例》

第二十九条　党的纪律检查工作坚持把一体推进不敢腐、不能腐、不想腐作为反腐败斗争的基本方针、新时代全面从严治党的重要方略，惩治震慑、制度约束、提高觉悟一体发力，系统施治、标本兼治，努力取得更多制度性成果和更大治理成效：

（一）坚持无禁区、全覆盖、零容忍，坚持重遏制、强高压、长震慑，坚持受贿行贿一起查，巩固不敢腐。

（二）坚持将惩治腐败与深化改革、促进治理贯通起来，深入查找制度和体制机制存在的问题，推动补齐制度短板、堵塞监管漏洞、规范权力运行，强化不能腐。

（三）坚持教育党员、干部坚定理想信念宗旨，提高党性觉悟，提升道德修养，涵养廉洁文化，筑牢思想上拒腐防变的堤坝，自觉不想腐。

第二章　监察机关及其职责

监察机关设置

> 第七条　中华人民共和国国家监察委员会是最高监察机关。
>
> 省、自治区、直辖市、自治州、县、自治县、市、市辖区设立监察委员会。

【关联法条】

7.1　《宪法》

第一百二十三条　中华人民共和国各级监察委员会是国家的监察机关。

第一百二十五条　中华人民共和国国家监察委员会是最高监察机关。

国家监察委员会领导地方各级监察委员会的工作，上级监察委员会领导下级监察委员会的工作。

7.2　《党章》

第四十五条第一款　党的中央纪律检查委员会在党的中央委员会领导下进行工作。党的地方各级纪律检查委员会和基层纪律检查委员会在同级党的委员会和上级纪律检查委员会双重领导下进行工作。上级党的纪律检查委员会加强对下级纪律检查委员会的领导。

7.3　《中国共产党纪律检查委员会工作条例》

第五条第一款　党的中央纪律检查委员会（国家监察委员会）在党中央领导下进行工作，履行党的最高纪律检查机关（国家最高监察机关）职责。

国家监察委员会

第八条　国家监察委员会由全国人民代表大会产生，负责全国监察工作。

国家监察委员会由主任、副主任若干人、委员若干人组成，主任由全国人民代表大会选举，副主任、委员由国家监察委员会主任提请全国人民代表大会常务委员会任免。

国家监察委员会主任每届任期同全国人民代表大会每届任期相同，连续任职不得超过两届。

国家监察委员会对全国人民代表大会及其常务委员会负责，并接受其监督。

【关联法条】

8.1 《宪法》

第三条第三款　国家行政机关、监察机关、审判机关、检察机关都由人民代表大会产生，对它负责，受它监督。

第六十二条第七项　全国人民代表大会行使下列职权：（七）选举国家监察委员会主任；

第六十三条第四项　全国人民代表大会有权罢免下列人员：（四）国家监察委员会主任；

第六十七条第六、十一项　全国人民代表大会常务委员会行使下列职权：

（六）监督国务院、中央军事委员会、国家监察委员会、最高人民法院和最高人民检察院的工作；

（十一）根据国家监察委员会主任的提请，任免国家监察委员会副主任、委员；

第一百二十四条　中华人民共和国设立国家监察委员会和地方各级监察委员会。

监察委员会由下列人员组成：

主任，

副主任若干人，

委员若干人。

监察委员会主任每届任期同本级人民代表大会每届任期相同。国家监察委员会主任连续任职不得超过两届。

监察委员会的组织和职权由法律规定。

第一百二十六条　国家监察委员会对全国人民代表大会和全国人民代表大会常务委员会负责。地方各级监察委员会对产生它的国家权力机关和上一级监察委员会负责。

8.2 《监察官法》

第十九条第一款　国家监察委员会主任由全国人民代表大会选举和罢免，副主任、委员由国家监察委员会主任提请全国人民代表大会常务委员会任免。

8.3 《监察法实施条例》

第二百五十一条　监察机关和监察人员必须自觉坚持党的领导，在党组织的管理、监督下开展工作，依法接受本级人民代表大会及其常务委员会的监督，接受民主监督、司法监督、社会监督、舆论监督，加强内部监督制约机制建设，确保权力受到严格的约束和监督。

第二百五十二条　各级监察委员会应当按照监察法第五十三条〔1〕第二款规定，由主任在本级人民代表大会常务委员会全体会议上报告专项工作。

在报告专项工作前，应当与本级人民代表大会有关专门委员会沟通协商，并配合开展调查研究等工作。各级人民代表大会常务委员会审议专项工作报告时，本级监察委员会应当根据要求派出领导成员列席相关会议，听取意见。

各级监察委员会应当认真研究办理本级人民代表大会常务委员会反馈的审议意见，并按照要求书面报告办理情况。

〔1〕　对应2024年12月25日修正的《监察法》第60条。——编者注，下同。

第二百五十三条　各级监察委员会应当积极接受、配合本级人民代表大会常务委员会组织的执法检查。对本级人民代表大会常务委员会的执法检查报告，应当认真研究处理，并向其报告处理情况。

第二百五十四条　各级监察委员会在本级人民代表大会常务委员会会议审议与监察工作有关的议案和报告时，应当派相关负责人到会听取意见，回答询问。

监察机关对依法交由监察机关答复的质询案应当按照要求进行答复。口头答复的，由监察机关主要负责人或者委派相关负责人到会答复。书面答复的，由监察机关主要负责人签署。

8.4 《全国人民代表大会议事规则》

第三十八条第一款　全国人民代表大会常务委员会委员长、副委员长、秘书长、委员的人选，中华人民共和国主席、副主席的人选，中央军事委员会主席的人选，国家监察委员会主任的人选，最高人民法院院长和最高人民检察院检察长的人选，由主席团提名，经各代表团酝酿协商后，再由主席团根据多数代表的意见，确定正式候选人名单。

第四十四条第一款　主席团、三个以上的代表团或者十分之一以上的代表，可以提出对全国人民代表大会常务委员会的组成人员，中华人民共和国主席、副主席，国务院的组成人员，中央军事委员会的组成人员，国家监察委员会主任，最高人民法院院长和最高人民检察院检察长的罢免案，由主席团交各代表团审议后，提请大会全体会议表决；或者依照本规则第六章的规定，由主席团提议，经大会全体会议决定，组织调查委员会，由全国人民代表大会下次会议根据调查委员会的报告审议决定。

地方各级监察委员会

第九条　地方各级监察委员会由本级人民代表大会产生，负责本行政区域内的监察工作。

地方各级监察委员会由主任、副主任若干人、委员若干人组成，主任由本级人民代表大会选举，副主任、委员由监察委员会主任提请本级人民代表大会常务委员会任免。

地方各级监察委员会主任每届任期同本级人民代表大会每届任期相同。

地方各级监察委员会对本级人民代表大会及其常务委员会和上一级监察委员会负责，并接受其监督。

【关联法条】

9.1 《宪法》

第三条第三款　国家行政机关、监察机关、审判机关、检察机关都由人民代表大会产生，对它负责，受它监督。

第一百零一条第二款　县级以上的地方各级人民代表大会选举并且有权罢免本级监察委员会主任、本级人民法院院长和本级人民检察院检察长。选出或者罢免人民检察院检察长，须报上级人民检察院检察长提请该级人民代表大会常务委员会批准。

第一百零四条　县级以上的地方各级人民代表大会常务委员会讨论、决定本行政区域内各方面工作的重大事项；监督本级人民政府、监察委员会、人民法院和人民检察院的工作；撤销本级人民政府的不适当的决定和命令；撤销下一级人民代表大会的不适当的决议；依照法律规定的权限决定国家机关工作人员的任免；在本级人民代表大会闭会期间，罢免和补选上一级人民代表大会的个别代表。

第一百二十四条　中华人民共和国设立国家监察委员会和地方各级监察委员会。

监察委员会由下列人员组成：

主任，

副主任若干人，

委员若干人。

监察委员会主任每届任期同本级人民代表大会每届任期相同。国家监察委员会主任连续任职不得超过两届。

监察委员会的组织和职权由法律规定。

第一百二十五条第二款　国家监察委员会领导地方各级监察委员会的工作，上级监察委员会领导下级监察委员会的工作。

第一百二十六条　国家监察委员会对全国人民代表大会和全国人民代表大会常务委员会负责。地方各级监察委员会对产生它的国家权力机关和上一级监察委员会负责。

9.2 《监察官法》

第十九条第二、三款　地方各级监察委员会主任由本级人民代表大会选举和罢免，副主任、委员由监察委员会主任提请本级人民代表大会常务委员会任免。

新疆生产建设兵团各级监察委员会主任、副主任、委员，由新疆维吾尔自治区监察委员会主任提请自治区人民代表大会常务委员会任免。

9.3 《监察法实施条例》

第二百五十一条　监察机关和监察人员必须自觉坚持党的领导，在党组织的管理、监督下开展工作，依法接受本级人民代表大会及其常务委员会的监督，接受民主监督、司法监督、社会监督、舆论监督，加强内部监督制约机制建设，确保权力受到严格的约束和监督。

第二百五十二条　各级监察委员会应当按照监察法第五十三条[1]第二款规定，由主任在本级人民代表大会常务委员会全体会议上报告专项工作。

在报告专项工作前，应当与本级人民代表大会有关专门委员会沟通协商，并配合开展调查研究等工作。各级人民代表大会常务委员会审议专项工作报告时，本级监察委员会应当根据要求派出领导成员列席相关会议，听取意见。

---

〔1〕对应 2024 年 12 月 25 日修正的《监察法》第 60 条。

各级监察委员会应当认真研究办理本级人民代表大会常务委员会反馈的审议意见，并按照要求书面报告办理情况。

第二百五十三条　各级监察委员会应当积极接受、配合本级人民代表大会常务委员会组织的执法检查。对本级人民代表大会常务委员会的执法检查报告，应当认真研究处理，并向其报告处理情况。

第二百五十四条　各级监察委员会在本级人民代表大会常务委员会会议审议与监察工作有关的议案和报告时，应当派相关负责人到会听取意见，回答询问。

监察机关对依法交由监察机关答复的质询案应当按照要求进行答复。口头答复的，由监察机关主要负责人或者委派相关负责人到会答复。书面答复的，由监察机关主要负责人签署。

9.4 《地方各级人民代表大会和地方各级人民政府组织法》

第十一条第六项　县级以上的地方各级人民代表大会行使下列职权：

（六）选举本级监察委员会主任、人民法院院长和人民检察院检察长；选出的人民检察院检察长，须报经上一级人民检察院检察长提请该级人民代表大会常务委员会批准；

第十三条　地方各级人民代表大会有权罢免本级人民政府的组成人员。县级以上的地方各级人民代表大会有权罢免本级人民代表大会常务委员会的组成人员和由它选出的监察委员会主任、人民法院院长、人民检察院检察长。罢免人民检察院检察长，须报经上一级人民检察院检察长提请该级人民代表大会常务委员会批准。

第二十六条　县级以上的地方各级人民代表大会常务委员会的组成人员，乡、民族乡、镇的人民代表大会主席、副主席，省长、副省长，自治区主席、副主席，市长、副市长，州长、副州长，县长、副县长，区长、副区长，乡长、副乡长，镇长、副镇长，监察委员会主任，人民法院院长，人民检察院检察长的人选，由本级人民代表大会主席团或者代表依照本法规定联合提名。

省、自治区、直辖市的人民代表大会代表三十人以上书面联名，设区的市和自治州的人民代表大会代表二十人以上书面联名，县级的人民代表大会代表十人以上书面联名，可以提出本级人民代表大会常务委员会组成人员，人民政府领导人员，监察委员会主任，人民法院院长，人民检察院检察长的候选人。乡、民族乡、镇的人民代表大会代表十人以上书面联名，可以提出本级人民代表大会主席、副主席，人民政府领导人员的候选人。不同选区或者选举单位选出的代表可以酝酿、联合提出候选人。

主席团提名的候选人人数，每一代表与其他代表联合提名的候选人人数，均不得超过应选名额。

提名人应当如实介绍所提名的候选人的情况。

第五十条第十三项　县级以上的地方各级人民代表大会常务委员会行使下列职权：

（十三）在本级人民代表大会闭会期间，决定副省长、自治区副主席、副市长、副州长、副县长、副区长的个别任免；在省长、自治区主席、市长、州长、县长、区长和监察委员会主任、人民法院院长、人民检察院检察长因故不能担任职务的时候，根据主任会议的提名，从本级人民政府、监察委员会、人民法院、人民检察院副职领导人员中决定代理的人选；决定代理检察长，须报上一级人民检察院和人民代表大会常务委员会备案；

9.5 《中国共产党纪律检查委员会工作条例》

第六条第一款　党的地方各级纪律检查委员会和基层纪律检查委员会在同级党的委员会和上级纪律检查委员会双重领导下进行工作。

9.6 《中国共产党纪律检查机关监督执纪工作规则》

第五条第一款　中央纪律检查委员会在党中央领导下进行工作。地方各级纪律检查委员会和基层纪律检查委员会在同级党的委员会和上级纪律检查委员会双重领导下进行工作。

上下级关系

第十条　国家监察委员会领导地方各级监察委员会的工作，上级监察委员会领导下级监察委员会的工作。

【关联法条】

10.1　《宪法》

第一百二十五条　中华人民共和国国家监察委员会是最高监察机关。

国家监察委员会领导地方各级监察委员会的工作，上级监察委员会领导下级监察委员会的工作。

第一百二十六条　国家监察委员会对全国人民代表大会和全国人民代表大会常务委员会负责。地方各级监察委员会对产生它的国家权力机关和上一级监察委员会负责。

10.2　《党章》

第四十五条第一款　党的中央纪律检查委员会在党的中央委员会领导下进行工作。党的地方各级纪律检查委员会和基层纪律检查委员会在同级党的委员会和上级纪律检查委员会双重领导下进行工作。上级党的纪律检查委员会加强对下级纪律检查委员会的领导。

10.3　《监察法实施条例》

第十条　国家监察委员会在党中央领导下开展工作。地方各级监察委员会在同级党委和上级监察委员会双重领导下工作，监督执法调查工作以上级监察委员会领导为主，线索处置和案件查办在向同级党委报告的同时应当一并向上一级监察委员会报告。

上级监察委员会应当加强对下级监察委员会的领导。下级监察委员会对上级监察委员会的决定必须执行，认为决定不当的，应当在执行的同时向上级监察委员会反映。上级监察委员会对下级监察委员会作出的错误决定，应当按程序予以纠正，或者要求下级监察委员会予以纠正。

10.4 《中国共产党纪律检查委员会工作条例》

第五条　党的中央纪律检查委员会（国家监察委员会）在党中央领导下进行工作，履行党的最高纪律检查机关（国家最高监察机关）职责。

党的中央纪律检查委员会严格执行加强和维护党中央集中统一领导的各项制度要求，及时向中央政治局、中央政治局常务委员会请示汇报工作，研究重大事项、重要问题以及作出立案审查决定、给予党纪处分等事项向党中央请示报告。执行党中央重要决定的情况应当专题报告。

第六条　党的地方各级纪律检查委员会和基层纪律检查委员会在同级党的委员会和上级纪律检查委员会双重领导下进行工作。

党的地方各级纪律检查委员会和基层纪律检查委员会应当落实同级党的委员会推进全面从严治党、加强党风廉政建设和反腐败工作的部署，执行同级党委作出的决定，及时向同级党委汇报工作，按照规定请示报告重大事项。

上级党的纪律检查委员会加强对下级纪律检查委员会的领导，对下级纪委的工作作出部署、提出要求；督促指导和支持下级纪委开展同级监督，检查下级纪委的工作，定期听取工作汇报，开展政治和业务培训；坚持查办腐败案件以上级纪委领导为主，按照规定审议和批准下级纪委关于线索处置、立案审查、纪律处分等的请示报告，按照程序改变下级纪委作出的错误或者不当的决定，必要时直接审查或者组织、指挥审查下级纪委管辖范围内有重大影响或者复杂的案件。

法定职责

第十一条　监察委员会依照本法和有关法律规定履行监督、调查、处置职责：

（一）对公职人员开展廉政教育，对其依法履职、秉公用权、廉洁从政从业以及道德操守情况进行监督检查；

（二）对涉嫌贪污贿赂、滥用职权、玩忽职守、权力寻租、利益输送、徇私舞弊以及浪费国家资财等职务违法和职务犯罪进行调查；

（三）对违法的公职人员依法作出政务处分决定；对履行职责不力、失职失责的领导人员进行问责；对涉嫌职务犯罪的，将调查结果移送人民检察院依法审查、提起公诉；向监察对象所在单位提出监察建议。

【关联法条】

11.1 《党章》

第四十六条第一、二款　党的各级纪律检查委员会是党内监督专责机关，主要任务是：维护党的章程和其他党内法规，检查党的路线、方针、政策和决议的执行情况，协助党的委员会推进全面从严治党、加强党风建设和组织协调反腐败工作，推动完善党和国家监督体系。

党的各级纪律检查委员会的职责是监督、执纪、问责，要经常对党员进行遵守纪律的教育，作出关于维护党纪的决定；对党的组织和党员领导干部履行职责、行使权力进行监督，受理处置党员群众检举举报，开展谈话提醒、约谈函询；检查和处理党的组织和党员违反党的章程和其他党内法规的比较重要或复杂的案件，决定或取消对这些案件中的党员的处分；进行问责或提出责任追究的建议；受理党员的控告和申诉；保障党员的权利。

11.2 《公职人员政务处分法》

第二条　本法适用于监察机关对违法的公职人员给予政务处分的活动。

本法第二章、第三章适用于公职人员任免机关、单位对违法的公职人员给予处分。处分的程序、申诉等适用其他法律、行政法规、国务院部门规章和国家有关规定。

本法所称公职人员，是指《中华人民共和国监察法》第十五条规定的人员。

第三条　监察机关应当按照管理权限，加强对公职人员的监督，依法给予违法的公职人员政务处分。

公职人员任免机关、单位应当按照管理权限，加强对公职人员的教育、管理、监督，依法给予违法的公职人员处分。

监察机关发现公职人员任免机关、单位应当给予处分而未给予，或者给予的处分违法、不当的，应当及时提出监察建议。

第四条　给予公职人员政务处分，坚持党管干部原则，集体讨论决定；坚持法律面前一律平等，以事实为根据，以法律为准绳，给予的政务处分与违法行为的性质、情节、危害程度相当；坚持惩戒与教育相结合，宽严相济。

第五条　给予公职人员政务处分，应当事实清楚、证据确凿、定性准确、处理恰当、程序合法、手续完备。

第六条　公职人员依法履行职责受法律保护，非因法定事由、非经法定程序，不受政务处分。

11.3 《监察法实施条例》

第十四条　监察机关依法履行监察监督职责，对公职人员政治品行、行使公权力和道德操守情况进行监督检查，督促有关机关、单位加强对所属公职人员的教育、管理、监督。

第二十二条　监察机关依法履行监察调查职责，依据监察法、《中华人民共和国公职人员政务处分法》（以下简称政务处分法）和《中华人民共和国刑法》（以下简称刑法）等规定对职务违法和职务犯罪进行调查。

第三十三条　监察机关对违法的公职人员，依据监察法、政务处分法等规定作出政务处分决定。

第三十四条　监察机关在追究违法的公职人员直接责任的同时，依法对履行职责不力、失职失责，造成严重后果或者恶劣影响的领导人员予以问责。

监察机关应当组成调查组依法开展问责调查。调查结束后经集体讨论形成调查报告，需要进行问责的按照管理权限作出问责决定，或者向有权作出问责决定的机关、单位书面提出问责建议。

第三十五条　监察机关对涉嫌职务犯罪的人员，经调查认为犯罪事实清楚，证据确实、充分，需要追究刑事责任的，依法移送人民检察院审查起诉。

第三十六条　监察机关根据监督、调查结果，发现监察对象所在单位在廉政建设、权力制约、监督管理、制度执行以及履行职责等方面存在问题需要整改纠正的，依法提出监察建议。

监察机关应当跟踪了解监察建议的采纳情况，指导、督促有关单位限期整改，推动监察建议落实到位。

11.4 《中国共产党纪律检查委员会工作条例》

第三条　党的各级纪律检查委员会是党内监督专责机关，是党推进全面从严治党、开展党风廉政建设和反腐败斗争的专门力量。

党的各级纪律检查委员会的主要任务是：维护党的章程和其他党内法规，检查党的理论和路线方针政策、党中央决策部署执行情况，协助党的委员会推进全面从严治党、加强党风建设和组织协调反腐败工作。

党的各级纪律检查委员会把坚决维护习近平总书记党中央的核心、全党的核心地位，维护党中央权威和集中统一领导作为最高政治原则和根本政治责任。

11.5 《中国共产党纪律处分条例》

第七条　党组织和党员违反党章和其他党内法规，违反国家法律法规，违反党和国家政策，违反社会主义道德，危害党、国家和人民利益的行为，依照规定应当给予纪律处理或者处分的，都必须受到追究。

重点查处党的十八大以来不收敛、不收手，问题线索反映集中、群众反映强烈，政治问题和经济问题交织的腐败案件，违反中央八项规定精神的问题。

第三十一条　党组织在纪律审查中发现党员严重违纪涉嫌违法犯罪的，原则上先作出党纪处分决定，并按照规定由监察机关给予政务处分或者由任免机关（单位）给予处分后，再移送有关国家机关依法处理。

派驻派出

第十二条　各级监察委员会可以向本级中国共产党机关、国家机关、中国人民政治协商会议委员会机关、法律法规授权或者委托管理公共事务的组织和单位以及辖区内特定区域、国有企业、事业单位等派驻或者派出监察机构、监察专员。

经国家监察委员会批准，国家监察委员会派驻本级实行垂直管理或者双重领导并以上级单位领导为主的单位、国有企业的监察机构、监察专员，可以向驻在单位的下一级单位再派出。

经国家监察委员会批准，国家监察委员会派驻监察机构、监察专员，可以向驻在单位管理领导班子的普通高等学校再派出；国家监察委员会派驻国务院国有资产监督管理机构的监察机构，可以向驻在单位管理领导班子的国有企业再派出。

监察机构、监察专员对派驻或者派出它的监察委员会或者监察机构、监察专员负责。

【关联法条】

12.1 《党章》

第四十五条第四款　党的中央和地方纪律检查委员会向同级党和国家机关全面派驻党的纪律检查组，按照规定向有关国有企业、事业单位派驻党的纪律检查组。纪律检查组组长参加驻在单位党的领导组织的有关会议。他们的工作必须受到该单位党的领导组织的支持。

12.2 《监察官法》

第三条 监察官包括下列人员：

（一）各级监察委员会的主任、副主任、委员；

（二）各级监察委员会机关中的监察人员；

（三）各级监察委员会派驻或者派出到中国共产党机关、国家机关、法律法规授权或者委托管理公共事务的组织和单位以及所管辖的行政区域等的监察机构中的监察人员、监察专员；

（四）其他依法行使监察权的监察机构中的监察人员。

对各级监察委员会派驻到国有企业的监察机构工作人员、监察专员，以及国有企业中其他依法行使监察权的监察机构工作人员的监督管理，参照执行本法有关规定。

12.3 《监察法实施条例》

第十二条 各级监察委员会依法向本级中国共产党机关、国家机关、法律法规授权或者受委托管理公共事务的组织和单位以及所管辖的国有企业事业单位等派驻或者派出监察机构、监察专员。

省级和设区的市级监察委员会依法向地区、盟、开发区等不设置人民代表大会的区域派出监察机构或者监察专员。县级监察委员会和直辖市所辖区（县）监察委员会可以向街道、乡镇等区域派出监察机构或者监察专员。

监察机构、监察专员开展监察工作，受派出机关领导。

12.4 《中国共产党纪律检查委员会工作条例》

第四十二条 党的中央纪律检查委员会国家监察委员会、地方各级纪律检查委员会监察委员会向同级党和国家机关全面派驻纪检监察组，按照规定可以向国有企业、事业单位等其他组织和单位派驻纪检监察组。

党的中央和地方各级委员会派出党的机关工作委员会、街道工作委员会等代表机关的，党的中央纪律检查委员会国家监察委员会、地方各级纪律检查委员会监察委员会可以相应派出纪检监察工作委员会。

第四十三条　派驻机构是派出它的党的纪律检查委员会监察委员会的组成部分，由派出机关直接领导、统一管理。

派出机构在派出它的党的纪律检查委员会监察委员会和本级党的工作委员会双重领导下进行工作。派出机构按照规定开展纪律检查工作，领导管辖范围内机关纪委等纪检机构的工作。

12.5 《纪检监察机关派驻机构工作规则》

第三条　在党中央集中统一领导下，中央纪律检查委员会国家监察委员会向中央一级党和国家机关以及其他组织派驻纪检监察机构，地方各级纪律检查委员会监察委员会向本级党和国家机关以及其他组织派驻纪检监察机构。派驻机构是派出机关的组成部分，与驻在单位是监督和被监督的关系。

派驻机构应当强化政治监督，把坚持和加强党的领导贯穿工作全过程各方面，推动驻在单位切实做到“两个维护”，贯彻党的理论和路线方针政策，落实党中央决策部署。

第六条　中央纪律检查委员会国家监察委员会向中央一级党和国家机关、中管金融企业派驻纪检监察组。地方各级纪律检查委员会监察委员会向本级党和国家机关、所管辖的国有金融企业派驻纪检监察组。

中央纪律检查委员会国家监察委员会、地方各级纪律检查委员会监察委员会按照规定向国有企业、普通高等学校等单位派驻纪检监察组；或者依法派驻监察机构，派驻监察专员并设立监察专员办公室，与该单位党的纪律检查机构合署办公。

对系统规模大、直属单位多、监督对象多的单位，可以单独派驻纪检监察组；对业务关联度高，或者需要统筹力量实施监督的相关单位，可以综合派驻纪检监察组。

第七条　派驻机构主要负责人按照规定担任驻在单位的党组（党委）成员，履行监督专责，不分管驻在单位工作。

派驻机构主要负责人实行交流任职、定期轮岗。

第八条　派驻机构的领导机构是组务会。组务会由派驻机构正职、副职组成。组务会会议学习贯彻落实党中央决策部署，贯彻中央纪委国家监委工作部署，落实派出机关工作安排，研究讨论管辖范围内纪检监察工作的重要问题、重要事项，按照权限讨论或者决定党纪政务处分等事项。

派驻机构应当健全组务会会议以及组长办公会议、专题会议等会议制度，完善议事决策机制。

第九条　派驻机构应当按照信访举报、监督检查、审查调查、案件监督管理、案件审理相互协调、相互制约的原则，结合实际设置内设机构或者明确人员分工。

第十条　各级党委应当加强对纪检监察机关派驻机构工作的领导，健全机构设置、干部管理、工作保障等机制，听取纪律检查委员会监察委员会关于派驻监督工作的汇报，推动派驻机构履职尽责。

第十一条　驻在单位应当支持配合派驻机构工作，主动及时通报重要情况、重要问题，根据派驻机构工作需要提供有关材料，为派驻机构开展工作创造条件、提供保障。

第十二条　派驻机构由派出机关直接领导、统一管理，向派出机关负责，受派出机关监督。

各级纪律检查委员会常务委员会应当定期听取派驻监督工作情况报告。派出机关分管领导应当定期召开派驻机构负责人会议，经常同派驻机构主要负责人研究工作。

授权监察

第十三条　派驻或者派出的监察机构、监察专员根据授权，按照管理权限依法对公职人员进行监督，提出监察建议，依法对公职人员进行调查、处置。

【关联法条】

13.1 《监察官法》

第三条第一款第三项　监察官包括下列人员：

（三）各级监察委员会派驻或者派出到中国共产党机关、国家机关、法律法规授权或者委托管理公共事务的组织和单位以及所管辖的行政区域等的监察机构中的监察人员、监察专员；

13.2 《监察法实施条例》

第十三条　派驻或者派出的监察机构、监察专员根据派出机关授权，按照管理权限依法对派驻或者派出监督单位、区域等的公职人员开展监督，对职务违法和职务犯罪进行调查、处置。监察机构、监察专员可以按规定与地方监察委员会联合调查严重职务违法、职务犯罪，或者移交地方监察委员会调查。

未被授予职务犯罪调查权的监察机构、监察专员发现监察对象涉嫌职务犯罪线索的，应当及时向派出机关报告，由派出机关调查或者依法移交有关地方监察委员会调查。

第二百一十二条第三款　国家监察委员会派驻或者派出的监察机构、监察专员调查的职务犯罪案件，应当依法移送省级人民检察院审查起诉。

第二百三十五条第三款　国家监察委员会派驻或者派出的监察机构、监察专员统筹协调、督促指导本部门反腐败国际追逃追赃等涉外案件办理工作，参照第一款规定执行。

13.3 《中国共产党纪律检查委员会工作条例》

第四十四条　派驻机构根据派出机关授权开展监督执纪问责工作：

（一）加强对驻在单位（含综合监督单位）的监督，重点对驻在单位领导班子及其成员、党组（党委）管理的领导班子及其成员等进行监督。

（二）监督促进驻在单位领导班子贯彻落实党的理论和路线方针

政策、党中央决策部署，履行全面从严治党主体责任。

（三）经常、及时地向派出机关报告情况和问题。

（四）加强对驻在单位纪检机构的业务指导和监督检查，促进其履行监督责任。

（五）认真处理信访举报，对问题线索进行集中管理和处置。

（六）依规依纪开展纪律审查，严肃查处违纪问题。

（七）按照管理权限作出问责决定或者提出问责建议。

（八）协助驻在单位党组（党委）做好巡视巡察工作。

（九）完成派出机关交办的其他任务。

第四十五条　健全派驻监督工作机制，统筹协调派出机关内设监督检查室、派驻纪检监察组、地方纪检监察机关、巡视巡察机构等力量，通过“室组”联动监督、“室组地”联合办案等方式，提高派驻监督质量。

县（市、区）纪律检查委员会监察委员会开展派驻监督工作，应当保证派驻机构人员力量，推动监督工作向基层延伸，采取综合派驻、工作协作等方式，提升监督效能。

13.4 《纪检监察机关派驻机构工作规则》

第二十二条　派驻机构依规依纪依法履行监督执纪问责和监督调查处置职责。

第二十三条　派驻机构应当把监督作为基本职责，结合驻在单位实际，重点监督检查以下情况：

（一）对党忠诚，践行党的性质宗旨情况；

（二）贯彻党的理论和路线方针政策、落实党中央决策部署、践行“两个维护”情况；

（三）落实全面从严治党主体责任、加强党风廉政建设和反腐败工作情况；

（四）贯彻执行民主集中制、依规依法履职用权、廉洁自律等情况。

第二十四条　派驻机构应当重点监督以下对象：

（一）驻在单位领导班子及其成员特别是主要负责人；

（二）驻在单位上级党委管理的其他人员；

（三）驻在单位党组（党委）管理的领导班子及其成员；

（四）其他列入重点监督对象的驻在单位人员。

第二十五条　派驻机构应当支持和督促驻在单位党组（党委）落实全面从严治党主体责任，协助其开展内部巡视巡察，推动驻在单位深化改革、健全制度、完善治理、防控风险。

第二十六条　派驻机构应当结合派驻监督工作情况，推动驻在单位党组（党委）开展全面从严治党、党风廉政建设和反腐败工作的形势任务教育，强化纪法教育、警示教育，推进廉洁文化建设，教育引导党员、干部以及监察对象修身律己，筑牢思想道德防线。

第二十七条　派驻机构对反映驻在单位党组织和党员、干部以及监察对象问题的检举控告，按照规定受理和处置。

第二十八条　派驻机构对驻在单位领导班子及其成员、驻在单位上级党委管理的其他人员涉嫌违纪和职务违法、职务犯罪问题线索，经批准可以参与派出机关的初步核实、审查调查工作。

第二十九条　派驻机构负责审查以下党组织和党员涉嫌违犯党纪的案件：

（一）驻在单位党组（党委）直接领导的党组织；

（二）驻在单位党组（党委）管理的领导班子成员；

（三）本规则第二十四条第四项规定的人员。

派驻机构必要时可以审查驻在单位党组（党委）管理的其他党组织和党员涉嫌违犯党纪的案件。

派驻机构根据派出机关授权，依法调查驻在单位监察对象涉嫌职务违法、职务犯罪案件。

第三十条　派驻机构按照管理权限，对违纪违法的驻在单位党组织和党员、干部以及监察对象进行处理处分，对不履行或者不正确履行职责的驻在单位党组织和领导干部进行问责。

第三十一条　派驻机构负责受理和处置以下申诉或者复审申请：

（一）党组织和党员对派驻机构所作处理决定不服的申诉；

（二）监察对象对派驻机构所作处理决定不服的复审申请；

（三）被调查人及其近亲属对派驻机构及其工作人员侵害被调查人合法权益行为的申诉。

对于派驻机构立案审查调查后由驻在单位作出处理决定案件的申诉或者复核申请，派驻机构应当协助驻在单位做好有关处置工作。

监察官制度

第十四条　国家实行监察官制度，依法确定监察官的等级设置、任免、考评和晋升等制度。

【关联法条】

14.1　《监察官法》

第三条　监察官包括下列人员：

（一）各级监察委员会的主任、副主任、委员；

（二）各级监察委员会机关中的监察人员；

（三）各级监察委员会派驻或者派出到中国共产党机关、国家机关、法律法规授权或者委托管理公共事务的组织和单位以及所管辖的行政区域等的监察机构中的监察人员、监察专员；

（四）其他依法行使监察权的监察机构中的监察人员。

对各级监察委员会派驻到国有企业的监察机构工作人员、监察专员，以及国有企业中其他依法行使监察权的监察机构工作人员的监督管理，参照执行本法有关规定。

第十二条　担任监察官应当具备下列条件：

（一）具有中华人民共和国国籍；

（二）忠于宪法，坚持中国共产党领导和社会主义制度；

（三）具有良好的政治素质、道德品行和廉洁作风；

（四）熟悉法律、法规、政策，具有履行监督、调查、处置等职责的专业知识和能力；

（五）具有正常履行职责的身体条件和心理素质；

（六）具备高等学校本科及以上学历；

（七）法律规定的其他条件。

本法施行前的监察人员不具备前款第六项规定的学历条件的，应当接受培训和考核，具体办法由国家监察委员会制定。

第十四条　监察官的选用，坚持德才兼备、以德为先，坚持五湖四海、任人唯贤，坚持事业为上、公道正派，突出政治标准，注重工作实绩。

第十五条　监察官采用考试、考核的办法，从符合监察官条件的人员中择优选用。

第十六条　录用监察官，应当依照法律和国家有关规定采取公开考试、严格考察、平等竞争、择优录取的办法。

第二十五条　监察官等级分为十三级，依次为总监察官、一级副总监察官、二级副总监察官，一级高级监察官、二级高级监察官、三级高级监察官、四级高级监察官，一级监察官、二级监察官、三级监察官、四级监察官、五级监察官、六级监察官。

第二十七条　监察官等级的确定，以监察官担任的职务职级、德才表现、业务水平、工作实绩和工作年限等为依据。

监察官等级晋升采取按期晋升和择优选升相结合的方式，特别优秀或者作出特别贡献的，可以提前选升。

第二十八条　监察官的等级设置、确定和晋升的具体办法，由国家另行规定。

第三十六条　对监察官的考核，应当全面、客观、公正，实行平时考核、专项考核和年度考核相结合。

第三十七条　监察官的考核应当按照管理权限，全面考核监察官的德、能、勤、绩、廉，重点考核政治素质、工作实绩和廉洁自律情况。

14.2 《公务员法》

第三条　公务员的义务、权利和管理，适用本法。

法律对公务员中领导成员的产生、任免、监督以及监察官、法官、检察官等的义务、权利和管理另有规定的，从其规定。

14.3 《中国共产党纪律检查委员会工作条例》

第四十六条　党的各级纪律检查委员会必须坚持以习近平新时代中国特色社会主义思想武装头脑、指导实践、推动工作，突出抓好党的政治建设，教育引导纪检干部不断提高政治判断力、政治领悟力、政治执行力，带头践行“两个维护”，敢于善于斗争，做到忠诚干净担当。

第四十七条　贯彻新时代党的组织路线，坚持党管干部，严把干部准入关，加强思想淬炼、政治历练、实践锻炼、专业训练，加强理论研究和学科建设，提高把握政策、监督执纪、做思想政治工作等能力，建设高素质专业化干部队伍。

第四十八条　加强作风建设和纪律建设，保证纪检干部严守政治纪律和政治规矩，模范遵守党的纪律和国家法律，坚持实事求是，深入开展调查研究，密切联系群众，树立纪律严明、作风深入、工作扎实、谦虚谨慎、秉公执纪的良好形象。

第三章　监察范围和管辖

监察对象

第十五条　监察机关对下列公职人员和有关人员进行监察：

（一）中国共产党机关、人民代表大会及其常务委员会机关、人民政府、监察委员会、人民法院、人民检察院、中国人民政治协商会议各级委员会机关、民主党派机关和工商业联合会机关的公务员，以及参照《中华人民共和国公务员法》管理的人员；

（二）法律、法规授权或者受国家机关依法委托管理公共事务的组织中从事公务的人员；

（三）国有企业管理人员；

（四）公办的教育、科研、文化、医疗卫生、体育等单位中从事管理的人员；

（五）基层群众性自治组织中从事管理的人员；

（六）其他依法履行公职的人员。

【关联法条】

15.1 《监察法实施条例》

第三十八条　监察法第十五条第一项所称公务员范围，依据《中华人民共和国公务员法》（以下简称公务员法）确定。

监察法第十五条第一项所称参照公务员法管理的人员，是指有关单位中经批准参照公务员法进行管理的工作人员。

第三十九条　监察法第十五条第二项所称法律、法规授权或者受国家机关依法委托管理公共事务的组织中从事公务的人员，是指在上述组织中，除参照公务员法管理的人员外，对公共事务履行组织、领导、管理、监督等职责的人员，包括具有公共事务管理职能的行业协会等组织中从事公务的人员，以及法定检验检测、检疫等机构中从事公务的人员。

第四十条 监察法第十五条第三项所称国有企业管理人员，是指国家出资企业中的下列人员：

（一）在国有独资、全资公司、企业中履行组织、领导、管理、监督等职责的人员；

（二）经党组织或者国家机关，国有独资、全资公司、企业，事业单位提名、推荐、任命、批准等，在国有控股、参股公司及其分支机构中履行组织、领导、管理、监督等职责的人员；

（三）经国家出资企业中负有管理、监督国有资产职责的组织批准或者研究决定，代表其在国有控股、参股公司及其分支机构中从事组织、领导、管理、监督等工作的人员。

第四十一条 监察法第十五条第四项所称公办的教育、科研、文化、医疗卫生、体育等单位中从事管理的人员，是指国家为了社会公益目的，由国家机关举办或者其他组织利用国有资产举办的教育、科研、文化、医疗卫生、体育等事业单位中，从事组织、领导、管理、监督等工作的人员。

第四十二条 监察法第十五条第五项所称基层群众性自治组织中从事管理的人员，是指该组织中的下列人员：

（一）从事集体事务和公益事业管理的人员；

（二）从事集体资金、资产、资源管理的人员；

（三）协助人民政府从事行政管理工作的人员，包括从事救灾、防疫、抢险、防汛、优抚、帮扶、移民、救济款物的管理，社会捐助公益事业款物的管理，国有土地的经营和管理，土地征收、征用补偿费用的管理，代征、代缴税款，有关计划生育、户籍、征兵工作，协助人民政府等国家机关在基层群众性自治组织中从事的其他管理工作。

第四十三条　下列人员属于监察法第十五条第六项所称其他依法履行公职的人员：

（一）履行人民代表大会职责的各级人民代表大会代表，履行公职的中国人民政治协商会议各级委员会委员、人民陪审员、人民监督员；

（二）虽未列入党政机关人员编制，但在党政机关中从事公务的人员；

（三）在集体经济组织等单位、组织中，由党组织或者国家机关，国有独资、全资公司、企业，国家出资企业中负有管理监督国有和集体资产职责的组织，事业单位提名、推荐、任命、批准等，从事组织、领导、管理、监督等工作的人员；

（四）在依法组建的评标、谈判、询价等组织中代表国家机关，国有独资、全资公司、企业，事业单位，人民团体临时履行公共事务组织、领导、管理、监督等职责的人员；

（五）其他依法行使公权力的人员。

15.2 《公务员法》

第二条　本法所称公务员，是指依法履行公职、纳入国家行政编制、由国家财政负担工资福利的工作人员。

公务员是干部队伍的重要组成部分，是社会主义事业的中坚力量，是人民的公仆。

第一百一十二条　法律、法规授权的具有公共事务管理职能的事业单位中除工勤人员以外的工作人员，经批准参照本法进行管理。

15.3 《企业国有资产法》

第五条　本法所称国家出资企业，是指国家出资的国有独资企业、国有独资公司，以及国有资本控股公司、国有资本参股公司。

15.4 《公务员范围规定》

第三条　公务员是干部队伍的重要组成部分，是社会主义事业的中坚力量，是人民的公仆。列入公务员范围的工作人员必须同时符合下列条件：

（一）依法履行公职；

（二）纳入国家行政编制；

（三）由国家财政负担工资福利。

第四条 下列机关中除工勤人员以外的工作人员列入公务员范围：

（一）中国共产党各级机关；

（二）各级人民代表大会及其常务委员会机关；

（三）各级行政机关；

（四）中国人民政治协商会议各级委员会机关；

（五）各级监察机关；

（六）各级审判机关；

（七）各级检察机关；

（八）各民主党派和工商联的各级机关。

第五条 中国共产党各级机关中列入公务员范围的人员：

（一）中央和地方各级党委、纪律检查委员会的领导人员；

（二）中央和地方各级党委工作部门、办事机构和派出机构的工作人员；

（三）中央和地方各级纪律检查委员会机关及其向党和国家机关等派驻或者派出机构的工作人员；

（四）街道、乡、镇党委机关的工作人员。

第六条 各级人民代表大会及其常务委员会机关中列入公务员范围的人员：

（一）县级以上各级人民代表大会常务委员会领导人员，乡、镇人民代表大会主席、副主席；

（二）县级以上各级人民代表大会常务委员会工作机构和办事机构的工作人员；

（三）县级以上各级人民代表大会专门委员会办事机构的工作

人员。

第七条　各级行政机关中列入公务员范围的人员：

（一）各级人民政府的领导人员；

（二）县级以上各级人民政府工作部门和派出机构的工作人员；

（三）乡、镇人民政府机关的工作人员。

第八条　中国人民政治协商会议各级委员会机关中列入公务员范围的人员：

（一）中国人民政治协商会议各级委员会的领导人员；

（二）中国人民政治协商会议各级委员会工作机构的工作人员。

第九条　各级监察机关中列入公务员范围的人员：

（一）国家和地方各级监察委员会的领导人员；

（二）国家和地方各级监察委员会机关及其向党和国家机关等派驻或者派出机构的工作人员。

第十条　各级审判机关中列入公务员范围的人员：

（一）最高人民法院和地方各级人民法院的法官、审判辅助人员；

（二）最高人民法院和地方各级人民法院的司法行政人员。

第十一条　各级检察机关中列入公务员范围的人员：

（一）最高人民检察院和地方各级人民检察院的检察官、检察辅助人员；

（二）最高人民检察院和地方各级人民检察院的司法行政人员。

第十二条　各民主党派和工商联的各级机关中列入公务员范围的人员：

（一）中国国民党革命委员会中央和地方各级委员会的领导人员，工作机构的工作人员；

（二）中国民主同盟中央和地方各级委员会的领导人员，工作机构的工作人员；

（三）中国民主建国会中央和地方各级委员会的领导人员，工作机构的工作人员；

（四）中国民主促进会中央和地方各级委员会的领导人员，工作机构的工作人员；

（五）中国农工民主党中央和地方各级委员会的领导人员，工作机构的工作人员；

（六）中国致公党中央和地方各级委员会的领导人员，工作机构的工作人员；

（七）九三学社中央和地方各级委员会的领导人员，工作机构的工作人员；

（八）台湾民主自治同盟中央和地方各级委员会的领导人员，工作机构的工作人员。

中华全国工商业联合会和地方各级工商联的领导人员，工作机构的工作人员。

第十三条　下列人员人事关系所在部门和单位不属于本规定第四条所列机关的，不列入公务员范围：

（一）中国共产党的各级代表大会代表、委员会委员、委员会候补委员、纪律检查委员会委员；

（二）各级人民代表大会代表、常务委员会组成人员、专门委员会成员；

（三）中国人民政治协商会议各级委员会常务委员、委员；

（四）各民主党派中央和地方各级委员会委员、常委和专门委员会成员。中华全国工商业联合会和地方工商联执行委员、常务委员会成员和专门委员会成员。

第十四条　列入公务员范围的人员按照有关规定登记后，方可确定为公务员。

15.5 《公务员登记办法》

第五条　登记的范围和条件：

（一）依法履行公职、纳入国家行政编制、由国家财政负担工资福利且在编在职的除工勤人员以外的工作人员；

（二）具备公务员法第十三条规定的条件。

第六条　登记的对象：

（一）试用期满经考核合格的新录用公务员；

（二）按规定安置到公务员职位工作的军队转业干部；

（三）通过调任、聘任、面向社会选拔等方式到机关任职的人员；

（四）原不具有公务员身份，依照法律或者有关章程经选举等方式担任机关领导职务的人员；

（五）已经进行参照公务员法管理机关（单位）工作人员登记，因工作需要交流到机关任职的人员；

（六）其他符合登记条件的人员。

15.6 《参照〈中华人民共和国公务员法〉管理的单位审批办法》

第三条　事业单位列入参照管理范围，应当同时具备以下两个条件：

（一）具有法律、法规授权的公共事务管理职能；

（二）使用事业编制，并由国家财政负担工资福利。

15.7 《全国人民代表大会常务委员会关于〈中华人民共和国刑法〉第九十三条第二款的解释》

全国人民代表大会常务委员会讨论了村民委员会等村基层组织人员在从事哪些工作时属于刑法第九十三条第二款规定的“其他依照法律从事公务的人员”，解释如下：

村民委员会等村基层组织人员协助人民政府从事下列行政管理工作，属于刑法第九十三条第二款规定的“其他依照法律从事公务的人员”：

（一）救灾、抢险、防汛、优抚、扶贫、移民、救济款物的管理；

（二）社会捐助公益事业款物的管理；

（三）国有土地的经营和管理；

（四）土地征收、征用补偿费用的管理；

（五）代征、代缴税款；

（六）有关计划生育、户籍、征兵工作；

（七）协助人民政府从事的其他行政管理工作。

村民委员会等村基层组织人员从事前款规定的公务，利用职务上的便利，非法占有公共财物、挪用公款、索取他人财物或者非法收受他人财物，构成犯罪的，适用刑法第三百八十二条和第三百八十三条贪污罪、第三百八十四条挪用公款罪、第三百八十五条和第三百八十六条受贿罪的规定。

现予公告。

15.8 《全国人民代表大会常务委员会关于〈中华人民共和国刑法〉第九章渎职罪主体适用问题的解释》

全国人大常委会根据司法实践中遇到的情况，讨论了刑法第九章渎职罪主体的适用问题，解释如下：

在依照法律、法规规定行使国家行政管理职权的组织中从事公务的人员，或者在受国家机关委托代表国家机关行使职权的组织中从事公务的人员，或者虽未列入国家机关人员编制但在国家机关中从事公务的人员，在代表国家机关行使职权时，有渎职行为，构成犯罪的，依照刑法关于渎职罪的规定追究刑事责任。

现予公告。

15.9 《最高人民法院、最高人民检察院关于办理国家出资企业中职务犯罪案件具体应用法律若干问题的意见》

六、关于国家出资企业中国家工作人员的认定

经国家机关、国有公司、企业、事业单位提名、推荐、任命、批准等，在国有控股、参股公司及其分支机构中从事公务的人员，应当认定为国家工作人员。具体的任命机构和程序，不影响国家工作人员的认定。

经国家出资企业中负有管理、监督国有资产职责的组织批准或者研究决定，代表其在国有控股、参股公司及其分支机构中从事组织、领导、监督、经营、管理工作的人员，应当认定为国家工作人员。

国家出资企业中的国家工作人员，在国家出资企业中持有个人股份或者同时接受非国有股东委托的，不影响其国家工作人员身份的认定。

级别管辖

第十六条　各级监察机关按照管理权限管辖本辖区内本法第十五条规定的人员所涉监察事项。

上级监察机关可以办理下一级监察机关管辖范围内的监察事项，必要时也可以办理所辖各级监察机关管辖范围内的监察事项。

监察机关之间对监察事项的管辖有争议的，由其共同的上级监察机关确定。

【关联法条】

16.1　《公职人员政务处分法》

第五十一条　下级监察机关根据上级监察机关的指定管辖决定进行调查的案件，调查终结后，对不属于本监察机关管辖范围内的监察对象，应当交有管理权限的监察机关依法作出政务处分决定。

16.2　《监察法实施条例》

第四十五条　监察机关开展监督、调查、处置，按照管理权限与属地管辖相结合的原则，实行分级负责制。

第四十六条　设区的市级以上监察委员会按照管理权限，依法管辖同级党委管理的公职人员涉嫌职务违法和职务犯罪案件。

县级监察委员会和直辖市所辖区（县）监察委员会按照管理权限，依法管辖本辖区内公职人员涉嫌职务违法和职务犯罪案件。

地方各级监察委员会按照本条例第十三条、第四十九条规定，可以依法管辖工作单位在本辖区内的有关公职人员涉嫌职务违法和职务犯罪案件。

监察机关调查公职人员涉嫌职务犯罪案件，可以依法对涉嫌行贿犯罪、介绍贿赂犯罪或者共同职务犯罪的涉案人员中的非公职人员一并管辖。非公职人员涉嫌利用影响力受贿罪的，按照其所利用的公职人员的管理权限确定管辖。

第四十七条　上级监察机关对于下一级监察机关管辖范围内的职务违法和职务犯罪案件，具有下列情形之一的，可以依法提级管辖：

（一）在本辖区有重大影响的；

（二）涉及多个下级监察机关管辖的监察对象，调查难度大的；

（三）其他需要提级管辖的重大、复杂案件。

上级监察机关对于所辖各级监察机关管辖范围内有重大影响的案件，必要时可以依法直接调查或者组织、指挥、参与调查。

地方各级监察机关所管辖的职务违法和职务犯罪案件，具有第一款规定情形的，可以依法报请上一级监察机关管辖。

第四十九条　工作单位在地方、管理权限在主管部门的公职人员涉嫌职务违法和职务犯罪，一般由驻在主管部门、有管辖权的监察机构、监察专员管辖；经协商，监察机构、监察专员可以按规定移交公职人员工作单位所在地的地方监察委员会调查，或者与地方监察委员会联合调查。地方监察委员会在工作中发现上述公职人员有关问题线索，应当向驻在主管部门、有管辖权的监察机构、监察专员通报，并协商确定管辖。

前款规定单位的其他公职人员涉嫌职务违法和职务犯罪，可以由地方监察委员会管辖；驻在主管部门的监察机构、监察专员自行立案调查的，应当及时通报地方监察委员会。

地方监察委员会调查前两款规定案件，应当将立案、留置、移送审查起诉、撤销案件等重要情况向驻在主管部门的监察机构、监察专员通报。

第五十条　监察机关办理案件中涉及无隶属关系的其他监察机关的监察对象，认为需要立案调查的，应当商请有管理权限的监察机关依法立案调查。商请立案时，应当提供涉案人员基本情况、已经查明的涉嫌违法犯罪事实以及相关证据材料。

承办案件的监察机关认为由其一并调查更为适宜的，可以报请有权决定的上级监察机关指定管辖。

第五十三条　监察机关对于退休公职人员在退休前或者退休后，或者离职、死亡的公职人员在履职期间实施的涉嫌职务违法或者职务犯罪行为，可以依法进行调查。

对前款规定人员，按照其原任职务的管辖规定确定管辖的监察机关；由其他监察机关管辖更为适宜的，可以依法指定或者交由其他监察机关管辖。

16.3 《刑事诉讼法》

第十九条第二款　人民检察院在对诉讼活动实行法律监督中发现的司法工作人员利用职权实施的非法拘禁、刑讯逼供、非法搜查等侵犯公民权利、损害司法公正的犯罪，可以由人民检察院立案侦查。对于公安机关管辖的国家机关工作人员利用职权实施的重大犯罪案件，需要由人民检察院直接受理的时候，经省级以上人民检察院决定，可以由人民检察院立案侦查。

16.4 《中国共产党纪律检查机关监督执纪工作规则》

第七条　监督执纪工作实行分级负责制：

（一）中央纪委国家监委负责监督检查和审查调查中央委员、候补中央委员，中央纪委委员，中央管理的领导干部，党中央工作部门、党中央批准设立的党组（党委），各省、自治区、直辖市党委、纪委等党组织的涉嫌违纪或者职务违法、职务犯罪问题。

（二）地方各级纪委监委负责监督检查和审查调查同级党委委

员、候补委员，同级纪委委员，同级党委管理的党员、干部以及监察对象，同级党委工作部门、党委批准设立的党组（党委），下一级党委、纪委等党组织的涉嫌违纪或者职务违法、职务犯罪问题。

（三）基层纪委负责监督检查和审查同级党委管理的党员，同级党委下属的各级党组织的涉嫌违纪问题；未设立纪律检查委员会的党的基层委员会，由该委员会负责监督执纪工作。

地方各级纪委监委依照规定加强对同级党委履行职责、行使权力情况的监督。

第八条　对党的组织关系在地方、干部管理权限在主管部门的党员、干部以及监察对象涉嫌违纪违法问题，应当按照谁主管谁负责的原则进行监督执纪，由设在主管部门、有管辖权的纪检监察机关进行审查调查，主管部门认为有必要的，可以与地方纪检监察机关联合审查调查。地方纪检监察机关接到问题线索反映的，经与主管部门协调，可以对其进行审查调查，也可以与主管部门组成联合审查调查组，审查调查情况及时向对方通报。

第九条　上级纪检监察机关有权指定下级纪检监察机关对其他下级纪检监察机关管辖的党组织和党员、干部以及监察对象涉嫌违纪或者职务违法、职务犯罪问题进行审查调查，必要时也可以直接进行审查调查。上级纪检监察机关可以将其直接管辖的事项指定下级纪检监察机关进行审查调查。

纪检监察机关之间对管辖事项有争议的，由其共同的上级纪检监察机关确定；认为所管辖的事项重大、复杂，需要由上级纪检监察机关管辖的，可以报请上级纪检监察机关管辖。

16.5 《纪检监察机关处理检举控告工作规则》

第十二条　对反映党的组织关系在地方、干部管理权限在主管部门的党员、干部以及监察对象涉嫌违纪或者职务违法、职务犯罪问题的检举控告，由设在主管部门、有管辖权的纪检监察机关受理。地方纪检监察机关接到检举控告的，经与设在主管部门、有管辖权的纪检监察机关协调，可以按规定受理。

指定管辖

第十七条　上级监察机关可以将其所管辖的监察事项指定下级监察机关管辖，也可以将下级监察机关有管辖权的监察事项指定给其他监察机关管辖。

监察机关认为所管辖的监察事项重大、复杂，需要由上级监察机关管辖的，可以报请上级监察机关管辖。

【关联法条】

17.1 《公职人员政务处分法》

第五十一条　下级监察机关根据上级监察机关的指定管辖决定进行调查的案件，调查终结后，对不属于本监察机关管辖范围内的监察对象，应当交有管理权限的监察机关依法作出政务处分决定。

17.2 《监察法实施条例》

第四十八条　上级监察机关可以依法将其所管辖的案件指定下级监察机关管辖。

设区的市级监察委员会将同级党委管理的公职人员涉嫌职务违法或者职务犯罪案件指定下级监察委员会管辖的，应当报省级监察委员会批准；省级监察委员会将同级党委管理的公职人员涉嫌职务违法或者职务犯罪案件指定下级监察委员会管辖的，应当报国家监察委员会相关监督检查部门备案。

上级监察机关对于下级监察机关管辖的职务违法和职务犯罪案件，具有下列情形之一，认为由其他下级监察机关管辖更为适宜的，可以依法指定给其他下级监察机关管辖：

（一）管辖有争议的；

（二）指定管辖有利于案件公正处理的；

（三）下级监察机关报请指定管辖的；

（四）其他有必要指定管辖的。

被指定的下级监察机关未经指定管辖的监察机关批准，不得将案件再行指定管辖。发现新的职务违法或者职务犯罪线索，以及其他重要情况、重大问题，应当及时向指定管辖的监察机关请示报告。

17.3 《中国共产党纪律检查委员会工作条例》

第六条第三款 上级党的纪律检查委员会加强对下级纪律检查委员会的领导，对下级纪委的工作作出部署、提出要求；督促指导和支持下级纪委开展同级监督，检查下级纪委的工作，定期听取工作汇报，开展政治和业务培训；坚持查办腐败案件以上级纪委领导为主，按照规定审议和批准下级纪委关于线索处置、立案审查、纪律处分等的请示报告，按照程序改变下级纪委作出的错误或者不当的决定，必要时直接审查或者组织、指挥审查下级纪委管辖范围内有重大影响或者复杂的案件。

17.4 《中国共产党纪律检查机关监督执纪工作规则》

第九条 上级纪检监察机关有权指定下级纪检监察机关对其他下级纪检监察机关管辖的党组织和党员、干部以及监察对象涉嫌违纪或者职务违法、职务犯罪问题进行审查调查，必要时也可以直接进行审查调查。上级纪检监察机关可以将其直接管辖的事项指定下级纪检监察机关进行审查调查。

纪检监察机关之间对管辖事项有争议的，由其共同的上级纪检监察机关确定；认为所管辖的事项重大、复杂，需要由上级纪检监察机关管辖的，可以报请上级纪检监察机关管辖。

17.5 《纪检监察机关派驻机构工作规则》

第十五条 派出机关监督检查部门、审查调查部门对于派驻机构管辖的重大、复杂案件，经批准可以直接办理或者组织、指挥办理。

第四章　监察权限

监察调查权

> 第十八条　监察机关行使监督、调查职权，有权依法向有关单位和个人了解情况，收集、调取证据。有关单位和个人应当如实提供。
>
> 监察机关及其工作人员对监督、调查过程中知悉的国家秘密、工作秘密、商业秘密、个人隐私和个人信息，应当保密。
>
> 任何单位和个人不得伪造、隐匿或者毁灭证据。

【关联法条】

18.1　《监察法》

第六十八条　监察机关涉密人员离岗离职后，应当遵守脱密期管理规定，严格履行保密义务，不得泄露相关秘密。

监察人员辞职、退休三年内，不得从事与监察和司法工作相关联且可能发生利益冲突的职业。

18.2　《监察法实施条例》

第五十九条第二、三款　监察机关向有关单位和个人收集、调取证据时，应当告知其必须依法如实提供证据。对于不按要求提供有关材料，泄露相关信息，伪造、隐匿、毁灭证据，提供虚假情况或者阻止他人提供证据的，依法追究法律责任。

监察机关依照监察法和本条例规定收集的证据材料，经审查符合法定要求的，在刑事诉讼中可以作为证据使用。

第一百二十条　调取证据材料时，调查人员不得少于二人。调查人员应当依法出具《调取证据通知书》，必要时附《调取证据清单》。

有关单位和个人配合监察机关调取证据，应当严格保密。

18.3　《刑事诉讼法》

第五十四条　人民法院、人民检察院和公安机关有权向有关单位和个人收集、调取证据。有关单位和个人应当如实提供证据。

行政机关在行政执法和查办案件过程中收集的物证、书证、视听资料、电子数据等证据材料，在刑事诉讼中可以作为证据使用。

对涉及国家秘密、商业秘密、个人隐私的证据，应当保密。

凡是伪造证据、隐匿证据或者毁灭证据的，无论属于何方，必须受法律追究。

18.4　《最高人民法院关于适用〈中华人民共和国刑事诉讼法〉的解释》

第六十九条　认定案件事实，必须以证据为根据。

第七十条　审判人员应当依照法定程序收集、审查、核实、认定证据。

第七十一条　证据未经当庭出示、辨认、质证等法庭调查程序查证属实，不得作为定案的根据。

第七十六条　监察机关依法收集的证据材料，在刑事诉讼中可以作为证据使用。

对前款规定证据的审查判断，适用刑事审判关于证据的要求和标准。

谈话、函询

> 第十九条　对可能发生职务违法的监察对象，监察机关按照管理权限，可以直接或者委托有关机关、人员进行谈话，或者进行函询，要求说明情况。

【关联法条】

19.1　《公职人员政务处分法》

第十二条　公职人员违法行为情节轻微，且具有本法第十一条规定的情形之一的，可以对其进行谈话提醒、批评教育、责令检查或者予以诫勉，免予或者不予政务处分。

公职人员因不明真相被裹挟或者被胁迫参与违法活动，经批评教育后确有悔改表现的，可以减轻、免予或者不予政务处分。

19.2 《监察法实施条例》

第十八条　监察机关可以与公职人员进行谈心谈话，发现政治品行、行使公权力和道德操守方面有苗头性、倾向性问题的，及时进行教育提醒。

第五十五条　监察机关在初步核实中，可以依法采取谈话、询问、查询、调取、勘验检查、鉴定措施；立案后可以采取讯问、留置、冻结、搜查、查封、扣押、通缉措施。需要采取技术调查、限制出境措施的，应当按照规定交有关机关依法执行。设区的市级以下监察机关在初步核实中不得采取技术调查措施。

开展问责调查，根据具体情况可以依法采取相关监察措施。

第七十条　监察机关在问题线索处置、初步核实和立案调查中，可以依法对涉嫌职务违法的监察对象进行谈话，要求其如实说明情况或者作出陈述。

谈话应当个别进行。负责谈话的人员不得少于二人。

第七十一条　对一般性问题线索的处置，可以采取谈话方式进行，对监察对象给予警示、批评、教育。谈话应当在工作地点等场所进行，明确告知谈话事项，注重谈清问题、取得教育效果。

第七十二条　采取谈话方式处置问题线索的，经审批可以由监察人员或者委托被谈话人所在单位主要负责人等进行谈话。

监察机关谈话应当形成谈话笔录或者记录。谈话结束后，可以根据需要要求被谈话人在十五个工作日以内作出书面说明。被谈话人应当在书面说明每页签名，修改的地方也应当签名。

委托谈话的，受委托人应当在收到委托函后的十五个工作日以内进行谈话。谈话结束后及时形成谈话情况材料报送监察机关，必要时附被谈话人的书面说明。

第七十三条 监察机关开展初步核实工作，一般不与被核查人接触；确有需要与被核查人谈话的，应当按规定报批。

19.3 《中国共产党党内监督条例》

第二十一条 坚持党内谈话制度，认真开展提醒谈话、诫勉谈话。发现领导干部有思想、作风、纪律等方面苗头性、倾向性问题的，有关党组织负责人应当及时对其提醒谈话；发现轻微违纪问题的，上级党组织负责人应当对其诫勉谈话，并由本人作出说明或者检讨，经所在党组织主要负责人签字后报上级纪委和组织部门。

19.4 《中国共产党党员教育管理工作条例》

第二十八条 发现党员有思想、工作、生活、作风和纪律方面苗头性倾向性问题的，以及群众对其有不良反映的，党组织负责人应当及时进行提醒谈话，抓早抓小、防微杜渐。

19.5 《中国共产党纪律检查机关监督执纪工作规则》

第十五条 纪检监察机关应当结合被监督对象的职责，加强对行使权力情况的日常监督，通过多种方式了解被监督对象的思想、工作、作风、生活情况，发现苗头性、倾向性问题或者轻微违纪问题，应当及时约谈提醒、批评教育、责令检查、诫勉谈话，提高监督的针对性和实效性。

第三十一条 被谈话函询的党员干部应当在民主生活会、组织生活会上就本年度或者上年度谈话函询问题进行说明，讲清组织予以采信了结的情况；存在违纪问题的，应当进行自我批评，作出检讨。

19.6 《党委（党组）落实全面从严治党主体责任规定》

第十六条 党委（党组）书记对领导班子其他成员、下一级党委（党组）书记，领导班子其他成员对分管部门和单位党组织书记，发现存在政治、思想、工作、生活、作风、纪律等方面苗头性、倾向性问题的，应当及时进行提醒谈话；发现落实全面从严治党责任不到位、管党治党问题较多、党员群众来信来访反映问题较多的，应当及时进行约谈，严肃批评教育，督促落实责任。

谈话、讯问

> 第二十条　在调查过程中，对涉嫌职务违法的被调查人，监察机关可以进行谈话，要求其就涉嫌违法行为作出陈述，必要时向被调查人出具书面通知。
>
> 对涉嫌贪污贿赂、失职渎职等职务犯罪的被调查人，监察机关可以进行讯问，要求其如实供述涉嫌犯罪的情况。

【关联法条】

20.1　《监察法实施条例》

第七十条　监察机关在问题线索处置、初步核实和立案调查中，可以依法对涉嫌职务违法的监察对象进行谈话，要求其如实说明情况或者作出陈述。

谈话应当个别进行。负责谈话的人员不得少于二人。

第七十四条　监察机关对涉嫌职务违法的被调查人立案后，可以依法进行谈话。

与被调查人首次谈话时，应当出示《被调查人权利义务告知书》，由其签名、捺指印。被调查人拒绝签名、捺指印的，调查人员应当在文书上记明。对于被调查人未被限制人身自由的，应当在首次谈话时出具《谈话通知书》。

与涉嫌严重职务违法的被调查人进行谈话的，应当全程同步录音录像，并告知被调查人。告知情况应当在录音录像中予以反映，并在笔录中记明。

第七十五条　立案后，与未被限制人身自由的被调查人谈话的，应当在具备安全保障条件的场所进行。

调查人员按规定通知被调查人所在单位派员或者被调查人家属陪同被调查人到指定场所的，应当与陪同人员办理交接手续，填写《陪送交接单》。

第七十六条　调查人员与被留置的被调查人谈话的，按照法定程序在留置场所进行。

与在押的犯罪嫌疑人、被告人谈话的，应当持以监察机关名义出具的介绍信、工作证件，商请有关案件主管机关依法协助办理。

与在看守所、监狱服刑的人员谈话的，应当持以监察机关名义出具的介绍信、工作证件办理。

第七十七条　与被调查人进行谈话，应当合理安排时间、控制时长，保证其饮食和必要的休息时间。

第七十八条　谈话笔录应当在谈话现场制作。笔录应当详细具体，如实反映谈话情况。笔录制作完成后，应当交给被调查人核对。被调查人没有阅读能力的，应当向其宣读。

笔录记载有遗漏或者差错的，应当补充或者更正，由被调查人在补充或者更正处捺指印。被调查人核对无误后，应当在笔录中逐页签名、捺指印。被调查人拒绝签名、捺指印的，调查人员应当在笔录中记明。调查人员也应当在笔录中签名。

第七十九条　被调查人请求自行书写说明材料的，应当准许。必要时，调查人员可以要求被调查人自行书写说明材料。

被调查人应当在说明材料上逐页签名、捺指印，在末页写明日期。对说明材料有修改的，在修改之处应当捺指印。说明材料应当由二名调查人员接收，在首页记明接收的日期并签名。

第八十条　本条例第七十四条至第七十九条的规定，也适用于在初步核实中开展的谈话。

第八十一条　监察机关对涉嫌职务犯罪的被调查人，可以依法进行讯问，要求其如实供述涉嫌犯罪的情况。

第八十二条　讯问被留置的被调查人，应当在留置场所进行。

第八十四条　本条例第七十五条至第七十九条的要求，也适用于讯问。

20.2 《中国共产党党内监督条例》

第二十一条　坚持党内谈话制度，认真开展提醒谈话、诫勉谈话。发现领导干部有思想、作风、纪律等方面苗头性、倾向性问题的，有关党组织负责人应当及时对其提醒谈话；发现轻微违纪问题的，上级党组织负责人应当对其诫勉谈话，并由本人作出说明或者检讨，经所在党组织主要负责人签字后报上级纪委和组织部门。

20.3 《中国共产党纪律检查机关监督执纪工作规则》

第二十七条　纪检监察机关采取谈话函询方式处置问题线索，应当起草谈话函询报批请示，拟订谈话方案和相关工作预案，按程序报批。需要谈话函询下一级党委（党组）主要负责人的，应当报纪检监察机关主要负责人批准，必要时向同级党委主要负责人报告。

第四十三条　立案审查调查方案批准后，应当由纪检监察机关相关负责人或者部门负责人与被审查调查人谈话，宣布立案决定，讲明党的政策和纪律，要求被审查调查人端正态度、配合审查调查。

审查调查应当充分听取被审查调查人陈述，保障其饮食、休息，提供医疗服务，确保安全。严格禁止使用违反党章党规党纪和国家法律的手段，严禁逼供、诱供、侮辱、打骂、虐待、体罚或者变相体罚。

20.4 《中央纪委、中央组织部关于对党员领导干部进行诫勉谈话和函询的暂行办法》

第三条　党员领导干部有下列情况之一的，应当对其进行诫勉谈话：

（一）不能严格遵守党的政治纪律，贯彻落实党的路线方针政策和上级党组织决议、决定以及工作部署不力；

（二）不认真执行民主集中制，作风专断，或者在领导班子中闹无原则纠纷；

（三）不认真履行职责，给工作造成一定损失；

（四）搞华而不实和脱离实际的“形象工程”、“政绩工程”，铺张浪费，造成不良影响；

（五）不严格执行《党政领导干部选拔任用工作条例》，用人失察失误；

（六）不严格执行廉洁自律规定，造成不良影响；

（七）其他需要进行诫勉谈话的情况。

第八条 对党员领导干部进行诫勉谈话和函询，要严格履行审批程序。一般应当按照干部管理权限，由纪律检查机关或者组织（人事）部门的有关单位提出意见，报本机关或者本部门领导批准。

强制到案

第二十一条 监察机关根据案件情况，经依法审批，可以强制涉嫌严重职务违法或者职务犯罪的被调查人到案接受调查。

【关联法条】

21.1 《刑事诉讼法》

第六十六条 人民法院、人民检察院和公安机关根据案件情况，对犯罪嫌疑人、被告人可以拘传、取保候审或者监视居住。

第一百一十九条 对不需要逮捕、拘留的犯罪嫌疑人，可以传唤到犯罪嫌疑人所在市、县内的指定地点或者到他的住处进行讯问，但是应当出示人民检察院或者公安机关的证明文件。对在现场发现的犯罪嫌疑人，经出示工作证件，可以口头传唤，但应当在讯问笔录中注明。

传唤、拘传持续的时间不得超过十二小时；案情特别重大、复杂，需要采取拘留、逮捕措施的，传唤、拘传持续的时间不得超过二十四小时。

不得以连续传唤、拘传的形式变相拘禁犯罪嫌疑人。传唤、拘传犯罪嫌疑人，应当保证犯罪嫌疑人的饮食和必要的休息时间。

21.2 《人民检察院刑事诉讼规则》

第八十一条 人民检察院根据案件情况，对犯罪嫌疑人可以拘传。

第八十二条　拘传时，应当向被拘传的犯罪嫌疑人出示拘传证。对抗拒拘传的，可以使用戒具，强制到案。

执行拘传的人员不得少于二人。

第八十四条　人民检察院拘传犯罪嫌疑人，应当在犯罪嫌疑人所在市、县内的地点进行。

犯罪嫌疑人工作单位与居住地不在同一市、县的，拘传应当在犯罪嫌疑人工作单位所在的市、县内进行；特殊情况下，也可以在犯罪嫌疑人居住地所在的市、县内进行。

第一百四十八条第一款　人民检察院对担任县级以上各级人民代表大会代表的犯罪嫌疑人决定采取拘传、取保候审、监视居住、拘留、逮捕强制措施的，应当报请该代表所属的人民代表大会主席团或者常务委员会许可。

第一百八十三条　对于不需要逮捕、拘留的犯罪嫌疑人，可以传唤到犯罪嫌疑人所在市、县内的指定地点或者到他的住处进行讯问。

传唤犯罪嫌疑人，应当出示传唤证和工作证件，并责令犯罪嫌疑人在传唤证上签名或者盖章，并捺指印。

犯罪嫌疑人到案后，应当由其在传唤证上填写到案时间。传唤结束时，应当由其在传唤证上填写传唤结束时间。拒绝填写的，应当在传唤证上注明。

对在现场发现的犯罪嫌疑人，经出示工作证件，可以口头传唤，并将传唤的原因和依据告知被传唤人。在讯问笔录中应当注明犯罪嫌疑人到案时间、到案经过和传唤结束时间。

本规则第八十四条第二款的规定适用于传唤犯罪嫌疑人。

第一百八十四条　传唤犯罪嫌疑人时，其家属在场的，应当当场将传唤的原因和处所口头告知其家属，并在讯问笔录中注明。其家属不在场的，应当及时将传唤的原因和处所通知被传唤人家属。

无法通知的，应当在讯问笔录中注明。

21.3　《最高人民法院关于适用〈中华人民共和国刑事诉讼法〉的解释》

第一百四十七条　人民法院根据案件情况，可以决定对被告人拘传、取保候审、监视居住或者逮捕。

对被告人采取、撤销或者变更强制措施的，由院长决定；决定继续取保候审、监视居住的，可以由合议庭或者独任审判员决定。

第一百四十八条　对经依法传唤拒不到庭的被告人，或者根据案件情况有必要拘传的被告人，可以拘传。

拘传被告人，应当由院长签发拘传票，由司法警察执行，执行人员不得少于二人。

拘传被告人，应当出示拘传票。对抗拒拘传的被告人，可以使用戒具。

21.4　《公安机关办理刑事案件程序规定》

第七十八条　公安机关根据案件情况对需要拘传的犯罪嫌疑人，或者经过传唤没有正当理由不到案的犯罪嫌疑人，可以拘传到其所在市、县公安机关执法办案场所进行讯问。

需要拘传的，应当填写呈请拘传报告书，并附有关材料，报县级以上公安机关负责人批准。

第七十九条　公安机关拘传犯罪嫌疑人应当出示拘传证，并责令其在拘传证上签名、捺指印。

犯罪嫌疑人到案后，应当责令其在拘传证上填写到案时间；拘传结束后，应当由其在拘传证上填写拘传结束时间。犯罪嫌疑人拒绝填写的，侦查人员应当在拘传证上注明。

第一百六十四条　公安机关依法对县级以上各级人民代表大会代表拘传、取保候审、监视居住、拘留或者提请批准逮捕的，应当书面报请该代表所属的人民代表大会主席团或者常务委员会许可。

第一百六十五条　公安机关对现行犯拘留的时候，发现其是县级以上人民代表大会代表的，应当立即向其所属的人民代表大会主席团或者常务委员会报告。

公安机关在依法执行拘传、取保候审、监视居住、拘留或者逮捕中，发现被执行人是县级以上人民代表大会代表的，应当暂缓执行，并报告决定或者批准机关。如果在执行后发现被执行人是县级以上人民代表大会代表的，应当立即解除，并报告决定或者批准机关。

第一百六十六条　公安机关依法对乡、民族乡、镇的人民代表大会代表拘传、取保候审、监视居住、拘留或者执行逮捕的，应当在执行后立即报告其所属的人民代表大会。

第一百六十七条　公安机关依法对政治协商委员会委员拘传、取保候审、监视居住的，应当将有关情况通报给该委员所属的政协组织。

第二百零一条　传唤、拘传、讯问犯罪嫌疑人，应当保证犯罪嫌疑人的饮食和必要的休息时间，并记录在案。

第三百四十六条第一款　公安机关在异地执行传唤、拘传、拘留、逮捕，开展勘验、检查、搜查、查封、扣押、冻结、讯问等侦查活动，应当向当地公安机关提出办案协作请求，并在当地公安机关协助下进行，或者委托当地公安机关代为执行。

第三百五十条　异地执行传唤、拘传的，协作地公安机关应当协助将犯罪嫌疑人传唤、拘传到本市、县公安机关执法办案场所或者到他的住处进行讯问。

异地执行拘留、逮捕的，协作地公安机关应当派员协助执行。

询问

第二十二条　在调查过程中，监察机关可以询问证人等人员。

【关联法条】

22.1 《监察法实施条例》

第八十五条　监察机关按规定报批后，可以依法对证人、被害人等人员进行询问，了解核实有关问题或者案件情况。

第八十六条　证人未被限制人身自由的，可以在其工作地点、住所或者其提出的地点进行询问，也可以通知其到指定地点接受询问。到证人提出的地点或者调查人员指定的地点进行询问的，应当在笔录中记明。

调查人员认为有必要或者证人提出需要由所在单位派员或者其家属陪同到询问地点的，应当办理交接手续并填写《陪送交接单》。

第九十一条　本条例第七十六条至第七十九条的要求，也适用于询问。询问重要涉案人员，根据情况适用本条例第七十五条的规定。

询问被害人，适用询问证人的规定。

22.2 《刑事诉讼法》

第一百二十四条　侦查人员询问证人，可以在现场进行，也可以到证人所在单位、住处或者证人提出的地点进行，在必要的时候，可以通知证人到人民检察院或者公安机关提供证言。在现场询问证人，应当出示工作证件，到证人所在单位、住处或者证人提出的地点询问证人，应当出示人民检察院或者公安机关的证明文件。

询问证人应当个别进行。

22.3 《中国共产党纪律检查机关监督执纪工作规则》

第四十九条　对涉嫌严重违纪或者职务违法、职务犯罪问题的审查调查，监督执纪人员未经批准并办理相关手续，不得将被审查调查人或者其他重要的谈话、询问对象带离规定的谈话场所，不得在未配置监控设备的场所进行审查调查谈话或者其他重要的谈话、询问，不得在谈话期间关闭录音录像设备。

22.4 《人民检察院刑事诉讼规则》

第一百九十三条　询问证人，可以在现场进行，也可以到证人所在单位、住处或者证人提出的地点进行。必要时，也可以通知证人到人民检察院提供证言。到证人提出的地点进行询问的，应当在笔录中记明。

询问证人应当个别进行。

在现场询问证人，应当出示工作证件。到证人所在单位、住处或者证人提出的地点询问证人，应当出示人民检察院的证明文件。

第一百九十五条　询问被害人，适用询问证人的规定。

22.5 《最高人民法院关于适用〈中华人民共和国刑事诉讼法〉的解释》

第八十七条　对证人证言应当着重审查以下内容：

（一）证言的内容是否为证人直接感知；

（二）证人作证时的年龄，认知、记忆和表达能力，生理和精神状态是否影响作证；

（三）证人与案件当事人、案件处理结果有无利害关系；

（四）询问证人是否个别进行；

（五）询问笔录的制作、修改是否符合法律、有关规定，是否注明询问的起止时间和地点，首次询问时是否告知证人有关权利义务和法律责任，证人对询问笔录是否核对确认；

（六）询问未成年证人时，是否通知其法定代理人或者刑事诉讼法第二百八十一条第一款规定的合适成年人到场，有关人员是否到场；

（七）有无以暴力、威胁等非法方法收集证人证言的情形；

（八）证言之间以及与其他证据之间能否相互印证，有无矛盾；存在矛盾的，能否得到合理解释。

22.6 《公安机关办理刑事案件程序规定》

第二百一十条　询问证人、被害人，可以在现场进行，也可以到证人、被害人所在单位、住处或者证人、被害人提出的地点进行。在必要的时候，可以书面、电话或者当场通知证人、被害人到公安机关提供证言。

询问证人、被害人应当个别进行。

在现场询问证人、被害人，侦查人员应当出示人民警察证。到证人、被害人所在单位、住处或者证人、被害人提出的地点询问证人、被害人，应当经办案部门负责人批准，制作询问通知书。询问前，侦查人员应当出示询问通知书和人民警察证。

责令候查

第二十三条　被调查人涉嫌严重职务违法或者职务犯罪，并有下列情形之一的，经监察机关依法审批，可以对其采取责令候查措施：

（一）不具有本法第二十四条第一款所列情形的；

（二）符合留置条件，但患有严重疾病、生活不能自理的，系怀孕或者正在哺乳自己婴儿的妇女，或者生活不能自理的人的唯一扶养人；

（三）案件尚未办结，但留置期限届满或者对被留置人员不需要继续采取留置措施的；

（四）符合留置条件，但因为案件的特殊情况或者办理案件的需要，采取责令候查措施更为适宜的。

被责令候查人员应当遵守以下规定：

（一）未经监察机关批准不得离开所居住的直辖市、设区的市的城市市区或者不设区的市、县的辖区；

（二）住址、工作单位和联系方式发生变动的，在二十四小时以内向监察机关报告；

（三）在接到通知的时候及时到案接受调查；

（四）不得以任何形式干扰证人作证；

（五）不得串供或者伪造、隐匿、毁灭证据。

被责令候查人员违反前款规定，情节严重的，可以依法予以留置。

【关联法条】

23.1 《刑事诉讼法》

第六十六条　人民法院、人民检察院和公安机关根据案件情况，对犯罪嫌疑人、被告人可以拘传、取保候审或者监视居住。

第六十七条　人民法院、人民检察院和公安机关对有下列情形之一的犯罪嫌疑人、被告人，可以取保候审：

（一）可能判处管制、拘役或者独立适用附加刑的；

（二）可能判处有期徒刑以上刑罚，采取取保候审不致发生社会危险性的；

（三）患有严重疾病、生活不能自理，怀孕或者正在哺乳自己婴儿的妇女，采取取保候审不致发生社会危险性的；

（四）羁押期限届满，案件尚未办结，需要采取取保候审的。

取保候审由公安机关执行。

第六十八条　人民法院、人民检察院和公安机关决定对犯罪嫌疑人、被告人取保候审，应当责令犯罪嫌疑人、被告人提出保证人或者交纳保证金。

第七十一条　被取保候审的犯罪嫌疑人、被告人应当遵守以下规定：

（一）未经执行机关批准不得离开所居住的市、县；

（二）住址、工作单位和联系方式发生变动的，在二十四小时以内向执行机关报告；

（三）在传讯的时候及时到案；

（四）不得以任何形式干扰证人作证；

（五）不得毁灭、伪造证据或者串供。

人民法院、人民检察院和公安机关可以根据案件情况，责令被取保候审的犯罪嫌疑人、被告人遵守以下一项或者多项规定：

（一）不得进入特定的场所；

（二）不得与特定的人员会见或者通信；

（三）不得从事特定的活动；

（四）将护照等出入境证件、驾驶证件交执行机关保存。

被取保候审的犯罪嫌疑人、被告人违反前两款规定，已交纳保证金的，没收部分或者全部保证金，并且区别情形，责令犯罪嫌疑人、被告人具结悔过，重新交纳保证金、提出保证人，或者监视居住、予以逮捕。

对违反取保候审规定，需要予以逮捕的，可以对犯罪嫌疑人、被告人先行拘留。

第七十二条　取保候审的决定机关应当综合考虑保证诉讼活动正常进行的需要，被取保候审人的社会危险性，案件的性质、情节，可能判处刑罚的轻重，被取保候审人的经济状况等情况，确定保证金的数额。

提供保证金的人应当将保证金存入执行机关指定银行的专门账户。

第七十三条　犯罪嫌疑人、被告人在取保候审期间未违反本法第七十一条规定的，取保候审结束的时候，凭解除取保候审的通知或者有关法律文书到银行领取退还的保证金。

第七十九条　人民法院、人民检察院和公安机关对犯罪嫌疑人、被告人取保候审最长不得超过十二个月，监视居住最长不得超过六个月。

在取保候审、监视居住期间，不得中断对案件的侦查、起诉和审理。对于发现不应当追究刑事责任或者取保候审、监视居住期限届满的，应当及时解除取保候审、监视居住。解除取保候审、监视居住，应当及时通知被取保候审、监视居住人和有关单位。

第八十一条　对有证据证明有犯罪事实，可能判处徒刑以上刑罚的犯罪嫌疑人、被告人，采取取保候审尚不足以防止发生下列社会危险性的，应当予以逮捕：

（一）可能实施新的犯罪的；

（二）有危害国家安全、公共安全或者社会秩序的现实危险的；

（三）可能毁灭、伪造证据，干扰证人作证或者串供的；

（四）可能对被害人、举报人、控告人实施打击报复的；

（五）企图自杀或者逃跑的。

批准或者决定逮捕，应当将犯罪嫌疑人、被告人涉嫌犯罪的性质、情节，认罪认罚等情况，作为是否可能发生社会危险性的考虑因素。

对有证据证明有犯罪事实，可能判处十年有期徒刑以上刑罚的，或者有证据证明有犯罪事实，可能判处徒刑以上刑罚，曾经故意犯罪或者身份不明的，应当予以逮捕。

被取保候审、监视居住的犯罪嫌疑人、被告人违反取保候审、监视居住规定，情节严重的，可以予以逮捕。

第九十九条　人民法院、人民检察院或者公安机关对被采取强制措施法定期限届满的犯罪嫌疑人、被告人，应当予以释放、解除取保候审、监视居住或者依法变更强制措施。犯罪嫌疑人、被告人及其法定代理人、近亲属或者辩护人对于人民法院、人民检察院或者公安机关采取强制措施法定期限届满的，有权要求解除强制措施。

第一百六十七条　人民检察院对直接受理的案件中被拘留的人，认为需要逮捕的，应当在十四日以内作出决定。在特殊情况下，决定逮捕的时间可以延长一日至三日。对不需要逮捕的，应当立即释放；对需要继续侦查，并且符合取保候审、监视居住条件的，依法取保候审或者监视居住。

23.2 《人民检察院刑事诉讼规则》

第八十六条　人民检察院对于具有下列情形之一的犯罪嫌疑人，可以取保候审：

（一）可能判处管制、拘役或者独立适用附加刑的；

（二）可能判处有期徒刑以上刑罚，采取取保候审不致发生社会危险性的；

（三）患有严重疾病、生活不能自理，怀孕或者正在哺乳自己婴儿的妇女，采取取保候审不致发生社会危险性的；

（四）羁押期限届满，案件尚未办结，需要采取取保候审的。

第八十七条　人民检察院对于严重危害社会治安的犯罪嫌疑人，

以及其他犯罪性质恶劣、情节严重的犯罪嫌疑人不得取保候审。

第八十八条　被羁押或者监视居住的犯罪嫌疑人及其法定代理人、近亲属或者辩护人向人民检察院申请取保候审，人民检察院应当在三日以内作出是否同意的答复。经审查符合本规则第八十六条规定情形之一的，可以对被羁押或者监视居住的犯罪嫌疑人依法办理取保候审手续。经审查不符合取保候审条件的，应当告知申请人，并说明不同意取保候审的理由。

第八十九条　人民检察院决定对犯罪嫌疑人取保候审，应当责令犯罪嫌疑人提出保证人或者交纳保证金。

对同一犯罪嫌疑人决定取保候审，不得同时使用保证人保证和保证金保证方式。

对符合取保候审条件，具有下列情形之一的犯罪嫌疑人，人民检察院决定取保候审时，可以责令其提供一至二名保证人：

（一）无力交纳保证金的；

（二）系未成年人或者已满七十五周岁的人；

（三）其他不宜收取保证金的。

第九十八条　公安机关在执行取保候审期间向人民检察院征询是否同意批准犯罪嫌疑人离开所居住的市、县时，人民检察院应当根据案件的具体情况及时作出决定，并通知公安机关。

第一百零一条　犯罪嫌疑人有下列违反取保候审规定的行为，人民检察院应当对犯罪嫌疑人予以逮捕：

（一）故意实施新的犯罪；

（二）企图自杀、逃跑；

（三）实施毁灭、伪造证据，串供或者干扰证人作证，足以影响侦查、审查起诉工作正常进行；

（四）对被害人、证人、鉴定人、举报人、控告人及其他人员实施打击报复。

犯罪嫌疑人有下列违反取保候审规定的行为，人民检察院可以对犯罪嫌疑人予以逮捕：

（一）未经批准，擅自离开所居住的市、县，造成严重后果，或者两次未经批准，擅自离开所居住的市、县；

（二）经传讯不到案，造成严重后果，或者经两次传讯不到案；

（三）住址、工作单位和联系方式发生变动，未在二十四小时以内向公安机关报告，造成严重后果；

（四）违反规定进入特定场所、与特定人员会见或者通信、从事特定活动，严重妨碍诉讼程序正常进行。

有前两款情形，需要对犯罪嫌疑人予以逮捕的，可以先行拘留；已交纳保证金的，同时书面通知公安机关没收保证金。

23. 3 《最高人民法院关于适用〈中华人民共和国刑事诉讼法〉的解释》

第一百四十七条　人民法院根据案件情况，可以决定对被告人拘传、取保候审、监视居住或者逮捕。

对被告人采取、撤销或者变更强制措施的，由院长决定；决定继续取保候审、监视居住的，可以由合议庭或者独任审判员决定。

第一百五十条　被告人具有刑事诉讼法第六十七条第一款规定情形之一的，人民法院可以决定取保候审。

对被告人决定取保候审的，应当责令其提出保证人或者交纳保证金，不得同时使用保证人保证与保证金保证。

第一百五十一条　对下列被告人决定取保候审的，可以责令其提出一至二名保证人：

（一）无力交纳保证金的；

（二）未成年或者已满七十五周岁的；

（三）不宜收取保证金的其他被告人。

第一百五十七条　根据案件事实和法律规定，认为已经构成犯罪的被告人在取保候审期间逃匿的，如果系保证人协助被告人逃匿，或者保证人明知被告人藏匿地点但拒绝向司法机关提供，对保证人应当依法追究责任。

第一百六十四条 被取保候审的被告人具有下列情形之一的，人民法院应当决定逮捕：

（一）故意实施新的犯罪的；

（二）企图自杀或者逃跑的；

（三）毁灭、伪造证据，干扰证人作证或者串供的；

（四）打击报复、恐吓滋扰被害人、证人、鉴定人、举报人、控告人等的；

（五）经传唤，无正当理由不到案，影响审判活动正常进行的；

（六）擅自改变联系方式或者居住地，导致无法传唤，影响审判活动正常进行的；

（七）未经批准，擅自离开所居住的市、县，影响审判活动正常进行，或者两次未经批准，擅自离开所居住的市、县的；

（八）违反规定进入特定场所、与特定人员会见或者通信、从事特定活动，影响审判活动正常进行，或者两次违反有关规定的；

（九）依法应当决定逮捕的其他情形。

23.4 《公安机关办理刑事案件程序规定》

第八十一条 公安机关对具有下列情形之一的犯罪嫌疑人，可以取保候审：

（一）可能判处管制、拘役或者独立适用附加刑的；

（二）可能判处有期徒刑以上刑罚，采取取保候审不致发生社会危险性的；

（三）患有严重疾病、生活不能自理，怀孕或者正在哺乳自己婴儿的妇女，采取取保候审不致发生社会危险性的；

（四）羁押期限届满，案件尚未办结，需要继续侦查的。

对拘留的犯罪嫌疑人，证据不符合逮捕条件，以及提请逮捕后，人民检察院不批准逮捕，需要继续侦查，并且符合取保候审条件的，可以依法取保候审。

第八十二条 对累犯，犯罪集团的主犯，以自伤、自残办法逃避侦查的犯罪嫌疑人，严重暴力犯罪以及其他严重犯罪的犯罪嫌疑人不得取保候审，但犯罪嫌疑人具有本规定第八十一条第一款第三项、第四项规定情形的除外。

第八十四条　公安机关决定对犯罪嫌疑人取保候审的，应当责令犯罪嫌疑人提出保证人或者交纳保证金。

对同一犯罪嫌疑人，不得同时责令其提出保证人和交纳保证金。对未成年人取保候审，应当优先适用保证人保证。

第八十九条　公安机关在宣布取保候审决定时，应当告知被取保候审人遵守以下规定：

（一）未经执行机关批准不得离开所居住的市、县；

（二）住址、工作单位和联系方式发生变动的，在二十四小时以内向执行机关报告；

（三）在传讯的时候及时到案；

（四）不得以任何形式干扰证人作证；

（五）不得毁灭、伪造证据或者串供。

第九十条　公安机关在决定取保候审时，还可以根据案件情况，责令被取保候审人遵守以下一项或者多项规定：

（一）不得进入与其犯罪活动等相关联的特定场所；

（二）不得与证人、被害人及其近亲属、同案犯以及与案件有关联的其他特定人员会见或者以任何方式通信；

（三）不得从事与其犯罪行为等相关联的特定活动；

（四）将护照等出入境证件、驾驶证件交执行机关保存。

公安机关应当综合考虑案件的性质、情节、社会影响、犯罪嫌疑人的社会关系等因素，确定特定场所、特定人员和特定活动的范围。

第九十一条　公安机关决定取保候审的，应当及时通知被取保候审人居住地的派出所执行。必要时，办案部门可以协助执行。

采取保证人担保形式的，应当同时送交有关法律文书、被取保候审人基本情况、保证人基本情况等材料。采取保证金担保形式的，应当同时送交有关法律文书、被取保候审人基本情况和保证金交纳情况等材料。

第九十三条 执行取保候审的派出所应当履行下列职责：

（一）告知被取保候审人必须遵守的规定，及其违反规定或者在取保候审期间重新犯罪应当承担的法律后果；

（二）监督、考察被取保候审人遵守有关规定，及时掌握其活动、住址、工作单位、联系方式及变动情况；

（三）监督保证人履行保证义务；

（四）被取保候审人违反应当遵守的规定以及保证人未履行保证义务的，应当及时制止、采取紧急措施，同时告知决定机关。

第一百零七条 公安机关在取保候审期间不得中断对案件的侦查，对取保候审的犯罪嫌疑人，根据案情变化，应当及时变更强制措施或者解除取保候审。

取保候审最长不得超过十二个月。

第一百零八条 需要解除取保候审的，应当经县级以上公安机关负责人批准，制作解除取保候审决定书、通知书，并及时通知负责执行的派出所、被取保候审人、保证人和有关单位。

人民法院、人民检察院作出解除取保候审决定的，负责执行的公安机关应当根据决定书及时解除取保候审，并通知被取保候审人、保证人和有关单位。

留置

第二十四条 被调查人涉嫌贪污贿赂、失职渎职等严重职务违法或者职务犯罪，监察机关已经掌握其部分违法犯罪事实及证据，仍有重要问题需要进一步调查，并有下列情形之一的，经监察机关依法审批，可以将其留置在特定场所：

（一）涉及案情重大、复杂的；

（二）可能逃跑、自杀的；

（三）可能串供或者伪造、隐匿、毁灭证据的；

（四）可能有其他妨碍调查行为的。

对涉嫌行贿犯罪或者共同职务犯罪的涉案人员，监察机关可以依照前款规定采取留置措施。

留置场所的设置、管理和监督依照国家有关规定执行。

【关联法条】

24.1 《监察法》

第四十九条　监察机关采取强制到案、责令候查、管护、留置措施，可以根据工作需要提请公安机关配合。公安机关应当依法予以协助。

省级以下监察机关留置场所的看护勤务由公安机关负责，国家监察委员会留置场所的看护勤务由国家另行规定。留置看护队伍的管理依照国家有关规定执行。

24.2 《监察法实施条例》

第四十六条第四款　监察机关调查公职人员涉嫌职务犯罪案件，可以依法对涉嫌行贿犯罪、介绍贿赂犯罪或者共同职务犯罪的涉案人员中的非公职人员一并管辖。非公职人员涉嫌利用影响力受贿罪的，按照其所利用的公职人员的管理权限确定管辖。

第九十二条　监察机关调查严重职务违法或者职务犯罪，对于符合监察法第二十二条[1]第一款规定的，经依法审批，可以对被调查人采取留置措施。

监察法第二十二条第一款规定的严重职务违法，是指根据监察机关已经掌握的事实及证据，被调查人涉嫌的职务违法行为情节严重，可能被给予撤职以上政务处分；重要问题，是指对被调查人涉嫌的职务违法或者职务犯罪，在定性处置、定罪量刑等方面有重要

〔1〕对应 2024 年 12 月 25 日修正的《监察法》第 24 条。

影响的事实、情节及证据。

监察法第二十二条第一款规定的已经掌握其部分违法犯罪事实及证据，是指同时具备下列情形：

（一）有证据证明发生了违法犯罪事实；

（二）有证据证明该违法犯罪事实是被调查人实施；

（三）证明被调查人实施违法犯罪行为的证据已经查证属实。

部分违法犯罪事实，既可以是单一违法犯罪行为的事实，也可以是数个违法犯罪行为中任何一个违法犯罪行为的事实。

第九十三条 被调查人具有下列情形之一的，可以认定为监察法第二十二条第一款第二项所规定的可能逃跑、自杀：

（一）着手准备自杀、自残或者逃跑的；

（二）曾经有自杀、自残或者逃跑行为的；

（三）有自杀、自残或者逃跑意图的；

（四）其他可能逃跑、自杀的情形。

第九十四条 被调查人具有下列情形之一的，可以认定为监察法第二十二条第一款第三项所规定的可能串供或者伪造、隐匿、毁灭证据：

（一）曾经或者企图串供，伪造、隐匿、毁灭、转移证据的；

（二）曾经或者企图威逼、恐吓、利诱、收买证人，干扰证人作证的；

（三）有同案人或者与被调查人存在密切关联违法犯罪的涉案人员在逃，重要证据尚未收集完成的；

（四）其他可能串供或者伪造、隐匿、毁灭证据的情形。

第九十五条 被调查人具有下列情形之一的，可以认定为监察法第二十二条第一款第四项所规定的可能有其他妨碍调查行为：

（一）可能继续实施违法犯罪行为的；

（二）有危害国家安全、公共安全等现实危险的；

（三）可能对举报人、控告人、被害人、证人、鉴定人等相关人员实施打击报复的；

（四）无正当理由拒不到案，严重影响调查的；

（五）其他可能妨碍调查的行为。

第九十六条　对下列人员不得采取留置措施：

（一）患有严重疾病、生活不能自理的；

（二）怀孕或者正在哺乳自己婴儿的妇女；

（三）系生活不能自理的人的唯一扶养人。

上述情形消除后，根据调查需要可以对相关人员采取留置措施。

第一百八十一条第一款　监察机关立案调查职务违法或者职务犯罪案件，需要对涉嫌行贿犯罪、介绍贿赂犯罪或者共同职务犯罪的涉案人员立案调查的，应当一并办理立案手续。需要交由下级监察机关立案的，经审批交由下级监察机关办理立案手续。

24.3 《人民检察院刑事诉讼规则》

第一百二十九条　犯罪嫌疑人具有下列情形之一的，可以认定为"可能实施新的犯罪"：

（一）案发前或者案发后正在策划、组织或者预备实施新的犯罪的；

（二）扬言实施新的犯罪的；

（三）多次作案、连续作案、流窜作案的；

（四）一年内曾因故意实施同类违法行为受到行政处罚的；

（五）以犯罪所得为主要生活来源的；

（六）有吸毒、赌博等恶习的；

（七）其他可能实施新的犯罪的情形。

第一百三十条　犯罪嫌疑人具有下列情形之一的，可以认定为"有危害国家安全、公共安全或者社会秩序的现实危险"：

（一）案发前或者案发后正在积极策划、组织或者预备实施危害国家安全、公共安全或者社会秩序的重大违法犯罪行为的；

（二）曾因危害国家安全、公共安全或者社会秩序受到刑事处罚或者行政处罚的；

（三）在危害国家安全、黑恶势力、恐怖活动、毒品犯罪中起组织、策划、指挥作用或者积极参加的；

（四）其他有危害国家安全、公共安全或者社会秩序的现实危险的情形。

第一百三十一条　犯罪嫌疑人具有下列情形之一的，可以认定为“可能毁灭、伪造证据，干扰证人作证或者串供”：

（一）曾经或者企图毁灭、伪造、隐匿、转移证据的；

（二）曾经或者企图威逼、恐吓、利诱、收买证人，干扰证人作证的；

（三）有同案犯罪嫌疑人或者与其在事实上存在密切关联犯罪的犯罪嫌疑人在逃，重要证据尚未收集到位的；

（四）其他可能毁灭、伪造证据，干扰证人作证或者串供的情形。

第一百三十二条　犯罪嫌疑人具有下列情形之一的，可以认定为“可能对被害人、举报人、控告人实施打击报复”：

（一）扬言或者准备、策划对被害人、举报人、控告人实施打击报复的；

（二）曾经对被害人、举报人、控告人实施打击、要挟、迫害等行为的；

（三）采取其他方式滋扰被害人、举报人、控告人的正常生活、工作的；

（四）其他可能对被害人、举报人、控告人实施打击报复的情形。

第一百三十三条　犯罪嫌疑人具有下列情形之一的，可以认定为“企图自杀或者逃跑”：

（一）着手准备自杀、自残或者逃跑的；

（二）曾经自杀、自残或者逃跑的；

（三）有自杀、自残或者逃跑的意思表示的；

（四）曾经以暴力、威胁手段抗拒抓捕的；

（五）其他企图自杀或者逃跑的情形。

管护

第二十五条　对于未被留置的下列人员，监察机关发现存在逃跑、自杀等重大安全风险的，经依法审批，可以进行管护：

（一）涉嫌严重职务违法或者职务犯罪的自动投案人员；

（二）在接受谈话、函询、询问过程中，交代涉嫌严重职务违法或者职务犯罪问题的人员；

（三）在接受讯问过程中，主动交代涉嫌重大职务犯罪问题的人员。

采取管护措施后，应当立即将被管护人员送留置场所，至迟不得超过二十四小时。

【关联法条】

《监察法》

第四十六条　采取强制到案、责令候查或者管护措施，应当按照规定的权限和程序，经监察机关主要负责人批准。

强制到案持续的时间不得超过十二小时；需要采取管护或者留置措施的，强制到案持续的时间不得超过二十四小时。不得以连续强制到案的方式变相拘禁被调查人。

责令候查最长不得超过十二个月。

监察机关采取管护措施的，应当在七日以内依法作出留置或者解除管护的决定，特殊情况下可以延长一日至三日。

第四十九条第一款　监察机关采取强制到案、责令候查、管护、留置措施，可以根据工作需要提请公安机关配合。公安机关应当依法予以协助。

第五十条　采取管护或者留置措施后，应当在二十四小时以内，通知被管护人员、被留置人员所在单位和家属，但有可能伪造、隐匿、毁灭证据，干扰证人作证或者串供等有碍调查情形的除外。有碍调查的情形消失后，应当立即通知被管护人员、被留置人员所在单位和家属。解除管护或者留置的，应当及时通知被管护人员、被留置人员所在单位和家属。

被管护人员、被留置人员及其近亲属有权申请变更管护、留置措施。监察机关收到申请后，应当在三日以内作出决定；不同意变更措施的，应当告知申请人，并说明不同意的理由。

监察机关应当保障被强制到案人员、被管护人员以及被留置人员的饮食、休息和安全，提供医疗服务。对其谈话、讯问的，应当合理安排时间和时长，谈话笔录、讯问笔录由被谈话人、被讯问人阅看后签名。

被管护人员、被留置人员涉嫌犯罪移送司法机关后，被依法判处管制、拘役或者有期徒刑的，管护、留置一日折抵管制二日，折抵拘役、有期徒刑一日。

第六十四条第二款　被禁闭人员应当配合监察机关调查。监察机关经调查发现被禁闭人员符合管护或者留置条件的，可以对其采取管护或者留置措施。

第六十九条第一款第一项　监察机关及其工作人员有下列行为之一的，被调查人及其近亲属、利害关系人有权向该机关申诉：

（一）采取强制到案、责令候查、管护、留置或者禁闭措施法定期限届满，不予以解除或者变更的；

查询、冻结

第二十六条　监察机关调查涉嫌贪污贿赂、失职渎职等严重职务违法或者职务犯罪，根据工作需要，可以依照规定查询、冻结涉案单位和个人的存款、汇款、债券、股票、基金份额等财产。有关单位和个人应当配合。

冻结的财产经查明与案件无关的，应当在查明后三日内解除冻结，予以退还。

【关联法条】

26.1 《监察法实施条例》

第五十五条 监察机关在初步核实中，可以依法采取谈话、询问、查询、调取、勘验检查、鉴定措施；立案后可以采取讯问、留置、冻结、搜查、查封、扣押、通缉措施。需要采取技术调查、限制出境措施的，应当按照规定交有关机关依法执行。设区的市级以下监察机关在初步核实中不得采取技术调查措施。

开展问责调查，根据具体情况可以依法采取相关监察措施。

第一百零四条 监察机关调查严重职务违法或者职务犯罪，根据工作需要，按规定报批后，可以依法查询、冻结涉案单位和个人的存款、汇款、债券、股票、基金份额等财产。

第一百零五条 查询、冻结财产时，调查人员不得少于二人。调查人员应当出具《协助查询财产通知书》或者《协助冻结财产通知书》，送交银行或者其他金融机构、邮政部门等单位执行。有关单位和个人应当予以配合，并严格保密。

查询财产应当在《协助查询财产通知书》中填写查询账号、查询内容等信息。没有具体账号的，应当填写足以确定账户或者权利人的自然人姓名、身份证件号码或者企业法人名称、统一社会信用代码等信息。

冻结财产应当在《协助冻结财产通知书》中填写冻结账户名称、冻结账号、冻结数额、冻结期限起止时间等信息。冻结数额应当具体、明确，暂时无法确定具体数额的，应当在《协助冻结财产通知书》上明确写明“只收不付”。冻结证券和交易结算资金时，应当明确冻结的范围是否及于孳息。

冻结财产，应当为被调查人及其所扶养的亲属保留必需的生活费用。

第一百零六条 调查人员可以根据需要对查询结果进行打印、抄录、复制、拍照，要求相关单位在有关材料上加盖证明印章。对查询结果有疑问的，可以要求相关单位进行书面解释并加盖印章。

第一百零七条 监察机关对查询信息应当加强管理，规范信息交接、调阅、使用程序和手续，防止滥用和泄露。

调查人员不得查询与案件调查工作无关的信息。

第一百零八条 冻结财产的期限不得超过六个月。冻结期限到期未办理续冻手续的，冻结自动解除。

有特殊原因需要延长冻结期限的，应当在到期前按原程序报批，办理续冻手续。每次续冻期限不得超过六个月。

第一百零九条 已被冻结的财产可以轮候冻结，不得重复冻结。轮候冻结的，监察机关应当要求有关银行或者其他金融机构等单位在解除冻结或者作出处理前予以通知。

监察机关接受司法机关、其他监察机关等国家机关移送的涉案财物后，该国家机关采取的冻结期限届满，监察机关续行冻结的顺位与该国家机关冻结的顺位相同。

第一百一十条 冻结财产应当通知权利人或者其法定代理人、委托代理人，要求其在《冻结财产告知书》上签名。冻结股票、债券、基金份额等财产，应当告知权利人或者其法定代理人、委托代理人有权申请出售。

对于被冻结的股票、债券、基金份额等财产，权利人或者其法定代理人、委托代理人申请出售，不损害国家利益、被害人利益，不影响调查正常进行的，经审批可以在案件办结前由相关机构依法出售或者变现。对于被冻结的汇票、本票、支票即将到期的，经审批可以在案件办结前由相关机构依法出售或者变现。出售上述财产的，应当出具《许可出售冻结财产通知书》。

出售或者变现所得价款应当继续冻结在其对应的银行账户中；没有对应的银行账户的，应当存入监察机关指定的专用账户保管，并将存款凭证送监察机关登记。监察机关应当及时向权利人或者其法定代理人、委托代理人出具《出售冻结财产通知书》，并要求其签名。拒绝签名的，调查人员应当在文书上记明。

第一百一十一条　对于冻结的财产，应当及时核查。经查明与案件无关的，经审批，应当在查明后三日以内将《解除冻结财产通知书》送交有关单位执行。解除情况应当告知被冻结财产的权利人或者其法定代理人、委托代理人。

26.2 《刑事诉讼法》

第一百四十四条　人民检察院、公安机关根据侦查犯罪的需要，可以依照规定查询、冻结犯罪嫌疑人的存款、汇款、债券、股票、基金份额等财产。有关单位和个人应当配合。

犯罪嫌疑人的存款、汇款、债券、股票、基金份额等财产已被冻结的，不得重复冻结。

第一百四十五条　对查封、扣押的财物、文件、邮件、电报或者冻结的存款、汇款、债券、股票、基金份额等财产，经查明确实与案件无关的，应当在三日以内解除查封、扣押、冻结，予以退还。

26.3 《中国共产党纪律检查机关监督执纪工作规则》

第四十条　审查调查组可以依照党章党规和监察法，经审批进行谈话、讯问、询问、留置、查询、冻结、搜查、调取、查封、扣押（暂扣、封存）、勘验检查、鉴定，提请有关机关采取技术调查、通缉、限制出境等措施。

承办部门应当建立台账，记录使用措施情况，向案件监督管理部门定期备案。

案件监督管理部门应当核对检查，定期汇总重要措施使用情况并报告纪委监委领导和上一级纪检监察机关，发现违规违纪违法使用措施的，区分不同情况进行处理，防止擅自扩大范围、延长时限。

第四十七条　查封、扣押（暂扣、封存）、冻结、移交涉案财物，应当严格履行审批手续。

执行查封、扣押（暂扣、封存）措施，监督执纪人员应当会同原财物持有人或者保管人、见证人，当面逐一拍照、登记、编号，现场填写登记表，由在场人员签名。对价值不明物品应当及时鉴定，专门封存保管。

纪检监察机关应当设立专用账户、专门场所，指定专门人员保管涉案财物，严格履行交接、调取手续，定期对账核实。严禁私自占有、处置涉案财物及其孳息。

26.4 《人民检察院刑事诉讼规则》

第二百一十一条　对犯罪嫌疑人使用违法所得与合法收入共同购置的不可分割的财产，可以先行查封、扣押、冻结。对无法分割退还的财产，应当在结案后予以拍卖、变卖，对不属于违法所得的部分予以退还。

第二百一十二条　人民检察院根据侦查犯罪的需要，可以依照规定查询、冻结犯罪嫌疑人的存款、汇款、债券、股票、基金份额等财产，并可以要求有关单位和个人配合。

查询、冻结前款规定的财产，应当制作查询、冻结财产通知书，通知银行或者其他金融机构、邮政部门执行。冻结财产的，应当经检察长批准。

第二百一十三条　犯罪嫌疑人的存款、汇款、债券、股票、基金份额等财产已冻结的，人民检察院不得重复冻结，可以轮候冻结。人民检察院应当要求有关银行或者其他金融机构、邮政部门在解除冻结或者作出处理前通知人民检察院。

第二百一十四条　扣押、冻结债券、股票、基金份额等财产，应当书面告知当事人或者其法定代理人、委托代理人有权申请出售。

对于被扣押、冻结的债券、股票、基金份额等财产，在扣押、冻结期间权利人申请出售，经审查认为不损害国家利益、被害人利益，不影响诉讼正常进行的，以及扣押、冻结的汇票、本票、支票的有效期即将届满的，经检察长批准，可以在案件办结前依法出售或者变现，所得价款由人民检察院指定的银行账户保管，并及时告知当事人或者其近亲属。

第二百一十五条　对于冻结的存款、汇款、债券、股票、基金份额等财产，经查明确实与案件无关的，应当在三日以内解除冻结，并通知财产所有人。

第二百一十六条　查询、冻结与案件有关的单位的存款、汇款、债券、股票、基金份额等财产的办法适用本规则第二百一十二条至第二百一十五条的规定。

第二百一十七条　对于扣押的款项和物品，应当在三日以内将款项存入唯一合规账户，将物品送负责案件管理的部门保管。法律或者有关规定另有规定的除外。

对于查封、扣押在人民检察院的物品、文件、邮件、电报，人民检察院应当妥善保管。经查明确实与案件无关的，应当在三日以内作出解除或者退还决定，并通知有关单位、当事人办理相关手续。

26.5 《公安机关办理刑事案件程序规定》

第二百三十七条　公安机关根据侦查犯罪的需要，可以依照规定查询、冻结犯罪嫌疑人的存款、汇款、证券交易结算资金、期货保证金等资金，债券、股票、基金份额和其他证券，以及股权、保单权益和其他投资权益等财产，并可以要求有关单位和个人配合。

对于前款规定的财产，不得划转、转账或者以其他方式变相扣押。

第二百三十八条　向金融机构等单位查询犯罪嫌疑人的存款、汇款、证券交易结算资金、期货保证金等资金，债券、股票、基金份额和其他证券，以及股权、保单权益和其他投资权益等财产，应当经县级以上公安机关负责人批准，制作协助查询财产通知书，通知金融机构等单位协助办理。

第二百三十九条　需要冻结犯罪嫌疑人财产的，应当经县级以上公安机关负责人批准，制作协助冻结财产通知书，明确冻结财产的账户名称、账户号码、冻结数额、冻结期限、冻结范围以及是否及于孳息等事项，通知金融机构等单位协助办理。

冻结股权、保单权益的，应当经设区的市一级以上公安机关负责人批准。

冻结上市公司股权的，应当经省级以上公安机关负责人批准。

第二百四十条　需要延长冻结期限的，应当按照原批准权限和程序，在冻结期限届满前办理继续冻结手续。逾期不办理继续冻结手续的，视为自动解除冻结。

第二百四十一条　不需要继续冻结犯罪嫌疑人财产时，应当经原批准冻结的公安机关负责人批准，制作协助解除冻结财产通知书，通知金融机构等单位协助办理。

第二百四十二条　犯罪嫌疑人的财产已被冻结的，不得重复冻结，但可以轮候冻结。

第二百四十三条　冻结存款、汇款、证券交易结算资金、期货保证金等财产的期限为六个月。每次续冻期限最长不得超过六个月。

对于重大、复杂案件，经设区的市一级以上公安机关负责人批准，冻结存款、汇款、证券交易结算资金、期货保证金等财产的期限可以为一年。每次续冻期限最长不得超过一年。

第二百四十四条　冻结债券、股票、基金份额等证券的期限为二年。每次续冻期限最长不得超过二年。

第二百四十五条　冻结股权、保单权益或者投资权益的期限为六个月。每次续冻期限最长不得超过六个月。

第二百四十六条　对冻结的债券、股票、基金份额等财产，应当告知当事人或者其法定代理人、委托代理人有权申请出售。

权利人书面申请出售被冻结的债券、股票、基金份额等财产，不损害国家利益、被害人、其他权利人利益，不影响诉讼正常进行的，以及冻结的汇票、本票、支票的有效期即将届满的，经县级以上公安机关负责人批准，可以依法出售或者变现，所得价款应当继续冻结在其对应的银行账户中；没有对应的银行账户的，所得价款由公安机关在银行指定专门账户保管，并及时告知当事人或者其近亲属。

第二百四十七条　对冻结的财产，经查明确实与案件无关的，应当在三日以内通知金融机构等单位解除冻结，并通知被冻结财产的所有人。

26.6 《金融机构协助查询、冻结、扣划工作管理规定》

第五条　协助查询、冻结和扣划工作应当遵循依法合规、不损害客户合法权益的原则。

第七条　金融机构应当在其营业机构确定专职部门或专职人员，负责接待要求协助查询、冻结和扣划的有权机关，及时处理协助事宜，并注意保守国家秘密。

第八条　办理协助查询业务时，经办人员应当核实执法人员的工作证件，以及有权机关县团级以上（含，下同）机构签发的协助查询存款通知书。

第十一条　金融机构在协助冻结、扣划单位或个人存款时，应当审查以下内容：

（一）“协助冻结、扣划存款通知书”填写的需被冻结或扣划存款的单位或个人开户金融机构名称、户名和账号、大小写金额；

（二）协助冻结或扣划存款通知书上的义务人应与所依据的法律文书上的义务人相同；

（三）协助冻结或扣划存款通知书上的冻结或扣划金额应当是确定的。

如发现缺少应附的法律文书，以及法律文书有关内容与“协助冻结、扣划存款通知书”的内容不符，应说明原因，退回“协助冻结、扣划存款通知书”或所附的法律文书。

有权机关对个人存款户不能提供账号的，金融机构应当要求有权机关提供该个人的居民身份证号码或其它足以确定该个人存款账户的情况。

第十三条　金融机构对有权机关办理查询、冻结和扣划手续完备的，应当认真协助办理。在接到协助冻结、扣划存款通知书后，不得再扣划应当协助执行的款项用于收贷收息，不得向被查询、冻结、扣划单位或个人通风报信，帮助隐匿或转移存款。

金融机构在协助有权机关办理完毕查询存款手续后，有权机关要求予以保密的，金融机构应当保守秘密。金融机构在协助有权机关办理完毕冻结、扣划存款手续后，根据业务需要可以通知存款单位或个人。

第十五条　有权机关在查询单位存款情况时，只提供被查询单位名称而未提供账号的，金融机构应当根据账户管理档案积极协助查询，没有所查询的账户的，应如实告知有权机关。

第十六条　冻结单位或个人存款的期限最长为六个月，期满后可以续冻。有权机关应在冻结期满前办理续冻手续，逾期未办理续冻手续的，视为自动解除冻结措施。

第十七条　有权机关要求对已被冻结的存款再行冻结的，金融机构不予办理并应当说明情况。

第十八条　在冻结期限内，只有在原作出冻结决定的有权机关作出解冻决定并出具解除冻结存款通知书的情况下，金融机构才能对已经冻结的存款予以解冻。被冻结存款的单位或个人对冻结提出异议的，金融机构应告知其与作出冻结决定的有权机关联系，在存款冻结期限内金融机构不得自行解冻。

搜查

第二十七条　监察机关可以对涉嫌职务犯罪的被调查人以及可能隐藏被调查人或者犯罪证据的人的身体、物品、住处和其他有关地方进行搜查。在搜查时，应当出示搜查证，并有被搜查人或者其家属等见证人在场。

搜查女性身体，应当由女性工作人员进行。

监察机关进行搜查时，可以根据工作需要提请公安机关配合。公安机关应当依法予以协助。

【关联法条】

27.1 《监察法实施条例》

第一百一十二条　监察机关调查职务犯罪案件，为了收集犯罪证据、查获被调查人，按规定报批后，可以依法对被调查人以及可能隐藏被调查人或者犯罪证据的人的身体、物品、住处、工作地点和其他有关地方进行搜查。

第一百一十三条　搜查应当在调查人员主持下进行，调查人员不得少于二人。搜查女性的身体，由女性工作人员进行。

搜查时，应当有被搜查人或者其家属、其所在单位工作人员或者其他见证人在场。监察人员不得作为见证人。调查人员应当向被搜查人或者其家属、见证人出示《搜查证》，要求其签名。被搜查人或者其家属不在场，或者拒绝签名的，调查人员应当在文书上记明。

第一百一十四条　搜查时，应当要求在场人员予以配合，不得进行阻碍。对以暴力、威胁等方法阻碍搜查的，应当依法制止。对阻碍搜查构成违法犯罪的，依法追究法律责任。

第一百一十五条　县级以上监察机关需要提请公安机关依法协助采取搜查措施的，应当按规定报批，请同级公安机关予以协助。提请协助时，应当出具《提请协助采取搜查措施函》，列明提请协助的具体事项和建议，搜查时间、地点、目的等内容，附《搜查证》复印件。

需要提请异地公安机关协助采取搜查措施的，应当按规定报批，向协作地同级监察机关出具协作函件和相关文书，由协作地监察机关提请当地公安机关予以协助。

第一百一十六条　对搜查取证工作，应当全程同步录音录像。

对搜查情况应当制作《搜查笔录》，由调查人员和被搜查人或者其家属、见证人签名。被搜查人或者其家属不在场，或者拒绝签名的，调查人员应当在笔录中记明。

对于查获的重要物证、书证、视听资料、电子数据及其放置、存储位置应当拍照，并在《搜查笔录》中作出文字说明。

第一百一十七条　搜查时，应当避免未成年人或者其他不适宜在搜查现场的人在场。

搜查人员应当服从指挥、文明执法，不得擅自变更搜查对象和扩大搜查范围。搜查的具体时间、方法，在实施前应当严格保密。

第一百一十八条　在搜查过程中查封、扣押财物和文件的，按照查封、扣押的有关规定办理。

27.2 《中国共产党纪律检查机关监督执纪工作规则》

第四十八条　对涉嫌严重违纪或者职务违法、职务犯罪问题的审查调查谈话、搜查、查封、扣押（暂扣、封存）涉案财物等重要取证工作应当全过程进行录音录像，并妥善保管，及时归档，案件监督管理部门定期核查。

27.3 《纪检监察机关派驻机构工作规则》

第三十九条　派驻机构按照规定报批后，可以依规依纪依法采取谈话、讯问、询问、留置、查询、冻结、搜查、调取、查封、扣押（暂扣、封存）、勘验检查、鉴定措施。对依法应当交有关机关执行的措施，报派出机关审批并以派出机关名义办理。

派驻机构应当对审查调查措施进行严格监管，建立措施使用台账，定期将有关情况报派出机关案件监督管理部门、监督检查部门备案。

27.4 《公安机关办理刑事案件程序规定》

第二百二十二条　为了收集犯罪证据、查获犯罪人，经县级以上公安机关负责人批准，侦查人员可以对犯罪嫌疑人以及可能隐藏罪犯或者犯罪证据的人的身体、物品、住处和其他有关的地方进行搜查。

第二百二十三条　进行搜查，必须向被搜查人出示搜查证，执行搜查的侦查人员不得少于二人。

第二百二十四条　执行拘留、逮捕的时候，遇有下列紧急情况之一的，不用搜查证也可以进行搜查：

（一）可能随身携带凶器的；

（二）可能隐藏爆炸、剧毒等危险物品的；

（三）可能隐匿、毁弃、转移犯罪证据的；

（四）可能隐匿其他犯罪嫌疑人的；

（五）其他突然发生的紧急情况。

第二百二十五条　进行搜查时，应当有被搜查人或者他的家属、邻居或者其他见证人在场。

公安机关可以要求有关单位和个人交出可以证明犯罪嫌疑人有罪或者无罪的物证、书证、视听资料等证据。遇到阻碍搜查的，侦查人员可以强制搜查。

搜查妇女的身体，应当由女工作人员进行。

第二百二十六条　搜查的情况应当制作笔录，由侦查人员和被搜查人或者他的家属，邻居或者其他见证人签名。

如果被搜查人拒绝签名，或者被搜查人在逃，他的家属拒绝签名或者不在场的，侦查人员应当在笔录中注明。

调取、查封、扣押

第二十八条　监察机关在调查过程中，可以调取、查封、扣押用以证明被调查人涉嫌违法犯罪的财物、文件和电子数据等信息。采取调取、查封、扣押措施，应当收集原物原件，会同持有人或者保管人、见证人，当面逐一拍照、登记、编号，开列清单，由在场人员当场核对、签名，并将清单副本交财物、文件的持有人或者保管人。

对调取、查封、扣押的财物、文件，监察机关应当设立专用账户、专门场所，确定专门人员妥善保管，严格履行交接、调取手续，定期对账核实，不得毁损或者用于其他目的。对价值不明物品应当及时鉴定，专门封存保管。

查封、扣押的财物、文件经查明与案件无关的，应当在查明后三日内解除查封、扣押，予以退还。

【关联法条】

28.1 《宪法》

第四十条　中华人民共和国公民的通信自由和通信秘密受法律的保护。除因国家安全或者追查刑事犯罪的需要，由公安机关或者检察机关依照法律规定的程序对通信进行检查外，任何组织或者个人不得以任何理由侵犯公民的通信自由和通信秘密。

28.2 《监察法实施条例》

第一百一十九条　监察机关按规定报批后，可以依法向有关单位和个人调取用以证明案件事实的证据材料。

第一百二十条　调取证据材料时，调查人员不得少于二人。调查人员应当依法出具《调取证据通知书》，必要时附《调取证据清单》。

有关单位和个人配合监察机关调取证据，应当严格保密。

第一百二十一条　调取物证应当调取原物。原物不便搬运、保存，或者依法应当返还，或者因保密工作需要不能调取原物的，可以将原物封存，并拍照、录像。对原物拍照或者录像时，应当足以反映原物的外形、内容。

调取书证、视听资料应当调取原件。取得原件确有困难或者因保密工作需要不能调取原件的，可以调取副本或者复制件。

调取物证的照片、录像和书证、视听资料的副本、复制件的，应当书面记明不能调取原物、原件的原因，原物、原件存放地点，制作过程，是否与原物、原件相符，并由调查人员和物证、书证、视听资料原持有人签名或者盖章。持有人无法签名、盖章或者拒绝签名、盖章的，应当在笔录中记明，由见证人签名。

第一百二十二条　调取外文材料作为证据使用的，应当交由具有资质的机构和人员出具中文译本。中文译本应当加盖翻译机构公章。

第一百二十三条　收集、提取电子数据，能够扣押原始存储介质的，应当予以扣押、封存并在笔录中记录封存状态。无法扣押原始存储介质的，可以提取电子数据，但应当在笔录中记明不能扣押的原因、原始存储介质的存放地点或者电子数据的来源等情况。

由于客观原因无法或者不宜采取前款规定方式收集、提取电子数据的，可以采取打印、拍照或者录像等方式固定相关证据，并在笔录中说明原因。

收集、提取的电子数据，足以保证完整性，无删除、修改、增加等情形的，可以作为证据使用。

收集、提取电子数据，应当制作笔录，记录案由、对象、内容，收集、提取电子数据的时间、地点、方法、过程，并附电子数据清单，注明类别、文件格式、完整性校验值等，由调查人员、电子数据持有人（提供人）签名或者盖章；电子数据持有人（提供人）无法签名或者拒绝签名的，应当在笔录中记明，由见证人签名或者盖章。有条件的，应当对相关活动进行录像。

第一百二十四条　调取的物证、书证、视听资料等原件，经查明与案件无关的，经审批，应当在查明后三日以内退还，并办理交接手续。

第一百二十五条　监察机关按规定报批后，可以依法查封、扣押用以证明被调查人涉嫌违法犯罪以及情节轻重的财物、文件、电子数据等证据材料。

对于被调查人到案时随身携带的物品，以及被调查人或者其他相关人员主动上交的财物和文件，依法需要扣押的，依照前款规定办理。对于被调查人随身携带的与案件无关的个人用品，应当逐件登记，随案移交或者退还。

第一百二十六条　查封、扣押时，应当出具《查封/扣押通知书》，调查人员不得少于二人。持有人拒绝交出应当查封、扣押的财物和文件的，可以依法强制查封、扣押。

调查人员对于查封、扣押的财物和文件，应当会同在场见证人和被查封、扣押财物持有人进行清点核对，开列《查封/扣押财物、文件清单》，由调查人员、见证人和持有人签名或者盖章。持有人不在场或者拒绝签名、盖章的，调查人员应当在清单上记明。

查封、扣押财物，应当为被调查人及其所扶养的亲属保留必需的生活费用和物品。

第一百二十九条　对于需要启封的财物和文件，应当由二名以上调查人员共同办理。重新密封时，由二名以上调查人员在密封材料上签名、记明时间。

第一百三十条　查封、扣押涉案财物，应当按规定将涉案财物详细信息、《查封/扣押财物、文件清单》录入并上传监察机关涉案财物信息管理系统。

对于涉案款项，应当在采取措施后十五日以内存入监察机关指定的专用账户。对于涉案物品，应当在采取措施后三十日以内移交涉案财物保管部门保管。因特殊原因不能按时存入专用账户或者移交保管的，应当按规定报批，将保管情况录入涉案财物信息管理系统，在原因消除后及时存入或者移交。

第一百三十一条　对于已移交涉案财物保管部门保管的涉案财物，根据调查工作需要，经审批可以临时调用，并应当确保完好。调用结束后，应当及时归还。调用和归还时，调查人员、保管人员应当当面清点查验。保管部门应当对调用和归还情况进行登记，全程录像并上传涉案财物信息管理系统。

第一百三十二条　对于被扣押的股票、债券、基金份额等财产，以及即将到期的汇票、本票、支票，依法需要出售或者变现的，按照本条例关于出售冻结财产的规定办理。

第一百三十三条　监察机关接受司法机关、其他监察机关等国家机关移送的涉案财物后，该国家机关采取的查封、扣押期限届满，监察机关续行查封、扣押的顺位与该国家机关查封、扣押的顺位相同。

第一百三十四条　对查封、扣押的财物和文件，应当及时进行核查。经查明与案件无关的，经审批，应当在查明后三日以内解除查封、扣押，予以退还。解除查封、扣押的，应当向有关单位、原持有人或者近亲属送达《解除查封/扣押通知书》，附《解除查封/扣押财物、文件清单》，要求其签名或者盖章。

第一百三十五条　在立案调查之前，对监察对象及相关人员主动上交的涉案财物，经审批可以接收。

接收时，应当由二名以上调查人员，会同持有人和见证人进行清点核对，当场填写《主动上交财物登记表》。调查人员、持有人和见证人应当在登记表上签名或者盖章。

对于主动上交的财物，应当根据立案及调查情况及时决定是否依法查封、扣押。

28.3 《刑事诉讼法》

第一百四十一条　在侦查活动中发现的可用以证明犯罪嫌疑人有罪或者无罪的各种财物、文件，应当查封、扣押；与案件无关的财物、文件，不得查封、扣押。

对查封、扣押的财物、文件，要妥善保管或者封存，不得使用、调换或者损毁。

第一百四十二条　对查封、扣押的财物、文件，应当会同在场见证人和被查封、扣押财物、文件持有人查点清楚，当场开列清单一式二份，由侦查人员、见证人和持有人签名或者盖章，一份交给持有人，另一份附卷备查。

第一百四十三条　侦查人员认为需要扣押犯罪嫌疑人的邮件、电报的时候，经公安机关或者人民检察院批准，即可通知邮电机关将有关的邮件、电报检交扣押。

不需要继续扣押的时候，应即通知邮电机关。

第一百四十四条　人民检察院、公安机关根据侦查犯罪的需要，可以依照规定查询、冻结犯罪嫌疑人的存款、汇款、债券、股票、基金份额等财产。有关单位和个人应当配合。

犯罪嫌疑人的存款、汇款、债券、股票、基金份额等财产已被冻结的，不得重复冻结。

第一百四十五条 对查封、扣押的财物、文件、邮件、电报或者冻结的存款、汇款、债券、股票、基金份额等财产，经查明确实与案件无关的，应当在三日以内解除查封、扣押、冻结，予以退还。

28.4 《中国共产党纪律检查机关监督执纪工作规则》

第四十七条 查封、扣押（暂扣、封存）、冻结、移交涉案财物，应当严格履行审批手续。

执行查封、扣押（暂扣、封存）措施，监督执纪人员应当会同原财物持有人或者保管人、见证人，当面逐一拍照、登记、编号，现场填写登记表，由在场人员签名。对价值不明物品应当及时鉴定，专门封存保管。

纪检监察机关应当设立专用账户、专门场所，指定专门人员保管涉案财物，严格履行交接、调取手续，定期对账核实。严禁私自占有、处置涉案财物及其孳息。

28.5 《人民检察院刑事诉讼规则》

第二百零八条 检察人员可以凭人民检察院的证明文件，向有关单位和个人调取能够证明犯罪嫌疑人有罪或者无罪以及犯罪情节轻重的证据材料，并且可以根据需要拍照、录像、复印和复制。

第二百零九条 调取物证应当调取原物。原物不便搬运、保存，或者依法应当返还被害人，或者因保密工作需要不能调取原物的，可以将原物封存，并拍照、录像。对原物拍照或者录像应当足以反映原物的外形、内容。

调取书证、视听资料应当调取原件。取得原件确有困难或者因保密需要不能调取原件的，可以调取副本或者复制件。

调取书证、视听资料的副本、复制件和物证的照片、录像的，应当书面记明不能调取原件、原物的原因，制作过程和原件、原物存放地点，并由制作人员和原书证、视听资料、物证持有人签名或者盖章。

第二百一十条　在侦查活动中发现的可以证明犯罪嫌疑人有罪、无罪或者犯罪情节轻重的各种财物和文件，应当查封或者扣押；与案件无关的，不得查封或者扣押。查封或者扣押应当经检察长批准。

不能立即查明是否与案件有关的可疑的财物和文件，也可以查封或者扣押，但应当及时审查。经查明确实与案件无关的，应当在三日以内解除查封或者予以退还。

持有人拒绝交出应当查封、扣押的财物和文件的，可以强制查封、扣押。

对于犯罪嫌疑人、被告人到案时随身携带的物品需要扣押的，可以依照前款规定办理。对于与案件无关的个人用品，应当逐件登记，并随案移交或者退还其家属。

28.6 《公安机关办理刑事案件电子数据取证规则》

第十条　在侦查活动中发现的可以证明犯罪嫌疑人有罪或者无罪、罪轻或者罪重的电子数据，能够扣押原始存储介质的，应当扣押、封存原始存储介质，并制作笔录，记录原始存储介质的封存状态。

勘验、检查与电子数据有关的犯罪现场时，应当按照有关规范处置相关设备，扣押、封存原始存储介质。

勘验检查、调查实验

第二十九条　监察机关在调查过程中，可以直接或者指派、聘请具有专门知识的人在调查人员主持下进行勘验检查。勘验检查情况应当制作笔录，由参加勘验检查的人员和见证人签名或者盖章。

必要时，监察机关可以进行调查实验。调查实验情况应当制作笔录，由参加实验的人员签名或者盖章。

【关联法条】

29.1 《监察法实施条例》

第一百三十六条　监察机关按规定报批后，可以依法对与违法犯罪有关的场所、物品、人身、尸体、电子数据等进行勘验检查。

第一百三十七条　依法需要勘验检查的，应当制作《勘验检查证》；需要委托勘验检查的，应当出具《委托勘验检查书》，送具有专门知识、勘验检查资格的单位（人员）办理。

第一百三十八条　勘验检查应当由二名以上调查人员主持，邀请与案件无关的见证人在场。勘验检查情况应当制作笔录，并由参加勘验检查人员和见证人签名。

勘验检查现场、拆封电子数据存储介质应当全程同步录音录像。对现场情况应当拍摄现场照片、制作现场图，并由勘验检查人员签名。

29.2 《刑事诉讼法》

第一百二十八条　侦查人员对于与犯罪有关的场所、物品、人身、尸体应当进行勘验或者检查。在必要的时候，可以指派或者聘请具有专门知识的人，在侦查人员的主持下进行勘验、检查。

第一百三十条　侦查人员执行勘验、检查，必须持有人民检察院或者公安机关的证明文件。

第一百三十二条　为了确定被害人、犯罪嫌疑人的某些特征、伤害情况或者生理状态，可以对人身进行检查，可以提取指纹信息，采集血液、尿液等生物样本。

犯罪嫌疑人如果拒绝检查，侦查人员认为必要的时候，可以强制检查。

检查妇女的身体，应当由女工作人员或者医师进行。

第一百三十三条　勘验、检查的情况应当写成笔录，由参加勘验、检查的人和见证人签名或者盖章。

第一百三十五条　为了查明案情，在必要的时候，经公安机关负责人批准，可以进行侦查实验。

侦查实验的情况应当写成笔录，由参加实验的人签名或者盖章。

侦查实验，禁止一切足以造成危险、侮辱人格或者有伤风化的行为。

29.3 《最高人民法院关于适用〈中华人民共和国刑事诉讼法〉的解释》

第一百零二条　对勘验、检查笔录应当着重审查以下内容：

（一）勘验、检查是否依法进行，笔录制作是否符合法律、有关规定，勘验、检查人员和见证人是否签名或者盖章；

（二）勘验、检查笔录是否记录了提起勘验、检查的事由，勘验、检查的时间、地点，在场人员、现场方位、周围环境等，现场的物品、人身、尸体等的位置、特征等情况，以及勘验、检查的过程；文字记录与实物或者绘图、照片、录像是否相符；现场、物品、痕迹等是否伪造、有无破坏；人身特征、伤害情况、生理状态有无伪装或者变化等；

（三）补充进行勘验、检查的，是否说明了再次勘验、检查的原由，前后勘验、检查的情况是否矛盾。

第一百零三条　勘验、检查笔录存在明显不符合法律、有关规定的情形，不能作出合理解释的，不得作为定案的根据。

第一百零四条　对辨认笔录应当着重审查辨认的过程、方法，以及辨认笔录的制作是否符合有关规定。

第一百零五条　辨认笔录具有下列情形之一的，不得作为定案的根据：

（一）辨认不是在调查人员、侦查人员主持下进行的；

（二）辨认前使辨认人见到辨认对象的；

（三）辨认活动没有个别进行的；

（四）辨认对象没有混杂在具有类似特征的其他对象中，或者供辨认的对象数量不符合规定的；

（五）辨认中给辨认人明显暗示或者明显有指认嫌疑的；

（六）违反有关规定，不能确定辨认笔录真实性的其他情形。

第一百零六条　对侦查实验笔录应当着重审查实验的过程、方法，以及笔录的制作是否符合有关规定。

第一百零七条　侦查实验的条件与事件发生时的条件有明显差异，或者存在影响实验结论科学性的其他情形的，侦查实验笔录不得作为定案的根据。

29.4 《人民检察院刑事诉讼规则》

第一百九十六条　检察人员对于与犯罪有关的场所、物品、人身、尸体应当进行勘验或者检查。必要时，可以指派检察技术人员或者聘请其他具有专门知识的人，在检察人员的主持下进行勘验、检查。

第一百九十七条　勘验时，人民检察院应当邀请两名与案件无关的见证人在场。

勘查现场，应当拍摄现场照片。勘查的情况应当写明笔录并制作现场图，由参加勘查的人和见证人签名。勘查重大案件的现场，应当录像。

第二百条　为了查明案情，必要时经检察长批准，可以进行侦查实验。

侦查实验，禁止一切足以造成危险、侮辱人格或者有伤风化的行为。

第二百零一条　侦查实验，必要时可以聘请有关专业人员参加，也可以要求犯罪嫌疑人、被害人、证人参加。

29.5 《公安机关刑事案件现场勘验检查规则》

第六条　刑事案件现场勘验、检查由公安机关组织现场勘验、检查人员实施。必要时，可以指派或者聘请具有专门知识的人，在侦查人员的组织下进行勘验、检查。

公安机关现场勘验、检查人员是指公安机关及其派出机构经过现场勘验、检查专业培训考试，取得现场勘验、检查资格的侦查人员。

第十三条　人民法院、人民检察院和国家安全机关、军队保卫部门、监狱等部门管辖的案件，需要公安机关协助进行现场勘验、检查，并出具委托书的，有关公安机关应当予以协助。

29.6 《公安机关办理刑事案件程序规定》

第一百九十四条　公安机关开展勘验、检查、搜查、辨认、查封、扣押等侦查活动，应当邀请有关公民作为见证人。

下列人员不得担任侦查活动的见证人：

（一）生理上、精神上有缺陷或者年幼，不具有相应辨别能力或者不能正确表达的人；

（二）与案件有利害关系，可能影响案件公正处理的人；

（三）公安机关的工作人员或者其聘用的人员。

确因客观原因无法由符合条件的人员担任见证人的，应当对有关侦查活动进行全程录音录像，并在笔录中注明有关情况。

第二百一十七条　为了确定被害人、犯罪嫌疑人的某些特征、伤害情况或者生理状态，可以对人身进行检查，依法提取、采集肖像、指纹等人体生物识别信息，采集血液、尿液等生物样本。被害人死亡的，应当通过被害人近亲属辨认、提取生物样本鉴定等方式确定被害人身份。

犯罪嫌疑人拒绝检查、提取、采集的，侦查人员认为必要的时候，经办案部门负责人批准，可以强制检查、提取、采集。

检查妇女的身体，应当由女工作人员或者医师进行。

检查的情况应当制作笔录，由参加检查的侦查人员、检查人员、被检查人员和见证人签名。被检查人员拒绝签名的，侦查人员应当在笔录中注明。

第二百二十一条　为了查明案情，在必要的时候，经县级以上公安机关负责人批准，可以进行侦查实验。

进行侦查实验，应当全程录音录像，并制作侦查实验笔录，由参加实验的人签名。

进行侦查实验，禁止一切足以造成危险、侮辱人格或者有伤风化的行为。

鉴定

第三十条 监察机关在调查过程中，对于案件中的专门性问题，可以指派、聘请有专门知识的人进行鉴定。鉴定人进行鉴定后，应当出具鉴定意见，并且签名。

【关联法条】

30.1 《监察法实施条例》

第一百四十五条 监察机关为解决案件中的专门性问题，按规定报批后，可以依法进行鉴定。

鉴定时应当出具《委托鉴定书》，由二名以上调查人员送交具有鉴定资格的鉴定机构、鉴定人进行鉴定。

第一百四十六条 监察机关可以依法开展下列鉴定：

（一）对笔迹、印刷文件、污损文件、制成时间不明的文件和以其他形式表现的文件等进行鉴定；

（二）对案件中涉及的财务会计资料及相关财物进行会计鉴定；

（三）对被调查人、证人的行为能力进行精神病鉴定；

（四）对人体造成的损害或者死因进行人身伤亡医学鉴定；

（五）对录音录像资料进行鉴定；

（六）对因电子信息技术应用而出现的材料及其派生物进行电子证据鉴定；

（七）其他可以依法进行的专业鉴定。

第一百四十七条 监察机关应当为鉴定提供必要条件，向鉴定人送交有关检材和对比样本等原始材料，介绍与鉴定有关的情况。调查人员应当明确提出要求鉴定事项，但不得暗示或者强迫鉴定人作出某种鉴定意见。

监察机关应当做好检材的保管和送检工作，记明检材送检环节的责任人，确保检材在流转环节的同一性和不被污染。

第一百四十八条　鉴定人应当在出具的鉴定意见上签名，并附鉴定机构和鉴定人的资质证明或者其他证明文件。多个鉴定人的鉴定意见不一致的，应当在鉴定意见上记明分歧的内容和理由，并且分别签名。

监察机关对于法庭审理中依法决定鉴定人出庭作证的，应当予以协调。

鉴定人故意作虚假鉴定的，应当依法追究法律责任。

第一百四十九条　调查人员应当对鉴定意见进行审查。对经审查作为证据使用的鉴定意见，应当告知被调查人及相关单位、人员，送达《鉴定意见告知书》。

被调查人或者相关单位、人员提出补充鉴定或者重新鉴定申请，经审查符合法定要求的，应当按规定报批，进行补充鉴定或者重新鉴定。

对鉴定意见告知情况可以制作笔录，载明告知内容和被告知人的意见等。

第一百五十条　经审查具有下列情形之一的，应当补充鉴定：

（一）鉴定内容有明显遗漏的；

（二）发现新的有鉴定意义的证物的；

（三）对鉴定证物有新的鉴定要求的；

（四）鉴定意见不完整，委托事项无法确定的；

（五）其他需要补充鉴定的情形。

第一百五十一条　经审查具有下列情形之一的，应当重新鉴定：

（一）鉴定程序违法或者违反相关专业技术要求的；

（二）鉴定机构、鉴定人不具备鉴定资质和条件的；

（三）鉴定人故意作出虚假鉴定或者违反回避规定的；

（四）鉴定意见依据明显不足的；

（五）检材虚假或者被损坏的；

（六）其他应当重新鉴定的情形。

决定重新鉴定的，应当另行确定鉴定机构和鉴定人。

第一百五十二条　因无鉴定机构，或者根据法律法规等规定，监察机关可以指派、聘请具有专门知识的人就案件的专门性问题出具报告。

30.2 《刑事诉讼法》

第一百四十六条　为了查明案情，需要解决案件中某些专门性问题的时候，应当指派、聘请有专门知识的人进行鉴定。

第一百四十七条　鉴定人进行鉴定后，应当写出鉴定意见，并且签名。

鉴定人故意作虚假鉴定的，应当承担法律责任。

第一百四十八条　侦查机关应当将用作证据的鉴定意见告知犯罪嫌疑人、被害人。如果犯罪嫌疑人、被害人提出申请，可以补充鉴定或者重新鉴定。

第一百四十九条　对犯罪嫌疑人作精神病鉴定的期间不计入办案期限。

30.3 《精神卫生法》

第三十四条　鉴定机构、鉴定人应当遵守有关法律、法规、规章的规定，尊重科学，恪守职业道德，按照精神障碍鉴定的实施程序、技术方法和操作规范，依法独立进行鉴定，出具客观、公正的鉴定报告。

鉴定人应当对鉴定过程进行实时记录并签名。记录的内容应当真实、客观、准确、完整，记录的文本或者声像载体应当妥善保存。

30.4 《全国人民代表大会常务委员会关于司法鉴定管理问题的决定》

三、国务院司法行政部门主管全国鉴定人和鉴定机构的登记管理工作。省级人民政府司法行政部门依照本决定的规定，负责对鉴定人和鉴定机构的登记、名册编制和公告。

十七、本决定下列用语的含义是：

（一）法医类鉴定，包括法医病理鉴定、法医临床鉴定、法医精神病鉴定、法医物证鉴定和法医毒物鉴定。

（二）物证类鉴定，包括文书鉴定、痕迹鉴定和微量鉴定。

（三）声像资料鉴定，包括对录音带、录像带、磁盘、光盘、图片等载体上记录的声音、图像信息的真实性、完整性及其所反映的情况过程进行的鉴定和对记录的声音、图像中的语言、人体、物体作出种类或者同一认定。

30.5 《最高人民法院关于适用〈中华人民共和国刑事诉讼法〉的解释》

第九十七条　对鉴定意见应当着重审查以下内容：

（一）鉴定机构和鉴定人是否具有法定资质；

（二）鉴定人是否存在应当回避的情形；

（三）检材的来源、取得、保管、送检是否符合法律、有关规定，与相关提取笔录、扣押清单等记载的内容是否相符，检材是否可靠；

（四）鉴定意见的形式要件是否完备，是否注明提起鉴定的事由、鉴定委托人、鉴定机构、鉴定要求、鉴定过程、鉴定方法、鉴定日期等相关内容，是否由鉴定机构盖章并由鉴定人签名；

（五）鉴定程序是否符合法律、有关规定；

（六）鉴定的过程和方法是否符合相关专业的规范要求；

（七）鉴定意见是否明确；

（八）鉴定意见与案件事实有无关联；

（九）鉴定意见与勘验、检查笔录及相关照片等其他证据是否矛盾；存在矛盾的，能否得到合理解释；

（十）鉴定意见是否依法及时告知相关人员，当事人对鉴定意见有无异议。

第九十八条　鉴定意见具有下列情形之一的，不得作为定案的根据：

（一）鉴定机构不具备法定资质，或者鉴定事项超出该鉴定机构业务范围、技术条件的；

（二）鉴定人不具备法定资质，不具有相关专业技术或者职称，或者违反回避规定的；

（三）送检材料、样本来源不明，或者因污染不具备鉴定条件的；

（四）鉴定对象与送检材料、样本不一致的；

（五）鉴定程序违反规定的；

（六）鉴定过程和方法不符合相关专业的规范要求的；

（七）鉴定文书缺少签名、盖章的；

（八）鉴定意见与案件事实没有关联的；

（九）违反有关规定的其他情形。

第九十九条　经人民法院通知，鉴定人拒不出庭作证的，鉴定意见不得作为定案的根据。

鉴定人由于不能抗拒的原因或者有其他正当理由无法出庭的，人民法院可以根据情况决定延期审理或者重新鉴定。

鉴定人无正当理由拒不出庭作证的，人民法院应当通报司法行政机关或者有关部门。

第一百条　因无鉴定机构，或者根据法律、司法解释的规定，指派、聘请有专门知识的人就案件的专门性问题出具的报告，可以作为证据使用。

对前款规定的报告的审查与认定，参照适用本节的有关规定。

经人民法院通知，出具报告的人拒不出庭作证的，有关报告不得作为定案的根据。

第一百零一条　有关部门对事故进行调查形成的报告，在刑事诉讼中可以作为证据使用；报告中涉及专门性问题的意见，经法庭查证属实，且调查程序符合法律、有关规定的，可以作为定案的根据。

30.6 《人民检察院刑事诉讼规则》

第二百一十八条　人民检察院为了查明案情，解决案件中某些专门性的问题，可以进行鉴定。

鉴定由人民检察院有鉴定资格的人员进行。必要时，也可以聘请其他有鉴定资格的人员进行，但是应当征得鉴定人所在单位同意。

第二百一十九条　人民检察院应当为鉴定人提供必要条件，及时向鉴定人送交有关检材和对比样本等原始材料，介绍与鉴定有关的情况，并明确提出要求鉴定解决的问题，但是不得暗示或者强迫鉴定人作出某种鉴定意见。

第二百二十条　对于鉴定意见，检察人员应当进行审查，必要时可以进行补充鉴定或者重新鉴定。重新鉴定的，应当另行指派或者聘请鉴定人。

第二百二十一条　用作证据的鉴定意见，人民检察院办案部门应当告知犯罪嫌疑人、被害人；被害人死亡或者没有诉讼行为能力的，应当告知其法定代理人、近亲属或诉讼代理人。

犯罪嫌疑人、被害人或被害人的法定代理人、近亲属、诉讼代理人提出申请，可以补充鉴定或者重新鉴定，鉴定费用由请求方承担。但原鉴定违反法定程序的，由人民检察院承担。

犯罪嫌疑人的辩护人或者近亲属以犯罪嫌疑人有患精神病可能而申请对犯罪嫌疑人进行鉴定的，鉴定费用由申请方承担。

第三百三十二条　人民检察院认为需要对案件中某些专门性问题进行鉴定而监察机关或者公安机关没有鉴定的，应当要求监察机关或者公安机关进行鉴定。必要时，也可以由人民检察院进行鉴定，或者由人民检察院聘请有鉴定资格的人进行鉴定。

人民检察院自行进行鉴定的，可以商请监察机关或者公安机关派员参加，必要时可以聘请有鉴定资格或者有专门知识的人参加。

第三百三十四条　人民检察院对鉴定意见有疑问的，可以询问鉴定人或者有专门知识的人并制作笔录附卷，也可以指派有鉴定资格的检察技术人员或者聘请其他有鉴定资格的人进行补充鉴定或者重新鉴定。

人民检察院对鉴定意见等技术性证据材料需要进行专门审查的，按照有关规定交检察技术人员或者其他有专门知识的人进行审查并出具审查意见。

第四百零四条　公诉人对证人证言有异议，且该证人证言对案件定罪量刑有重大影响的，可以申请人民法院通知证人出庭作证。

人民警察就其执行职务时目击的犯罪情况作为证人出庭作证，适用前款规定。

公诉人对鉴定意见有异议的，可以申请人民法院通知鉴定人出庭作证。经人民法院通知，鉴定人拒不出庭作证的，公诉人可以建议法庭不予采纳该鉴定意见作为定案的根据，也可以申请法庭重新通知鉴定人出庭作证或者申请重新鉴定。

必要时，公诉人可以申请法庭通知有专门知识的人出庭，就鉴定人作出的鉴定意见提出意见。

当事人或者辩护人、诉讼代理人对证人证言、鉴定意见有异议的，公诉人认为必要时，可以申请人民法院通知证人、鉴定人出庭作证。

30.7 《公安机关办理行政案件程序规定》

第八十八条　公安机关应当为鉴定提供必要的条件，及时送交有关检材和比对样本等原始材料，介绍与鉴定有关的情况，并且明确提出要求鉴定解决的问题。

办案人民警察应当做好检材的保管和送检工作，并注明检材送检环节的责任人，确保检材在流转环节中的同一性和不被污染。

禁止强迫或者暗示鉴定人作出某种鉴定意见。

30.8 《公安机关办理刑事案件程序规定》

第二百四十八条　为了查明案情，解决案件中某些专门性问题，应当指派、聘请有专门知识的人进行鉴定。

需要聘请有专门知识的人进行鉴定，应当经县级以上公安机关负责人批准后，制作鉴定聘请书。

第二百四十九条　公安机关应当为鉴定人进行鉴定提供必要的条件，及时向鉴定人送交有关检材和对比样本等原始材料，介绍与鉴定有关的情况，并且明确提出要求鉴定解决的问题。

禁止暗示或者强迫鉴定人作出某种鉴定意见。

第二百五十条　侦查人员应当做好检材的保管和送检工作，并注明检材送检环节的责任人，确保检材在流转环节中的同一性和不被污染。

第二百五十一条　鉴定人应当按照鉴定规则，运用科学方法独立进行鉴定。鉴定后，应当出具鉴定意见，并在鉴定意见书上签名，同时附上鉴定机构和鉴定人的资质证明或者其他证明文件。

多人参加鉴定，鉴定人有不同意见的，应当注明。

第二百五十二条　对鉴定意见，侦查人员应当进行审查。

对经审查作为证据使用的鉴定意见，公安机关应当及时告知犯罪嫌疑人、被害人或者其法定代理人。

第二百五十三条　犯罪嫌疑人、被害人对鉴定意见有异议提出申请，以及办案部门或者侦查人员对鉴定意见有疑义的，可以将鉴定意见送交其他有专门知识的人员提出意见。必要时，询问鉴定人并制作笔录附卷。

第二百五十四条　经审查，发现有下列情形之一的，经县级以上公安机关负责人批准，应当补充鉴定：

（一）鉴定内容有明显遗漏的；

（二）发现新的有鉴定意义的证物的；

（三）对鉴定证物有新的鉴定要求的；

（四）鉴定意见不完整，委托事项无法确定的；

（五）其他需要补充鉴定的情形。

经审查，不符合上述情形的，经县级以上公安机关负责人批准，作出不准予补充鉴定的决定，并在作出决定后三日以内书面通知申请人。

第二百五十五条　经审查，发现有下列情形之一的，经县级以上公安机关负责人批准，应当重新鉴定：

（一）鉴定程序违法或者违反相关专业技术要求的；

（二）鉴定机构、鉴定人不具备鉴定资质和条件的；

（三）鉴定人故意作虚假鉴定或者违反回避规定的；

（四）鉴定意见依据明显不足的；

（五）检材虚假或者被损坏的；

（六）其他应当重新鉴定的情形。

重新鉴定，应当另行指派或者聘请鉴定人。

经审查，不符合上述情形的，经县级以上公安机关负责人批准，作出不准予重新鉴定的决定，并在作出决定后三日以内书面通知申请人。

第二百五十六条　公诉人、当事人或者辩护人、诉讼代理人对鉴定意见有异议，经人民法院依法通知的，公安机关鉴定人应当出庭作证。

鉴定人故意作虚假鉴定的，应当依法追究其法律责任。

第二百五十七条　对犯罪嫌疑人作精神病鉴定的时间不计入办案期限，其他鉴定时间都应当计入办案期限。

30.9　《司法鉴定机构鉴定人记录和报告干预司法鉴定活动的有关规定》

第二条　鉴定人独立进行鉴定活动，不受任何组织和个人干预。

第三条　有下列情形之一的，属于干预司法鉴定活动：

（一）为当事人请托说情的；

（二）邀请鉴定人或者鉴定机构其他人员私下会见司法鉴定委托人、当事人及其代理人、辩护律师、近亲属以及其他与案件有利害关系的人的；

（三）明示、暗示或强迫鉴定人或者鉴定机构其他人员违规受理案件、出具特定鉴定意见、终止鉴定的；

（四）其他影响鉴定人独立进行鉴定的情形。

第四条　干预司法鉴定活动实行零报告制度。对于有本规定第三条规定情形的，鉴定人或者鉴定机构其他人员应当及时固定相关证据，填写《干预司法鉴定活动记录表》（见附件）并签名、存入司法鉴定业务档案，做到全程留痕，有据可查。

没有本规定第三条规定情形的，应当在《干预司法鉴定活动记录表》中勾选“无此类情况”并签名、存入司法鉴定业务档案。

第五条　鉴定人或者鉴定机构其他人员应当及时将干预司法鉴定活动情况报所在司法鉴定机构。

对于鉴定机构负责人有本规定第三条规定情形的，鉴定人或者鉴定机构其他人员可以直接向主管该鉴定机构的司法行政机关报告。

对于鉴定机构其他人员有本规定第三条规定情形，造成严重后果的，鉴定人或者鉴定机构可以直接向主管该鉴定机构的司法行政机关报告。

第六条　司法鉴定机构收到报告后，对于鉴定机构内部人员干预司法鉴定活动的，依据本机构章程等规定予以处理；对于鉴定机构外部人员干预司法鉴定活动的，及时向主管该鉴定机构的司法行政机关报告。

第七条　司法鉴定机构及其工作人员应当严格遵守本规定，做好干预司法鉴定活动记录和报告等工作。

司法鉴定机构应当充分发挥党组织职能作用，加强党员教育管理。对于党员干预司法鉴定活动的，除根据本规定第六条给予处理外，还应当依规依纪进行处理。

技术调查措施

第三十一条　监察机关调查涉嫌重大贪污贿赂等职务犯罪，根据需要，经过严格的批准手续，可以采取技术调查措施，按照规定交有关机关执行。

批准决定应当明确采取技术调查措施的种类和适用对象，自签发之日起三个月以内有效；对于复杂、疑难案件，期限届满仍有必要继续采取技术调查措施的，经过批准，有效期可以延长，每次不得超过三个月。对于不需要继续采取技术调查措施的，应当及时解除。

【关联法条】

31.1 《监察法实施条例》

第一百五十三条　监察机关根据调查涉嫌重大贪污贿赂等职务犯罪需要，依照规定的权限和程序报经批准，可以依法采取技术调查措施，按照规定交公安机关或者国家有关执法机关依法执行。

前款所称重大贪污贿赂等职务犯罪，是指具有下列情形之一：

（一）案情重大复杂，涉及国家利益或者重大公共利益的；

（二）被调查人可能被判处十年以上有期徒刑、无期徒刑或者死刑的；

（三）案件在全国或者本省、自治区、直辖市范围内有较大影响的。

第一百五十四条　依法采取技术调查措施的，监察机关应当出具《采取技术调查措施委托函》《采取技术调查措施决定书》和《采取技术调查措施适用对象情况表》，送交有关机关执行。其中，设区的市级以下监察机关委托有关执行机关采取技术调查措施，还应当提供《立案决定书》。

第一百五十五条　技术调查措施的期限按照监察法的规定执行，期限届满前未办理延期手续的，到期自动解除。

对于不需要继续采取技术调查措施的，监察机关应当按规定及时报批，将《解除技术调查措施决定书》送交有关机关执行。

需要依法变更技术调查措施种类或者增加适用对象的，监察机关应当重新办理报批和委托手续，依法送交有关机关执行。

第一百五十六条　对于采取技术调查措施收集的信息和材料，依法需要作为刑事诉讼证据使用的，监察机关应当按规定报批，出具《调取技术调查证据材料通知书》向有关执行机关调取。

对于采取技术调查措施收集的物证、书证及其他证据材料，监察机关应当制作书面说明，写明获取证据的时间、地点、数量、特征以及采取技术调查措施的批准机关、种类等。调查人员应当在书面说明上签名。

对于采取技术调查措施获取的证据材料，如果使用该证据材料可能危及有关人员的人身安全，或者可能产生其他严重后果的，应当采取不暴露有关人员身份、技术方法等保护措施。必要时，可以建议由审判人员在庭外进行核实。

第一百五十七条　调查人员对采取技术调查措施过程中知悉的国家秘密、商业秘密、个人隐私，应当严格保密。

采取技术调查措施获取的证据、线索及其他有关材料，只能用于对违法犯罪的调查、起诉和审判，不得用于其他用途。

对采取技术调查措施获取的与案件无关的材料，应当经审批及时销毁。对销毁情况应当制作记录，由调查人员签名。

31.2　《刑事诉讼法》

第一百五十条　公安机关在立案后，对于危害国家安全犯罪、恐怖活动犯罪、黑社会性质的组织犯罪、重大毒品犯罪或者其他严重危害社会的犯罪案件，根据侦查犯罪的需要，经过严格的批准手续，可以采取技术侦查措施。

人民检察院在立案后，对于利用职权实施的严重侵犯公民人身权利的重大犯罪案件，根据侦查犯罪的需要，经过严格的批准手续，可以采取技术侦查措施，按照规定交有关机关执行。

追捕被通缉或者批准、决定逮捕的在逃的犯罪嫌疑人、被告人，经过批准，可以采取追捕所必需的技术侦查措施。

第一百五十一条　批准决定应当根据侦查犯罪的需要，确定采取技术侦查措施的种类和适用对象。批准决定自签发之日起三个月以内有效。对于不需要继续采取技术侦查措施的，应当及时解除；对于复杂、疑难案件，期限届满仍有必要继续采取技术侦查措施的，经过批准，有效期可以延长，每次不得超过三个月。

第一百五十二条　采取技术侦查措施，必须严格按照批准的措施种类、适用对象和期限执行。

侦查人员对采取技术侦查措施过程中知悉的国家秘密、商业秘密和个人隐私，应当保密；对采取技术侦查措施获取的与案件无关的材料，必须及时销毁。

采取技术侦查措施获取的材料，只能用于对犯罪的侦查、起诉和审判，不得用于其他用途。

公安机关依法采取技术侦查措施，有关单位和个人应当配合，并对有关情况予以保密。

第一百五十三条　为了查明案情，在必要的时候，经公安机关负责人决定，可以由有关人员隐匿其身份实施侦查。但是，不得诱使他人犯罪，不得采用可能危害公共安全或者发生重大人身危险的方法。

对涉及给付毒品等违禁品或者财物的犯罪活动，公安机关根据侦查犯罪的需要，可以依照规定实施控制下交付。

第一百五十四条　依照本节规定采取侦查措施收集的材料在刑事诉讼中可以作为证据使用。如果使用该证据可能危及有关人员的人身安全，或者可能产生其他严重后果的，应当采取不暴露有关人员身份、技术方法等保护措施，必要的时候，可以由审判人员在庭外对证据进行核实。

31.3　《中国共产党纪律检查机关监督执纪工作规则》

第三十四条第二款　需要采取技术调查或者限制出境等措施的，纪检监察机关应当严格履行审批手续，交有关机关执行。

31.4　《最高人民法院关于适用〈中华人民共和国刑事诉讼法〉的解释》

第一百一十六条　依法采取技术调查、侦查措施收集的材料在刑事诉讼中可以作为证据使用。

采取技术调查、侦查措施收集的材料，作为证据使用的，应当随案移送。

第一百一十七条　使用采取技术调查、侦查措施收集的证据材料可能危及有关人员的人身安全，或者可能产生其他严重后果的，可以采取下列保护措施：

（一）使用化名等代替调查、侦查人员及有关人员的个人信息；

（二）不具体写明技术调查、侦查措施使用的技术设备和技术方法；

（三）其他必要的保护措施。

第一百一十八条　移送技术调查、侦查证据材料的，应当附采取技术调查、侦查措施的法律文书、技术调查、侦查证据材料清单和有关说明材料。

移送采用技术调查、侦查措施收集的视听资料、电子数据的，应当制作新的存储介质，并附制作说明，写明原始证据材料、原始存储介质的存放地点等信息，由制作人签名，并加盖单位印章。

第一百一十九条　对采取技术调查、侦查措施收集的证据材料，除根据相关证据材料所属的证据种类，依照本章第二节至第七节的相应规定进行审查外，还应当着重审查以下内容：

（一）技术调查、侦查措施所针对的案件是否符合法律规定；

（二）技术调查措施是否经过严格的批准手续，按照规定交有关机关执行；技术侦查措施是否在刑事立案后，经过严格的批准手续；

（三）采取技术调查、侦查措施的种类、适用对象和期限是否按照批准决定载明的内容执行；

（四）采取技术调查、侦查措施收集的证据材料与其他证据是否矛盾；存在矛盾的，能否得到合理解释。

第一百二十条　采取技术调查、侦查措施收集的证据材料，应当经过当庭出示、辨认、质证等法庭调查程序查证。

当庭调查技术调查、侦查证据材料可能危及有关人员的人身安全，或者可能产生其他严重后果的，法庭应当采取不暴露有关人员身份和技术调查、侦查措施使用的技术设备、技术方法等保护措施。必要时，审判人员可以在庭外对证据进行核实。

第一百二十一条 采用技术调查、侦查证据作为定案根据的，人民法院在裁判文书中可以表述相关证据的名称、证据种类和证明对象，但不得表述有关人员身份和技术调查、侦查措施使用的技术设备、技术方法等。

第一百二十二条 人民法院认为应当移送的技术调查、侦查证据材料未随案移送的，应当通知人民检察院在指定时间内移送。人民检察院未移送的，人民法院应当根据在案证据对案件事实作出认定。

31.5 《人民检察院刑事诉讼规则》

第二百二十七条 人民检察院在立案后，对于利用职权实施的严重侵犯公民人身权利的重大犯罪案件，经过严格的批准手续，可以采取技术侦查措施，交有关机关执行。

第二百二十八条 人民检察院办理直接受理侦查的案件，需要追捕被通缉或者决定逮捕的在逃犯罪嫌疑人、被告人的，经过批准，可以采取追捕所必需的技术侦查措施，不受本规则第二百二十七条规定的案件范围的限制。

第二百二十九条 人民检察院采取技术侦查措施应当根据侦查犯罪的需要，确定采取技术侦查措施的种类和适用对象，按照有关规定报请批准。批准决定自签发之日起三个月以内有效。对于不需要继续采取技术侦查措施的，应当及时解除；对于复杂、疑难案件，期限届满仍有必要继续采取技术侦查措施的，应当在期限届满前十日以内制作呈请延长技术侦查措施期限报告书，写明延长的期限及理由，经过原批准机关批准，有效期可以延长，每次不得超过三个月。

采取技术侦查措施收集的材料作为证据使用的，批准采取技术侦查措施的法律文书应当附卷，辩护律师可以依法查阅、摘抄、复制。

第二百三十条　采取技术侦查措施收集的物证、书证及其他证据材料，检察人员应当制作相应的说明材料，写明获取证据的时间、地点、数量、特征以及采取技术侦查措施的批准机关、种类等，并签名和盖章。

对于使用技术侦查措施获取的证据材料，如果可能危及特定人员的人身安全、涉及国家秘密或者公开后可能暴露侦查秘密或者严重损害商业秘密、个人隐私的，应当采取不暴露有关人员身份、技术方法等保护措施。必要时，可以建议不在法庭上质证，由审判人员在庭外对证据进行核实。

第二百三十一条　检察人员对采取技术侦查措施过程中知悉的国家秘密、商业秘密和个人隐私，应当保密；对采取技术侦查措施获取的与案件无关的材料，应当及时销毁，并对销毁情况制作记录。

采取技术侦查措施获取的证据、线索及其他有关材料，只能用于对犯罪的侦查、起诉和审判，不得用于其他用途。

31.6 《公安机关办理刑事案件程序规定》

第二百六十三条　公安机关在立案后，根据侦查犯罪的需要，可以对下列严重危害社会的犯罪案件采取技术侦查措施：

（一）危害国家安全犯罪、恐怖活动犯罪、黑社会性质的组织犯罪、重大毒品犯罪案件；

（二）故意杀人、故意伤害致人重伤或者死亡、强奸、抢劫、绑架、放火、爆炸、投放危险物质等严重暴力犯罪案件；

（三）集团性、系列性、跨区域性重大犯罪案件；

（四）利用电信、计算机网络、寄递渠道等实施的重大犯罪案件，以及针对计算机网络实施的重大犯罪案件；

（五）其他严重危害社会的犯罪案件，依法可能判处七年以上有期徒刑的。

公安机关追捕被通缉或者批准、决定逮捕的在逃的犯罪嫌疑人、被告人，可以采取追捕所必需的技术侦查措施。

第二百六十四条　技术侦查措施是指由设区的市一级以上公安机关负责技术侦查的部门实施的记录监控、行踪监控、通信监控、场所监控等措施。

技术侦查措施的适用对象是犯罪嫌疑人、被告人以及与犯罪活动直接关联的人员。

第二百六十五条　需要采取技术侦查措施的，应当制作呈请采取技术侦查措施报告书，报设区的市一级以上公安机关负责人批准，制作采取技术侦查措施决定书。

人民检察院等部门决定采取技术侦查措施，交公安机关执行的，由设区的市一级以上公安机关按照规定办理相关手续后，交负责技术侦查的部门执行，并将执行情况通知人民检察院等部门。

第二百六十六条　批准采取技术侦查措施的决定自签发之日起三个月以内有效。

在有效期限内，对不需要继续采取技术侦查措施的，办案部门应当立即书面通知负责技术侦查的部门解除技术侦查措施；负责技术侦查的部门认为需要解除技术侦查措施的，报批准机关负责人批准，制作解除技术侦查措施决定书，并及时通知办案部门。

对复杂、疑难案件，采取技术侦查措施的有效期限届满仍需要继续采取技术侦查措施的，经负责技术侦查的部门审核后，报批准机关负责人批准，制作延长技术侦查措施期限决定书。批准延长期限，每次不得超过三个月。

有效期限届满，负责技术侦查的部门应当立即解除技术侦查措施。

第二百六十七条　采取技术侦查措施，必须严格按照批准的措施种类、适用对象和期限执行。

在有效期限内，需要变更技术侦查措施种类或者适用对象的，应当按照本规定第二百六十五条规定重新办理批准手续。

第二百六十八条　采取技术侦查措施收集的材料在刑事诉讼中可以作为证据使用。使用技术侦查措施收集的材料作为证据时，可能危及有关人员的人身安全，或者可能产生其他严重后果的，应当采取不暴露有关人员身份和使用的技术设备、侦查方法等保护措施。

采取技术侦查措施收集的材料作为证据使用的，采取技术侦查措施决定书应当附卷。

第二百六十九条　采取技术侦查措施收集的材料，应当严格依照有关规定存放，只能用于对犯罪的侦查、起诉和审判，不得用于其他用途。

采取技术侦查措施收集的与案件无关的材料，必须及时销毁，并制作销毁记录。

第二百七十条　侦查人员对采取技术侦查措施过程中知悉的国家秘密、商业秘密和个人隐私，应当保密。

公安机关依法采取技术侦查措施，有关单位和个人应当配合，并对有关情况予以保密。

通缉

第三十二条　依法应当留置的被调查人如果在逃，监察机关可以决定在本行政区域内通缉，由公安机关发布通缉令，追捕归案。通缉范围超出本行政区域的，应当报请有权决定的上级监察机关决定。

【关联法条】

32.1　《监察法》

第五十五条　监察机关在调查贪污贿赂、失职渎职等职务犯罪案件过程中，被调查人逃匿或者死亡，有必要继续调查的，应当继续调查并作出结论。被调查人逃匿，在通缉一年后不能到案，或者死亡的，由监察机关提请人民检察院依照法定程序，向人民法院提出没收违法所得的申请。

32.2 《监察法实施条例》

第一百五十八条　县级以上监察机关对在逃的应当被留置人员，依法决定在本行政区域内通缉的，应当按规定报批，送交同级公安机关执行。送交执行时，应当出具《通缉决定书》，附《留置决定书》等法律文书和被通缉人员信息，以及承办单位、承办人员等有关情况。

通缉范围超出本行政区域的，应当报有决定权的上级监察机关出具《通缉决定书》，并附《留置决定书》及相关材料，送交同级公安机关执行。

第一百五十九条　国家监察委员会依法需要提请公安部对在逃人员发布公安部通缉令的，应当先提请公安部采取网上追逃措施。如情况紧急，可以向公安部同时出具《通缉决定书》和《提请采取网上追逃措施函》。

省级以下监察机关报请国家监察委员会提请公安部发布公安部通缉令的，应当先提请本地公安机关采取网上追逃措施。

第一百六十条　监察机关接到公安机关抓获被通缉人员的通知后，应当立即核实被抓获人员身份，并在接到通知后二十四小时以内派员办理交接手续。边远或者交通不便地区，至迟不得超过三日。

公安机关在移交前，将被抓获人员送往当地监察机关留置场所临时看管的，当地监察机关应当接收，并保障临时看管期间的安全，对工作信息严格保密。

监察机关需要提请公安机关协助将被抓获人员带回的，应当按规定报批，请本地同级公安机关依法予以协助。提请协助时，应当出具《提请协助采取留置措施函》，附《留置决定书》复印件及相关材料。

第一百六十一条　监察机关对于被通缉人员已经归案、死亡，或者依法撤销留置决定以及发现有其他不需要继续采取通缉措施情形的，应当经审批出具《撤销通缉通知书》，送交协助采取原措施的公安机关执行。

32.3 《刑事诉讼法》

第八十四条　对于有下列情形的人，任何公民都可以立即扭送公安机关、人民检察院或者人民法院处理：

（一）正在实行犯罪或者在犯罪后即时被发觉的；

（二）通缉在案的；

（三）越狱逃跑的；

（四）正在被追捕的。

第一百五十条第三款　追捕被通缉或者批准、决定逮捕的在逃的犯罪嫌疑人、被告人，经过批准，可以采取追捕所必需的技术侦查措施。

第一百五十五条　应当逮捕的犯罪嫌疑人如果在逃，公安机关可以发布通缉令，采取有效措施，追捕归案。

各级公安机关在自己管辖的地区以内，可以直接发布通缉令；超出自己管辖的地区，应当报请有权决定的上级机关发布。

32.4 《人民检察院刑事诉讼规则》

第一百二十七条　公民将正在实行犯罪或者在犯罪后即被发觉的、通缉在案的、越狱逃跑的、正在被追捕的犯罪嫌疑人或者犯罪人扭送到人民检察院的，人民检察院应当予以接受，并且根据具体情况决定是否采取相应的紧急措施。不属于自己管辖的，应当移送主管机关处理。

第二百二十八条　人民检察院办理直接受理侦查的案件，需要追捕被通缉或者决定逮捕的在逃犯罪嫌疑人、被告人的，经过批准，可以采取追捕所必需的技术侦查措施，不受本规则第二百二十七条规定的案件范围的限制。

第二百三十二条　人民检察院办理直接受理侦查的案件，应当逮捕的犯罪嫌疑人在逃，或者已被逮捕的犯罪嫌疑人脱逃的，经检察长批准，可以通缉。

第二百三十三条　各级人民检察院需要在本辖区内通缉犯罪嫌疑人的，可以直接决定通缉；需要在本辖区外通缉犯罪嫌疑人的，由有决定权的上级人民检察院决定。

第二百三十四条　人民检察院应当将通缉通知书和通缉对象的照片、身份、特征、案情简况送达公安机关，由公安机关发布通缉令，追捕归案。

第二百三十五条　为防止犯罪嫌疑人等涉案人员逃往境外，需要在边防口岸采取边控措施的，人民检察院应当按照有关规定制作边控对象通知书，商请公安机关办理边控手续。

第二百三十六条　应当逮捕的犯罪嫌疑人潜逃出境的，可以按照有关规定层报最高人民检察院商请国际刑警组织中国国家中心局，请求有关方面协助，或者通过其他法律规定的途径进行追捕。

第五百一十四条　公安机关发布通缉令或者公安部通过国际刑警组织发布红色国际通报，应当认定为“通缉”。

32.5 《公安机关办理刑事案件程序规定》

第一百五十三条第二款　查获被通缉、脱逃的犯罪嫌疑人以及执行追捕、押解任务需要临时寄押的，应当持通缉令或者其他有关法律文书并经寄押地县级以上公安机关负责人批准，送看守所寄押。

第二百六十三条第二款　公安机关追捕被通缉或者批准、决定逮捕的在逃的犯罪嫌疑人、被告人，可以采取追捕所必需的技术侦查措施。

第二百七十四条　应当逮捕的犯罪嫌疑人在逃的，经县级以上公安机关负责人批准，可以发布通缉令，采取有效措施，追捕归案。

县级以上公安机关在自己管辖的地区内，可以直接发布通缉令；超出自己管辖的地区，应当报请有权决定的上级公安机关发布。

通缉令的发送范围，由签发通缉令的公安机关负责人决定。

第二百七十五条　通缉令中应当尽可能写明被通缉人的姓名、别名、曾用名、绰号、性别、年龄、民族、籍贯、出生地、户籍所在地、居住地、职业、身份证号码、衣着和体貌特征、口音、行为习惯，并附被通缉人近期照片，可以附指纹及其他物证的照片。除了必须保密的事项以外，应当写明发案的时间、地点和简要案情。

第二百七十六条　通缉令发出后，如果发现新的重要情况可以补发通报。通报必须注明原通缉令的编号和日期。

第二百七十七条　公安机关接到通缉令后，应当及时布置查缉。抓获犯罪嫌疑人后，报经县级以上公安机关负责人批准，凭通缉令或者相关法律文书羁押，并通知通缉令发布机关进行核实，办理交接手续。

第二百七十八条　需要对犯罪嫌疑人在口岸采取边控措施的，应当按照有关规定制作边控对象通知书，并附有关法律文书，经县级以上公安机关负责人审核后，层报省级公安机关批准，办理全国范围内的边控措施。需要限制犯罪嫌疑人人身自由的，应当附有关限制人身自由的法律文书。

紧急情况下，需要采取边控措施的，县级以上公安机关可以出具公函，先向有关口岸所在地出入境边防检查机关交控，但应当在七日以内按照规定程序办理全国范围内的边控措施。

第二百七十九条　为发现重大犯罪线索，追缴涉案财物、证据，查获犯罪嫌疑人，必要时，经县级以上公安机关负责人批准，可以发布悬赏通告。

悬赏通告应当写明悬赏对象的基本情况和赏金的具体数额。

第二百八十条　通缉令、悬赏通告应当广泛张贴，并可以通过广播、电视、报刊、计算机网络等方式发布。

第二百八十一条　经核实，犯罪嫌疑人已经自动投案、被击毙或者被抓获，以及发现有其他不需要采取通缉、边控、悬赏通告的情形的，发布机关应当在原通缉、通知、通告范围内，撤销通缉令、边控通知、悬赏通告。

第二百八十二条 通缉越狱逃跑的犯罪嫌疑人、被告人或者罪犯，适用本节的有关规定。

限制出境

> 第三十三条 监察机关为防止被调查人及相关人员逃匿境外，经省级以上监察机关批准，可以对被调查人及相关人员采取限制出境措施，由公安机关依法执行。对于不需要继续采取限制出境措施的，应当及时解除。

【关联法条】

33.1 《监察法实施条例》

第一百六十二条 监察机关为防止被调查人及相关人员逃匿境外，按规定报批后，可以依法决定采取限制出境措施，交由移民管理机构依法执行。

第一百六十三条 监察机关采取限制出境措施应当出具有关函件，与《采取限制出境措施决定书》一并送交移民管理机构执行。其中，采取边控措施的，应当附《边控对象通知书》；采取法定不批准出境措施的，应当附《法定不准出境人员报备表》。

第一百六十四条 限制出境措施有效期不超过三个月，到期自动解除。

到期后仍有必要继续采取措施的，应当按原程序报批。承办部门应当出具有关函件，在到期前与《延长限制出境措施期限决定书》一并送交移民管理机构执行。延长期限每次不得超过三个月。

第一百六十五条 监察机关接到口岸移民管理机构查获被决定采取留置措施的边控对象的通知后，应当于二十四小时以内到达口岸办理移交手续。无法及时到达的，应当委托当地监察机关及时前往口岸办理移交手续。当地监察机关应当予以协助。

第一百六十六条 对于不需要继续采取限制出境措施的，应当按规定报批，及时予以解除。承办部门应当出具有关函件，与《解除限制出境措施决定书》一并送交移民管理机构执行。

第一百六十七条　县级以上监察机关在重要紧急情况下，经审批可以依法直接向口岸所在地口岸移民管理机构提请办理临时限制出境措施。

33.2 《出境入境管理法》

第六条　国家在对外开放的口岸设立出入境边防检查机关。

中国公民、外国人以及交通运输工具应当从对外开放的口岸出境入境，特殊情况下，可以从国务院或者国务院授权的部门批准的地点出境入境。出境入境人员和交通运输工具应当接受出境入境边防检查。

出入境边防检查机关负责对口岸限定区域实施管理。根据维护国家安全和出境入境管理秩序的需要，出入境边防检查机关可以对出境入境人员携带的物品实施边防检查。必要时，出入境边防检查机关可以对出境入境交通运输工具载运的货物实施边防检查，但是应当通知海关。

第十一条　中国公民出境入境，应当向出入境边防检查机关交验本人的护照或者其他旅行证件等出境入境证件，履行规定的手续，经查验准许，方可出境入境。

具备条件的口岸，出入境边防检查机关应当为中国公民出境入境提供专用通道等便利措施。

第十二条　中国公民有下列情形之一的，不准出境：

（一）未持有效出境入境证件或者拒绝、逃避接受边防检查的；

（二）被判处刑罚尚未执行完毕或者属于刑事案件被告人、犯罪嫌疑人的；

（三）有未了结的民事案件，人民法院决定不准出境的；

（四）因妨害国（边）境管理受到刑事处罚或者因非法出境、非法居留、非法就业被其他国家或者地区遣返，未满不准出境规定年限的；

（五）可能危害国家安全和利益，国务院有关主管部门决定不准出境的；

（六）法律、行政法规规定不准出境的其他情形。

第五十九条 对涉嫌违反出境入境管理的人员，可以当场盘问；经当场盘问，有下列情形之一的，可以依法继续盘问：

（一）有非法出境入境嫌疑的；

（二）有协助他人非法出境入境嫌疑的；

（三）外国人有非法居留、非法就业嫌疑的；

（四）有危害国家安全和利益，破坏社会公共秩序或者从事其他违法犯罪活动嫌疑的。

当场盘问和继续盘问应当依据《中华人民共和国人民警察法》规定的程序进行。

县级以上地方人民政府公安机关或者出入境边防检查机关需要传唤涉嫌违反出境入境管理的人员的，依照《中华人民共和国治安管理处罚法》的有关规定执行。

第六十条 外国人有本法第五十九条第一款规定情形之一的，经当场盘问或者继续盘问后仍不能排除嫌疑，需要作进一步调查的，可以拘留审查。

实施拘留审查，应当出示拘留审查决定书，并在二十四小时内进行询问。发现不应当拘留审查的，应当立即解除拘留审查。

拘留审查的期限不得超过三十日；案情复杂的，经上一级地方人民政府公安机关或者出入境边防检查机关批准可以延长至六十日。对国籍、身份不明的外国人，拘留审查期限自查清其国籍、身份之日起计算。

第六十五条 对依法决定不准出境或者不准入境的人员，决定机关应当按照规定及时通知出入境边防检查机关；不准出境、入境情形消失的，决定机关应当及时撤销不准出境、入境决定，并通知出入境边防检查机关。

33.3 《中国公民往来台湾地区管理办法》

第十二条　申请前往台湾的大陆居民有下列情形之一的，不予批准：

（一）刑事案件的被告人或者犯罪嫌疑人；

（二）人民法院通知有未了结诉讼事宜不能离境的；

（三）被判处刑罚尚未执行完毕的；

（四）正在被劳动教养的；

（五）国务院有关主管部门认为出境后将对国家安全造成危害或者对国家利益造成重大损失的；

（六）有编造情况、提供假证明等欺骗行为的。

33.4 《中国公民因私事往来香港地区或者澳门地区的暂行管理办法》

第十三条　内地公民申请去香港、澳门有下列情形之一的，不予批准：

（一）属于《中华人民共和国公民出境入境管理法》第八条规定情形的；

（二）不属于本办法第七条和第八条规定情形的；

（三）编造情况，提供假证明，欺骗公安机关出入境管理部门的。

33.5 《出境入境边防检查条例》

第八条　出境、入境的人员有下列情形之一的，边防检查站有权阻止其出境、入境：

（一）未持出境、入境证件的；

（二）持有无效出境、入境证件的；

（三）持用他人出境、入境证件的；

（四）持用伪造或者涂改的出境、入境证件的；

（五）拒绝接受边防检查的；

（六）未在限定口岸通行的；

（七）国务院公安部门、国家安全部门通知不准出境、入境的；

（八）法律、行政法规规定不准出境、入境的。

出境、入境的人员有前款第（三）项、第（四）项或者中国公民有前款第（七）项、第（八）项所列情形之一的，边防检查站可以扣留或者收缴其出境、入境证件。

涉嫌职务犯罪的被调查人从宽处罚情形

第三十四条　涉嫌职务犯罪的被调查人主动认罪认罚，有下列情形之一的，监察机关经领导人员集体研究，并报上一级监察机关批准，可以在移送人民检察院时提出从宽处罚的建议：

（一）自动投案，真诚悔罪悔过的；

（二）积极配合调查工作，如实供述监察机关还未掌握的违法犯罪行为的；

（三）积极退赃，减少损失的；

（四）具有重大立功表现或者案件涉及国家重大利益等情形的。

【关联法条】

34.1　《监察法》

第三十五条　职务违法犯罪的涉案人员揭发有关被调查人职务违法犯罪行为，查证属实的，或者提供重要线索，有助于调查其他案件的，监察机关经领导人员集体研究，并报上一级监察机关批准，可以在移送人民检察院时提出从宽处罚的建议。

34.2　《监察法实施条例》

第二百一十三条　涉嫌职务犯罪的被调查人和涉案人员符合监察法第三十一条[1]、第三十二条[2]规定情形的，结合其案发前的一贯表现、违法犯罪行为的情节、后果和影响等因素，监察机关经综

[1] 对应2024年12月25日修正的《监察法》第34条。

[2] 对应2024年12月25日修正的《监察法》第35条。

合研判和集体审议，报上一级监察机关批准，可以在移送人民检察院时依法提出从轻、减轻或者免除处罚等从宽处罚建议。报请批准时，应当一并提供主要证据材料、忏悔反思材料。

上级监察机关相关监督检查部门负责审查工作，重点审核拟认定的从宽处罚情形、提出的从宽处罚建议，经审批在十五个工作日以内作出批复。

第二百一十四条　涉嫌职务犯罪的被调查人有下列情形之一，如实交代自己主要犯罪事实的，可以认定为监察法第三十一条[1]第一项规定的自动投案，真诚悔罪悔过：

（一）职务犯罪问题未被监察机关掌握，向监察机关投案的；

（二）在监察机关谈话、函询过程中，如实交代监察机关未掌握的涉嫌职务犯罪问题的；

（三）在初步核实阶段，尚未受到监察机关谈话时投案的；

（四）职务犯罪问题虽被监察机关立案，但尚未受到讯问或者采取留置措施，向监察机关投案的；

（五）因伤病等客观原因无法前往投案，先委托他人代为表达投案意愿，或者以书信、网络、电话、传真等方式表达投案意愿，后到监察机关接受处理的；

（六）涉嫌职务犯罪潜逃后又投案，包括在被通缉、抓捕过程中投案的；

（七）经查实确已准备去投案，或者正在投案途中被有关机关抓获的；

（八）经他人规劝或者在他人陪同下投案的；

（九）虽未向监察机关投案，但向其所在党组织、单位或者有关负责人员投案，向有关巡视巡察机构投案，以及向公安机关、人民检察院、人民法院投案的；

---

[1] 对应 2024 年 12 月 25 日修正的《监察法》第 34 条。

（十）具有其他应当视为自动投案的情形的。

被调查人自动投案后不能如实交代自己的主要犯罪事实，或者自动投案并如实供述自己的罪行后又翻供的，不能适用前款规定。

第二百一十五条　涉嫌职务犯罪的被调查人有下列情形之一的，可以认定为监察法第三十一条[1]第二项规定的积极配合调查工作，如实供述监察机关还未掌握的违法犯罪行为：

（一）监察机关所掌握线索针对的犯罪事实不成立，在此范围外被调查人主动交代其他罪行的；

（二）主动交代监察机关尚未掌握的犯罪事实，与监察机关已掌握的犯罪事实属不同种罪行的；

（三）主动交代监察机关尚未掌握的犯罪事实，与监察机关已掌握的犯罪事实属同种罪行的；

（四）监察机关掌握的证据不充分，被调查人如实交代有助于收集定案证据的。

前款所称同种罪行和不同种罪行，一般以罪名区分。被调查人如实供述其他罪行的罪名与监察机关已掌握犯罪的罪名不同，但属选择性罪名或者在法律、事实上密切关联的，应当认定为同种罪行。

第二百一十六条　涉嫌职务犯罪的被调查人有下列情形之一的，可以认定为监察法第三十一条[2]第三项规定的积极退赃，减少损失：

（一）全额退赃的；

（二）退赃能力不足，但被调查人及其亲友在监察机关追缴赃款赃物过程中积极配合，且大部分已追缴到位的；

（三）犯罪后主动采取措施避免损失发生，或者积极采取有效措施减少、挽回大部分损失的。

第二百一十七条　涉嫌职务犯罪的被调查人有下列情形之一的，

[1] 对应 2024 年 12 月 25 日修正的《监察法》第 34 条。

[2] 对应 2024 年 12 月 25 日修正的《监察法》第 34 条。

可以认定为监察法第三十一条[1]第四项规定的具有重大立功表现：

（一）检举揭发他人重大犯罪行为且经查证属实的；

（二）提供其他重大案件的重要线索且经查证属实的；

（三）阻止他人重大犯罪活动的；

（四）协助抓捕其他重大职务犯罪案件被调查人、重大犯罪嫌疑人（包括同案犯）的；

（五）为国家挽回重大损失等对国家和社会有其他重大贡献的。

前款所称重大犯罪一般是指依法可能被判处无期徒刑以上刑罚的犯罪行为；重大案件一般是指在本省、自治区、直辖市或者全国范围内有较大影响的案件；查证属实一般是指有关案件已被监察机关或者司法机关立案调查、侦查，被调查人、犯罪嫌疑人被监察机关采取留置措施或者被司法机关采取强制措施，或者被告人被人民法院作出有罪判决，并结合案件事实、证据进行判断。

监察法第三十一条[2]第四项规定的案件涉及国家重大利益，是指案件涉及国家主权和领土完整、国家安全、外交、社会稳定、经济发展等情形。

第二百一十九条　从宽处罚建议一般应当在移送起诉时作为《起诉意见书》内容一并提出，特殊情况下也可以在案件移送后、人民检察院提起公诉前，单独形成从宽处罚建议书移送人民检察院。对于从宽处罚建议所依据的证据材料，应当一并移送人民检察院。

监察机关对于被调查人在调查阶段认罪认罚，但不符合监察法规定的提出从宽处罚建议条件，在移送起诉时没有提出从宽处罚建议的，应当在《起诉意见书》中写明其自愿认罪认罚的情况。

34.3 《刑事诉讼法》

第一百二十条　侦查人员在讯问犯罪嫌疑人的时候，应当首先讯问犯罪嫌疑人是否有犯罪行为，让他陈述有罪的情节或者无罪的

---

[1] 对应2024年12月25日修正的《监察法》第34条。

[2] 对应2024年12月25日修正的《监察法》第34条。

辩解，然后向他提出问题。犯罪嫌疑人对侦查人员的提问，应当如实回答。但是对与本案无关的问题，有拒绝回答的权利。

侦查人员在讯问犯罪嫌疑人的时候，应当告知犯罪嫌疑人享有的诉讼权利，如实供述自己罪行可以从宽处理和认罪认罚的法律规定。

第一百六十二条 公安机关侦查终结的案件，应当做到犯罪事实清楚，证据确实、充分，并且写出起诉意见书，连同案卷材料、证据一并移送同级人民检察院审查决定；同时将案件移送情况告知犯罪嫌疑人及其辩护律师。

犯罪嫌疑人自愿认罪的，应当记录在案，随案移送，并在起诉意见书中写明有关情况。

第一百七十二条 人民检察院对于监察机关、公安机关移送起诉的案件，应当在一个月以内作出决定，重大、复杂的案件，可以延长十五日；犯罪嫌疑人认罪认罚，符合速裁程序适用条件的，应当在十日以内作出决定，对可能判处的有期徒刑超过一年的，可以延长至十五日。

人民检察院审查起诉的案件，改变管辖的，从改变后的人民检察院收到案件之日起计算审查起诉期限。

第一百七十三条 人民检察院审查案件，应当讯问犯罪嫌疑人，听取辩护人或者值班律师、被害人及其诉讼代理人的意见，并记录在案。辩护人或者值班律师、被害人及其诉讼代理人提出书面意见的，应当附卷。

犯罪嫌疑人认罪认罚的，人民检察院应当告知其享有的诉讼权利和认罪认罚的法律规定，听取犯罪嫌疑人、辩护人或者值班律师、被害人及其诉讼代理人对下列事项的意见，并记录在案：

（一）涉嫌的犯罪事实、罪名及适用的法律规定；

（二）从轻、减轻或者免除处罚等从宽处罚的建议；

（三）认罪认罚后案件审理适用的程序；

（四）其他需要听取意见的事项。

人民检察院依照前两款规定听取值班律师意见的，应当提前为值班律师了解案件有关情况提供必要的便利。

第一百七十四条　犯罪嫌疑人自愿认罪，同意量刑建议和程序适用的，应当在辩护人或者值班律师在场的情况下签署认罪认罚具结书。

犯罪嫌疑人认罪认罚，有下列情形之一的，不需要签署认罪认罚具结书：

（一）犯罪嫌疑人是盲、聋、哑人，或者是尚未完全丧失辨认或者控制自己行为能力的精神病人的；

（二）未成年犯罪嫌疑人的法定代理人、辩护人对未成年人认罪认罚有异议的；

（三）其他不需要签署认罪认罚具结书的情形。

第一百七十六条　人民检察院认为犯罪嫌疑人的犯罪事实已经查清，证据确实、充分，依法应当追究刑事责任的，应当作出起诉决定，按照审判管辖的规定，向人民法院提起公诉，并将案卷材料、证据移送人民法院。

犯罪嫌疑人认罪认罚的，人民检察院应当就主刑、附加刑、是否适用缓刑等提出量刑建议，并随案移送认罪认罚具结书等材料。

第二百零一条　对于认罪认罚案件，人民法院依法作出判决时，一般应当采纳人民检察院指控的罪名和量刑建议，但有下列情形的除外：

（一）被告人的行为不构成犯罪或者不应当追究其刑事责任的；

（二）被告人违背意愿认罪认罚的；

（三）被告人否认指控的犯罪事实的；

（四）起诉指控的罪名与审理认定的罪名不一致的；

（五）其他可能影响公正审判的情形。

人民法院经审理认为量刑建议明显不当，或者被告人、辩护人对量刑建议提出异议的，人民检察院可以调整量刑建议。人民检察院不调整量刑建议或者调整量刑建议后仍然明显不当的，人民法院应当依法作出判决。

第二百二十六条　人民法院在审理过程中，发现有被告人的行为不构成犯罪或者不应当追究其刑事责任、被告人违背意愿认罪认罚、被告人否认指控的犯罪事实或者其他不宜适用速裁程序审理的情形的，应当按照本章第一节或者第三节的规定重新审理。

第二百九十条　对于达成和解协议的案件，公安机关可以向人民检察院提出从宽处理的建议。人民检察院可以向人民法院提出从宽处罚的建议；对于犯罪情节轻微，不需要判处刑罚的，可以作出不起诉的决定。人民法院可以依法对被告人从宽处罚。

34.4　《人民检察院刑事诉讼规则》

第十一条　犯罪嫌疑人、被告人自愿如实供述自己的罪行，承认指控的犯罪事实，愿意接受处罚的，可以依法从宽处理。

认罪认罚从宽制度适用于所有刑事案件。人民检察院办理刑事案件的各个诉讼环节，都应当做好认罪认罚的相关工作。

第二百六十七条　人民检察院办理犯罪嫌疑人认罪认罚案件，应当保障犯罪嫌疑人获得有效法律帮助，确保其了解认罪认罚的性质和法律后果，自愿认罪认罚。

人民检察院受理案件后，应当向犯罪嫌疑人了解其委托辩护人的情况。犯罪嫌疑人自愿认罪认罚、没有辩护人的，在审查逮捕阶段，人民检察院应当要求公安机关通知值班律师为其提供法律帮助；在审查起诉阶段，人民检察院应当通知值班律师为其提供法律帮助。符合通知辩护条件的，应当依法通知法律援助机构指派律师为其提供辩护。

第二百六十八条　人民检察院应当商法律援助机构设立法律援助工作站派驻值班律师或者及时安排值班律师，为犯罪嫌疑人提供法律咨询、程序选择建议、申请变更强制措施、对案件处理提出意见等法律帮助。

人民检察院应当告知犯罪嫌疑人有权约见值班律师，并为其约见值班律师提供便利。

第二百六十九条　犯罪嫌疑人认罪认罚的，人民检察院应当告知其享有的诉讼权利和认罪认罚的法律规定，听取犯罪嫌疑人、辩护人或者值班律师、被害人及其诉讼代理人对下列事项的意见，并记录在案：

（一）涉嫌的犯罪事实、罪名及适用的法律规定；

（二）从轻、减轻或者免除处罚等从宽处罚的建议；

（三）认罪认罚后案件审理适用的程序；

（四）其他需要听取意见的事项。

依照前款规定听取值班律师意见的，应当提前为值班律师了解案件有关情况提供必要的便利。自人民检察院对案件审查起诉之日起，值班律师可以查阅案卷材料，了解案情。人民检察院应当为值班律师查阅案卷材料提供便利。

人民检察院不采纳辩护人或者值班律师所提意见的，应当向其说明理由。

第二百七十条　批准或者决定逮捕，应当将犯罪嫌疑人涉嫌犯罪的性质、情节，认罪认罚等情况，作为是否可能发生社会危险性的考虑因素。

已经逮捕的犯罪嫌疑人认罪认罚的，人民检察院应当及时对羁押必要性进行审查。经审查，认为没有继续羁押必要的，应当予以释放或者变更强制措施。

第二百七十一条　审查起诉阶段，对于在侦查阶段认罪认罚的案件，人民检察院应当重点审查以下内容：

（一）犯罪嫌疑人是否自愿认罪认罚，有无因受到暴力、威胁、引诱而违背意愿认罪认罚；

（二）犯罪嫌疑人认罪认罚时的认知能力和精神状态是否正常；

（三）犯罪嫌疑人是否理解认罪认罚的性质和可能导致的法律后果；

（四）公安机关是否告知犯罪嫌疑人享有的诉讼权利，如实供述自己罪行可以从宽处理和认罪认罚的法律规定，并听取意见；

（五）起诉意见书中是否写明犯罪嫌疑人认罪认罚情况；

（六）犯罪嫌疑人是否真诚悔罪，是否向被害人赔礼道歉。

经审查，犯罪嫌疑人违背意愿认罪认罚的，人民检察院可以重新开展认罪认罚工作。存在刑讯逼供等非法取证行为的，依照法律规定处理。

第二百七十二条　犯罪嫌疑人自愿认罪认罚，同意量刑建议和程序适用的，应当在辩护人或者值班律师在场的情况下签署认罪认罚具结书。具结书应当包括犯罪嫌疑人如实供述罪行、同意量刑建议和程序适用等内容，由犯罪嫌疑人及其辩护人、值班律师签名。

犯罪嫌疑人具有下列情形之一的，不需要签署认罪认罚具结书：

（一）犯罪嫌疑人是盲、聋、哑人，或者是尚未完全丧失辨认或者控制自己行为能力的精神病人的；

（二）未成年犯罪嫌疑人的法定代理人、辩护人对未成年人认罪认罚有异议的；

（三）其他不需要签署认罪认罚具结书的情形。

有前款情形，犯罪嫌疑人未签署认罪认罚具结书的，不影响认罪认罚从宽制度的适用。

第二百七十三条　犯罪嫌疑人认罪认罚，人民检察院经审查，认为符合速裁程序适用条件的，应当在十日以内作出是否提起公诉的决定，对可能判处的有期徒刑超过一年的，可以延长至十五日；认为不符合速裁程序适用条件的，应当在本规则第三百五十一条规定的期限以内作出是否提起公诉的决定。

对于公安机关建议适用速裁程序办理的案件，人民检察院负责案件管理的部门应当在受理案件的当日将案件移送负责捕诉的部门。

第二百七十四条　认罪认罚案件，人民检察院向人民法院提起公诉的，应当提出量刑建议，在起诉书中写明被告人认罪认罚情况，并移送认罪认罚具结书等材料。量刑建议可以另行制作文书，也可以在起诉书中写明。

第二百七十五条　犯罪嫌疑人认罪认罚的，人民检察院应当就主刑、附加刑、是否适用缓刑等提出量刑建议。量刑建议一般应当为确定刑。对新类型、不常见犯罪案件，量刑情节复杂的重罪案件等，也可以提出幅度刑量刑建议。

第二百七十六条　办理认罪认罚案件，人民检察院应当将犯罪嫌疑人是否与被害方达成和解或者调解协议，或者赔偿被害方损失，取得被害方谅解，或者自愿承担公益损害修复、赔偿责任，作为提出量刑建议的重要考虑因素。

犯罪嫌疑人自愿认罪并且愿意积极赔偿损失，但由于被害方赔偿请求明显不合理，未能达成和解或者调解协议的，一般不影响对犯罪嫌疑人从宽处理。

对于符合当事人和解程序适用条件的公诉案件，犯罪嫌疑人认罪认罚的，人民检察院应当积极促使当事人自愿达成和解。和解协议书和被害方出具的谅解意见应当随案移送。被害方符合司法救助条件的，人民检察院应当积极协调办理。

第二百七十七条　犯罪嫌疑人认罪认罚，人民检察院拟提出适用缓刑或者判处管制的量刑建议，可以委托犯罪嫌疑人居住地的社区矫正机构进行调查评估，也可以自行调查评估。

第二百七十八条　犯罪嫌疑人认罪认罚，人民检察院依照刑事诉讼法第一百七十七条第二款作出不起诉决定后，犯罪嫌疑人反悔的，人民检察院应当进行审查，并区分下列情形依法作出处理：

（一）发现犯罪嫌疑人没有犯罪事实，或者符合刑事诉讼法第十六条规定的情形之一的，应当撤销原不起诉决定，依照刑事诉讼法第一百七十七条第一款的规定重新作出不起诉决定；

（二）犯罪嫌疑人犯罪情节轻微，依照刑法不需要判处刑罚或者免除刑罚的，可以维持原不起诉决定；

（三）排除认罪认罚因素后，符合起诉条件的，应当根据案件具体情况撤销原不起诉决定，依法提起公诉。

第二百七十九条　犯罪嫌疑人自愿如实供述涉嫌犯罪的事实，有重大立功或者案件涉及国家重大利益的，经最高人民检察院核准，公安机关可以撤销案件，人民检察院可以作出不起诉决定，也可以对涉嫌数罪中的一项或者多项不起诉。

前款规定的不起诉，应当由检察长决定。决定不起诉的，人民检察院应当及时对查封、扣押、冻结的财物及其孳息作出处理。

34.5 《公安机关办理刑事案件程序规定》

第二百零三条　侦查人员讯问犯罪嫌疑人时，应当首先讯问犯罪嫌疑人是否有犯罪行为，并告知犯罪嫌疑人享有的诉讼权利，如实供述自己罪行可以从宽处理以及认罪认罚的法律规定，让他陈述有罪的情节或者无罪的辩解，然后向他提出问题。

犯罪嫌疑人对侦查人员的提问，应当如实回答。但是对与本案无关的问题，有拒绝回答的权利。

第一次讯问，应当问明犯罪嫌疑人的姓名、别名、曾用名、出生年月日、户籍所在地、现住地、籍贯、出生地、民族、职业、文化程度、政治面貌、工作单位、家庭情况、社会经历，是否属于人大代表、政协委员，是否受过刑事处罚或者行政处理等情况。

第三百三十七条　和解协议书应当包括以下内容：

（一）案件的基本事实和主要证据；

（二）犯罪嫌疑人承认自己所犯罪行，对指控的犯罪事实没有异议，真诚悔罪；

（三）犯罪嫌疑人通过向被害人赔礼道歉、赔偿损失等方式获得被害人谅解；涉及赔偿损失的，应当写明赔偿的数额、方式等；提起附带民事诉讼的，由附带民事诉讼原告人撤回附带民事诉讼；

（四）被害人自愿和解，请求或者同意对犯罪嫌疑人依法从宽处罚。

和解协议应当及时履行。

第三百三十八条　对达成和解协议的案件，经县级以上公安机关负责人批准，公安机关将案件移送人民检察院审查起诉时，可以提出从宽处理的建议。

职务违法犯罪的涉案人员从宽处罚情形

第三十五条　职务违法犯罪的涉案人员揭发有关被调查人职务违法犯罪行为，查证属实的，或者提供重要线索，有助于调查其他案件的，监察机关经领导人员集体研究，并报上一级监察机关批准，可以在移送人民检察院时提出从宽处罚的建议。

【关联法条】

35.1 《监察法》

第三十四条　涉嫌职务犯罪的被调查人主动认罪认罚，有下列情形之一的，监察机关经领导人员集体研究，并报上一级监察机关批准，可以在移送人民检察院时提出从宽处罚的建议：

（一）自动投案，真诚悔罪悔过的；

（二）积极配合调查工作，如实供述监察机关还未掌握的违法犯罪行为的；

（三）积极退赃，减少损失的；

（四）具有重大立功表现或者案件涉及国家重大利益等情形的。

35.2 《监察法实施条例》

第二百一十三条　涉嫌职务犯罪的被调查人和涉案人员符合监察法第三十一条[1]、第三十二条[2]规定情形的，结合其案发前的一贯表现、违法犯罪行为的情节、后果和影响等因素，监察机关经综

〔1〕对应2024年12月25日修正的《监察法》第34条。
〔2〕对应2024年12月25日修正的《监察法》第35条。

合研判和集体审议，报上一级监察机关批准，可以在移送人民检察院时依法提出从轻、减轻或者免除处罚等从宽处罚建议。报请批准时，应当一并提供主要证据材料、忏悔反思材料。

上级监察机关相关监督检查部门负责审查工作，重点审核拟认定的从宽处罚情形、提出的从宽处罚建议，经审批在十五个工作日以内作出批复。

第二百一十八条　涉嫌行贿等犯罪的涉案人员有下列情形之一的，可以认定为监察法第三十二条[1]规定的揭发有关被调查人职务违法犯罪行为，查证属实或者提供重要线索，有助于调查其他案件：

（一）揭发所涉案件以外的被调查人职务犯罪行为，经查证属实的；

（二）提供的重要线索指向具体的职务犯罪事实，对调查其他案件起到实质性推动作用的；

（三）提供的重要线索有助于加快其他案件办理进度，或者对其他案件固定关键证据、挽回损失、追逃追赃等起到积极作用的。

第二百一十九条　从宽处罚建议一般应当在移送起诉时作为《起诉意见书》内容一并提出，特殊情况下也可以在案件移送后、人民检察院提起公诉前，单独形成从宽处罚建议书移送人民检察院。对于从宽处罚建议所依据的证据材料，应当一并移送人民检察院。

监察机关对于被调查人在调查阶段认罪认罚，但不符合监察法规定的提出从宽处罚建议条件，在移送起诉时没有提出从宽处罚建议的，应当在《起诉意见书》中写明其自愿认罪认罚的情况。

35.3 《刑法》

第六十八条　犯罪分子有揭发他人犯罪行为，查证属实的，或者提供重要线索，从而得以侦破其他案件等立功表现的，可以从轻或者减轻处罚；有重大立功表现的，可以减轻或者免除处罚。

---

[1] 对应 2024 年 12 月 25 日修正的《监察法》第 35 条。

35.4 《最高人民法院关于适用〈中华人民共和国刑事诉讼法〉的解释》

第一百四十四条　证明被告人自首、坦白、立功的证据材料，没有加盖接受被告人投案、坦白、检举揭发等的单位的印章，或者接受人员没有签名的，不得作为定案的根据。

对被告人及其辩护人提出有自首、坦白、立功的事实和理由，有关机关未予认定，或者有关机关提出被告人有自首、坦白、立功表现，但证据材料不全的，人民法院应当要求有关机关提供证明材料，或者要求有关人员作证，并结合其他证据作出认定。

35.5 《人民检察院刑事诉讼规则》

第二百五十八条　人民检察院讯问犯罪嫌疑人时，应当首先查明犯罪嫌疑人的基本情况，依法告知犯罪嫌疑人诉讼权利和义务，以及认罪认罚的法律规定，听取其供述和辩解。犯罪嫌疑人翻供的，应当讯问其原因。犯罪嫌疑人申请排除非法证据的，应当告知其提供相关线索或者材料。犯罪嫌疑人检举揭发他人犯罪的，应当予以记录，并依照有关规定移送有关机关、部门处理。

讯问犯罪嫌疑人应当制作讯问笔录，并交犯罪嫌疑人核对或者向其宣读。经核对无误后逐页签名或者盖章，并捺指印后附卷。犯罪嫌疑人请求自行书写供述的，应当准许，但不得以自行书写的供述代替讯问笔录。

犯罪嫌疑人被羁押的，讯问应当在看守所讯问室进行。

证据

第三十六条　监察机关依照本法规定收集的物证、书证、证人证言、被调查人供述和辩解、视听资料、电子数据等证据材料，在刑事诉讼中可以作为证据使用。

监察机关在收集、固定、审查、运用证据时，应当与刑事审判关于证据的要求和标准相一致。

以非法方法收集的证据应当依法予以排除，不得作为案件处置的依据。

【关联法条】

36.1 《公职人员政务处分法》

第五条　给予公职人员政务处分，应当事实清楚、证据确凿、定性准确、处理恰当、程序合法、手续完备。

第四十二条　监察机关对涉嫌违法的公职人员进行调查，应当由二名以上工作人员进行。监察机关进行调查时，有权依法向有关单位和个人了解情况，收集、调取证据。有关单位和个人应当如实提供情况。

严禁以威胁、引诱、欺骗及其他非法方式收集证据。以非法方式收集的证据不得作为给予政务处分的依据。

第四十三条　作出政务处分决定前，监察机关应当将调查认定的违法事实及拟给予政务处分的依据告知被调查人，听取被调查人的陈述和申辩，并对其陈述的事实、理由和证据进行核实，记录在案。被调查人提出的事实、理由和证据成立的，应予采纳。不得因被调查人的申辩而加重政务处分。

36.2 《监察法实施条例》

第五十九条　可以用于证明案件事实的材料都是证据，包括：

（一）物证；

（二）书证；

（三）证人证言；

（四）被害人陈述；

（五）被调查人陈述、供述和辩解；

（六）鉴定意见；

（七）勘验检查、辨认、调查实验等笔录；

（八）视听资料、电子数据。

监察机关向有关单位和个人收集、调取证据时，应当告知其必须依法如实提供证据。对于不按要求提供有关材料，泄露相关信息，伪造、隐匿、毁灭证据，提供虚假情况或者阻止他人提供证据的，依法追究法律责任。

监察机关依照监察法和本条例规定收集的证据材料，经审查符合法定要求的，在刑事诉讼中可以作为证据使用。

第六十条　监察机关认定案件事实应当以证据为根据，全面、客观地收集、固定被调查人有无违法犯罪以及情节轻重的各种证据，形成相互印证、完整稳定的证据链。

只有被调查人陈述或者供述，没有其他证据的，不能认定案件事实；没有被调查人陈述或者供述，证据符合法定标准的，可以认定案件事实。

第六十一条　证据必须经过查证属实，才能作为定案的根据。审查认定证据，应当结合案件的具体情况，从证据与待证事实的关联程度、各证据之间的联系、是否依照法定程序收集等方面进行综合判断。

第六十二条　监察机关调查终结的职务违法案件，应当事实清楚、证据确凿。证据确凿，应当符合下列条件：

（一）定性处置的事实都有证据证实；

（二）定案证据真实、合法；

（三）据以定案的证据之间不存在无法排除的矛盾；

（四）综合全案证据，所认定事实清晰且令人信服。

第六十三条　监察机关调查终结的职务犯罪案件，应当事实清楚，证据确实、充分。证据确实、充分，应当符合下列条件：

（一）定罪量刑的事实都有证据证明；

（二）据以定案的证据均经法定程序查证属实；

（三）综合全案证据，对所认定事实已排除合理怀疑。

证据不足的，不得移送人民检察院审查起诉。

第六十四条　严禁以暴力、威胁、引诱、欺骗以及非法限制人身自由等非法方法收集证据，严禁侮辱、打骂、虐待、体罚或者变相体罚被调查人、涉案人员和证人。

第六十五条　对于调查人员采用暴力、威胁以及非法限制人身自由等非法方法收集的被调查人供述、证人证言、被害人陈述，应当依法予以排除。

前款所称暴力的方法，是指采用殴打、违法使用戒具等方法或者变相肉刑的恶劣手段，使人遭受难以忍受的痛苦而违背意愿作出供述、证言、陈述；威胁的方法，是指采用以暴力或者严重损害本人及其近亲属合法权益等进行威胁的方法，使人遭受难以忍受的痛苦而违背意愿作出供述、证言、陈述。

收集物证、书证不符合法定程序，可能严重影响案件公正处理的，应当予以补正或者作出合理解释；不能补正或者作出合理解释的，对该证据应当予以排除。

第六十六条　监察机关监督检查、调查、案件审理、案件监督管理等部门发现监察人员在办理案件中，可能存在以非法方法收集证据情形的，应当依据职责进行调查核实。对于被调查人控告、举报调查人员采用非法方法收集证据，并提供涉嫌非法取证的人员、时间、地点、方式和内容等材料或者线索的，应当受理并进行审核。根据现有材料无法证明证据收集合法性的，应当进行调查核实。

经调查核实，确认或者不能排除以非法方法收集证据的，对有关证据依法予以排除，不得作为案件定性处置、移送审查起诉的依据。认定调查人员非法取证的，应当依法处理，另行指派调查人员重新调查取证。

监察机关接到对下级监察机关调查人员采用非法方法收集证据的控告、举报，可以直接进行调查核实，也可以交由下级监察机关调查核实。交由下级监察机关调查核实的，下级监察机关应当及时将调查结果报告上级监察机关。

第六十六条　监察机关监督检查、调查、案件审理、案件监督管理等部门发现监察人员在办理案件中，可能存在以非法方法收集证据情形的，应当依据职责进行调查核实。对于被调查人控告、举报调查人员采用非法方法收集证据，并提供涉嫌非法取证的人员、时间、地点、方式和内容等材料或者线索的，应当受理并进行审核。根据现有材料无法证明证据收集合法性的，应当进行调查核实。

经调查核实，确认或者不能排除以非法方法收集证据的，对有关证据依法予以排除，不得作为案件定性处置、移送审查起诉的依据。认定调查人员非法取证的，应当依法处理，另行指派调查人员重新调查取证。

监察机关接到对下级监察机关调查人员采用非法方法收集证据的控告、举报，可以直接进行调查核实，也可以交由下级监察机关调查核实。交由下级监察机关调查核实的，下级监察机关应当及时将调查结果报告上级监察机关。

第六十九条　监察机关对人民法院、人民检察院、公安机关、国家安全机关等在刑事诉讼中收集的物证、书证、视听资料、电子数据，勘验、检查、辨认、侦查实验等笔录，以及鉴定意见等证据材料，经审查符合法定要求的，可以作为证据使用。

监察机关办理职务违法案件，对于人民法院生效刑事判决、裁定和人民检察院不起诉决定采信的证据材料，可以直接作为证据使用。

36.3 《刑事诉讼法》

第五十二条　审判人员、检察人员、侦查人员必须依照法定程序，收集能够证实犯罪嫌疑人、被告人有罪或者无罪、犯罪情节轻重的各种证据。严禁刑讯逼供和以威胁、引诱、欺骗以及其他非法方法收集证据，不得强迫任何人证实自己有罪。必须保证一切与案件有关或者了解案情的公民，有客观地充分地提供证据的条件，除特殊情况外，可以吸收他们协助调查。

第五十五条　对一切案件的判处都要重证据，重调查研究，不轻信口供。只有被告人供述，没有其他证据的，不能认定被告人有罪和处以刑罚；没有被告人供述，证据确实、充分的，可以认定被告人有罪和处以刑罚。

证据确实、充分，应当符合以下条件：

（一）定罪量刑的事实都有证据证明；

（二）据以定案的证据均经法定程序查证属实；

（三）综合全案证据，对所认定事实已排除合理怀疑。

第五十六条 采用刑讯逼供等非法方法收集的犯罪嫌疑人、被告人供述和采用暴力、威胁等非法方法收集的证人证言、被害人陈述，应当予以排除。收集物证、书证不符合法定程序，可能严重影响司法公正的，应当予以补正或者作出合理解释；不能补正或者作出合理解释的，对该证据应当予以排除。

在侦查、审查起诉、审判时发现有应当排除的证据的，应当依法予以排除，不得作为起诉意见、起诉决定和判决的依据。

第五十七条 人民检察院接到报案、控告、举报或者发现侦查人员以非法方法收集证据的，应当进行调查核实。对于确有以非法方法收集证据情形的，应当提出纠正意见；构成犯罪的，依法追究刑事责任。

第五十八条 法庭审理过程中，审判人员认为可能存在本法第五十六条规定的以非法方法收集证据情形的，应当对证据收集的合法性进行法庭调查。

当事人及其辩护人、诉讼代理人有权申请人民法院对以非法方法收集的证据依法予以排除。申请排除以非法方法收集的证据的，应当提供相关线索或者材料。

第五十九条 在对证据收集的合法性进行法庭调查的过程中，人民检察院应当对证据收集的合法性加以证明。

现有证据材料不能证明证据收集的合法性的，人民检察院可以提请人民法院通知有关侦查人员或者其他人员出庭说明情况；人民法院可以通知有关侦查人员或者其他人员出庭说明情况。有关侦查人员或者其他人员也可以要求出庭说明情况。经人民法院通知，有关人员应当出庭。

第六十条　对于经过法庭审理，确认或者不能排除存在本法第五十六条规定的以非法方法收集证据情形的，对有关证据应当予以排除。

36.4 《中国共产党纪律检查机关监督执纪工作规则》

第三十二条　党委（党组）、纪委监委（纪检监察组）应当对具有可查性的涉嫌违纪或者职务违法、职务犯罪问题线索，扎实开展初步核实工作，收集客观性证据，确保真实性和准确性。

第四十六条　纪检监察机关应当严格依规依纪依法收集、鉴别证据，做到全面、客观，形成相互印证、完整稳定的证据链。

调查取证应当收集原物原件，逐件清点编号，现场登记，由在场人员签字盖章，原物不便搬运、保存或者取得原件确有困难的，可以将原物封存并拍照录像或者调取原件副本、复印件；谈话应当现场制作谈话笔录并由被谈话人阅看后签字。已调取证据必须及时交审查调查组统一保管。

严禁以威胁、引诱、欺骗以及其他违规违纪违法方式收集证据；严禁隐匿、损毁、篡改、伪造证据。

36.5 《最高人民法院关于适用〈中华人民共和国刑事诉讼法〉的解释》

第七十六条　监察机关依法收集的证据材料，在刑事诉讼中可以作为证据使用。

对前款规定证据的审查判断，适用刑事审判关于证据的要求和标准。

第一百二十三条　采用下列非法方法收集的被告人供述，应当予以排除：

（一）采用殴打、违法使用戒具等暴力方法或者变相肉刑的恶劣手段，使被告人遭受难以忍受的痛苦而违背意愿作出的供述；

（二）采用以暴力或者严重损害本人及其近亲属合法权益等相威胁的方法，使被告人遭受难以忍受的痛苦而违背意愿作出的供述；

（三）采用非法拘禁等非法限制人身自由的方法收集的被告人供述。

第一百二十四条　采用刑讯逼供方法使被告人作出供述，之后被告人受该刑讯逼供行为影响而作出的与该供述相同的重复性供述，应当一并排除，但下列情形除外：

（一）调查、侦查期间，监察机关、侦查机关根据控告、举报或者自己发现等，确认或者不能排除以非法方法收集证据而更换调查、侦查人员，其他调查、侦查人员再次讯问时告知有关权利和认罪的法律后果，被告人自愿供述的；

（二）审查逮捕、审查起诉和审判期间，检察人员、审判人员讯问时告知诉讼权利和认罪的法律后果，被告人自愿供述的。

第一百二十五条　采用暴力、威胁以及非法限制人身自由等非法方法收集的证人证言、被害人陈述，应当予以排除。

第一百二十六条　收集物证、书证不符合法定程序，可能严重影响司法公正的，应当予以补正或者作出合理解释；不能补正或者作出合理解释的，对该证据应当予以排除。

认定“可能严重影响司法公正”，应当综合考虑收集证据违反法定程序以及所造成后果的严重程度等情况。

第一百二十七条　当事人及其辩护人、诉讼代理人申请人民法院排除以非法方法收集的证据的，应当提供涉嫌非法取证的人员、时间、地点、方式、内容等相关线索或者材料。

第一百三十二条　当事人及其辩护人、诉讼代理人在开庭审理前未申请排除非法证据，在庭审过程中提出申请的，应当说明理由。人民法院经审查，对证据收集的合法性有疑问的，应当进行调查；没有疑问的，驳回申请。

驳回排除非法证据的申请后，当事人及其辩护人、诉讼代理人没有新的线索或者材料，以相同理由再次提出申请的，人民法院不再审查。

第一百三十三条　控辩双方在庭前会议中对证据收集是否合法未达成一致意见，人民法院对证据收集的合法性有疑问的，应当在庭审中进行调查；对证据收集的合法性没有疑问，且无新的线索或者材料表明可能存在非法取证的，可以决定不再进行调查并说明理由。

第一百三十四条　庭审期间，法庭决定对证据收集的合法性进行调查的，应当先行当庭调查。但为防止庭审过分迟延，也可以在法庭调查结束前调查。

第一百三十五条　法庭决定对证据收集的合法性进行调查的，由公诉人通过宣读调查、侦查讯问笔录、出示提讯登记、体检记录、对讯问合法性的核查材料等证据材料，有针对性地播放讯问录音录像，提请法庭通知有关调查人员、侦查人员或者其他人员出庭说明情况等方式，证明证据收集的合法性。

讯问录音录像涉及国家秘密、商业秘密、个人隐私或者其他不宜公开内容的，法庭可以决定对讯问录音录像不公开播放、质证。

公诉人提交的取证过程合法的说明材料，应当经有关调查人员、侦查人员签名，并加盖单位印章。未经签名或者盖章的，不得作为证据使用。上述说明材料不能单独作为证明取证过程合法的根据。

第一百三十六条　控辩双方申请法庭通知调查人员、侦查人员或者其他人员出庭说明情况，法庭认为有必要的，应当通知有关人员出庭。

根据案件情况，法庭可以依职权通知调查人员、侦查人员或者其他人员出庭说明情况。

调查人员、侦查人员或者其他人员出庭的，应当向法庭说明证据收集过程，并就相关情况接受控辩双方和法庭的询问。

第一百三十七条　法庭对证据收集的合法性进行调查后，确认或者不能排除存在刑事诉讼法第五十六条规定的以非法方法收集证据情形的，对有关证据应当排除。

第一百三十八条　具有下列情形之一的，第二审人民法院应当对证据收集的合法性进行审查，并根据刑事诉讼法和本解释的有关规定作出处理：

（一）第一审人民法院对当事人及其辩护人、诉讼代理人排除非法证据的申请没有审查，且以该证据作为定案根据的；

（二）人民检察院或者被告人、自诉人及其法定代理人不服第一审人民法院作出的有关证据收集合法性的调查结论，提出抗诉、上诉的；

（三）当事人及其辩护人、诉讼代理人在第一审结束后才发现相关线索或者材料，申请人民法院排除非法证据的。

36.6 《人民检察院刑事诉讼规则》

第六十四条　行政机关在行政执法和查办案件过程中收集的物证、书证、视听资料、电子数据等证据材料，经人民检察院审查符合法定要求的，可以作为证据使用。

行政机关在行政执法和查办案件过程中收集的鉴定意见、勘验、检查笔录，经人民检察院审查符合法定要求的，可以作为证据使用。

第六十五条　监察机关依照法律规定收集的物证、书证、证人证言、被调查人供述和辩解、视听资料、电子数据等证据材料，在刑事诉讼中可以作为证据使用。

第六十六条　对采用刑讯逼供等非法方法收集的犯罪嫌疑人供述和采用暴力、威胁等非法方法收集的证人证言、被害人陈述，应当依法排除，不得作为移送审查逮捕、批准或者决定逮捕、移送起诉以及提起公诉的依据。

第六十七条　对采用下列方法收集的犯罪嫌疑人供述，应当予以排除：

（一）采用殴打、违法使用戒具等暴力方法或者变相肉刑的恶劣手段，使犯罪嫌疑人遭受难以忍受的痛苦而违背意愿作出的供述；

（二）采用以暴力或者严重损害本人及其近亲属合法权益等进行威胁的方法，使犯罪嫌疑人遭受难以忍受的痛苦而违背意愿作出的供述；

（三）采用非法拘禁等非法限制人身自由的方法收集的供述。

第六十八条　对采用刑讯逼供方法使犯罪嫌疑人作出供述，之后犯罪嫌疑人受该刑讯逼供行为影响而作出的与该供述相同的重复性供述，应当一并排除，但下列情形除外：

（一）侦查期间，根据控告、举报或者自己发现等，公安机关确认或者不能排除以非法方法收集证据而更换侦查人员，其他侦查人员再次讯问时告知诉讼权利和认罪认罚的法律规定，犯罪嫌疑人自愿供述的；

（二）审查逮捕、审查起诉期间，检察人员讯问时告知诉讼权利和认罪认罚的法律规定，犯罪嫌疑人自愿供述的。

第六十九条　采用暴力、威胁以及非法限制人身自由等非法方法收集的证人证言、被害人陈述，应当予以排除。

第七十条　收集物证、书证不符合法定程序，可能严重影响司法公正的，人民检察院应当及时要求公安机关补正或者作出书面解释；不能补正或者无法作出合理解释的，对该证据应当予以排除。

对公安机关的补正或者解释，人民检察院应当予以审查。经补正或者作出合理解释的，可以作为批准或者决定逮捕、提起公诉的依据。

第七十一条　对重大案件，人民检察院驻看守所检察人员在侦查终结前应当对讯问合法性进行核查并全程同步录音、录像，核查情况应当及时通知本院负责捕诉的部门。

负责捕诉的部门认为确有刑讯逼供等非法取证情形的，应当要求公安机关依法排除非法证据，不得作为提请批准逮捕、移送起诉的依据。

第七十二条　人民检察院发现侦查人员以非法方法收集证据的，

应当及时进行调查核实。

当事人及其辩护人或者值班律师、诉讼代理人报案、控告、举报侦查人员采用刑讯逼供等非法方法收集证据，并提供涉嫌非法取证的人员、时间、地点、方式和内容等材料或者线索的，人民检察院应当受理并进行审查。根据现有材料无法证明证据收集合法性的，应当及时进行调查核实。

上一级人民检察院接到对侦查人员采用刑讯逼供等非法方法收集证据的报案、控告、举报，可以直接进行调查核实，也可以交由下级人民检察院调查核实。交由下级人民检察院调查核实的，下级人民检察院应当及时将调查结果报告上一级人民检察院。

人民检察院决定调查核实的，应当及时通知公安机关。

第七十三条　人民检察院经审查认定存在非法取证行为的，对该证据应当予以排除，其他证据不能证明犯罪嫌疑人实施犯罪行为的，应当不批准或者决定逮捕。已经移送起诉的，可以依法将案件退回监察机关补充调查或者退回公安机关补充侦查，或者作出不起诉决定。被排除的非法证据应当随案移送，并写明为依法排除的非法证据。

对于侦查人员的非法取证行为，尚未构成犯罪的，应当依法向其所在机关提出纠正意见。对于需要补正或者作出合理解释的，应当提出明确要求。

对于非法取证行为涉嫌犯罪需要追究刑事责任的，应当依法立案侦查。

第七十四条　人民检察院认为可能存在以刑讯逼供等非法方法收集证据情形的，可以书面要求监察机关或者公安机关对证据收集的合法性作出说明。说明应当加盖单位公章，并由调查人员或者侦查人员签名。

公职人员涉嫌职务违法或者职务犯罪问题线索移送及管辖

第三十七条　人民法院、人民检察院、公安机关、审计机关等国家机关在工作中发现公职人员涉嫌贪污贿赂、失职渎职等职务违法或者职务犯罪的问题线索，应当移送监察机关，由监察机关依法调查处置。

被调查人既涉嫌严重职务违法或者职务犯罪，又涉嫌其他违法犯罪的，一般应当由监察机关为主调查，其他机关予以协助。

【关联法条】

37.1 《监察法实施条例》

第二十一条　监察机关开展监察监督，应当与纪律监督、派驻监督、巡视监督统筹衔接，与人大监督、民主监督、行政监督、司法监督、审计监督、财会监督、统计监督、群众监督和舆论监督等贯通协调，健全信息、资源、成果共享等机制，形成监督合力。

第五十一条　公职人员既涉嫌贪污贿赂、失职渎职等严重职务违法和职务犯罪，又涉嫌公安机关、人民检察院等机关管辖的犯罪，依法由监察机关为主调查的，应当由监察机关和其他机关分别依职权立案，监察机关承担组织协调职责，协调调查和侦查工作进度、重要调查和侦查措施使用等重要事项。

第五十二条　监察机关必要时可以依法调查司法工作人员利用职权实施的涉嫌非法拘禁、刑讯逼供、非法搜查等侵犯公民权利、损害司法公正的犯罪，并在立案后及时通报同级人民检察院。

监察机关在调查司法工作人员涉嫌贪污贿赂等职务犯罪中，可以对其涉嫌的前款规定的犯罪一并调查，并及时通报同级人民检察院。人民检察院在办理直接受理侦查的案件中，发现犯罪嫌疑人同时涉嫌监察机关管辖的其他职务犯罪，经沟通全案移送监察机关管辖的，监察机关应当依法进行调查。

第一百七十一条　监察机关对于执法机关、司法机关等其他机关移送的问题线索，应当及时审核，并按照下列方式办理：

（一）本单位有管辖权的，及时研究提出处置意见；

（二）本单位没有管辖权但其他监察机关有管辖权的，在五个工作日以内转送有管辖权的监察机关；

（三）本单位对部分问题线索有管辖权的，对有管辖权的部分提出处置意见，并及时将其他问题线索转送有管辖权的机关；

（四）监察机关没有管辖权的，及时退回移送机关。

第一百七十二条　信访举报部门归口受理本机关管辖监察对象涉嫌职务违法和职务犯罪问题的检举控告，统一接收有关监察机关以及其他单位移送的相关检举控告，移交本机关监督检查部门或者相关部门，并将移交情况通报案件监督管理部门。

案件监督管理部门统一接收巡视巡察机构和审计机关、执法机关、司法机关等其他机关移送的职务违法和职务犯罪问题线索，按程序移交本机关监督检查部门或者相关部门办理。

监督检查部门、调查部门在工作中发现的相关问题线索，属于本部门受理范围的，应当报送案件监督管理部门备案；属于本机关其他部门受理范围的，经审批后移交案件监督管理部门分办。

37.2　《刑事诉讼法》

第十九条　刑事案件的侦查由公安机关进行，法律另有规定的除外。

人民检察院在对诉讼活动实行法律监督中发现的司法工作人员利用职权实施的非法拘禁、刑讯逼供、非法搜查等侵犯公民权利、损害司法公正的犯罪，可以由人民检察院立案侦查。对于公安机关管辖的国家机关工作人员利用职权实施的重大犯罪案件，需要由人民检察院直接受理的时候，经省级以上人民检察院决定，可以由人民检察院立案侦查。

自诉案件，由人民法院直接受理。

37.3　《中国共产党纪律检查机关监督执纪工作规则》

第二十条　纪检监察机关应当加强对问题线索的集中管理、分类处置、定期清理。信访举报部门归口受理同级党委管理的党组织和党员、干部以及监察对象涉嫌违纪或者职务违法、职务犯罪问题的信访举报，统一接收有关纪检监察机关、派驻或者派出机构以及其他单位移交的相关信访举报，移送本机关有关部门，深入分析信访形势，及时反映损害群众最关心、最直接、最现实的利益问题。

巡视巡察工作机构和审计机关、行政执法机关、司法机关等单位发现涉嫌违纪或者职务违法、职务犯罪问题线索，应当及时移交纪检监察机关案件监督管理部门统一办理。

监督检查部门、审查调查部门、干部监督部门发现的相关问题线索，属于本部门受理范围的，应当送案件监督管理部门备案；不属于本部门受理范围的，经审批后移送案件监督管理部门，由其按程序转交相关监督执纪部门办理。

37.4 《关于人民检察院立案侦查司法工作人员相关职务犯罪案件若干问题的规定》

二、级别管辖和侦查部门

本规定所列犯罪案件，由设区的市级人民检察院立案侦查。基层人民检察院发现犯罪线索的，应当报设区的市级人民检察院决定立案侦查。设区的市级人民检察院也可以将案件交由基层人民检察院立案侦查，或者由基层人民检察院协助侦查。最高人民检察院、省级人民检察院发现犯罪线索的，可以自行决定立案侦查，也可以将案件线索交由指定的省级人民检察院、设区的市级人民检察院立案侦查。

本规定所列犯罪案件，由人民检察院负责刑事检察工作的专门部门负责侦查。设区的市级以上人民检察院侦查终结的案件，可以交有管辖权的基层人民法院相对应的基层人民检察院提起公诉；需要指定其他基层人民检察院提起公诉的，应当与同级人民法院协商指定管辖；依法应当由中级人民法院管辖的案件，应当由设区的市级人民检察院提起公诉。

三、案件线索的移送和互涉案件的处理

人民检察院立案侦查本规定所列犯罪时，发现犯罪嫌疑人同时涉嫌监察委员会管辖的职务犯罪线索的，应当及时与同级监察委员会沟通，一般应当由监察委员会为主调查，人民检察院予以协助。经沟通，认为全案由监察委员会管辖更为适宜的，人民检察院应当撤销案件，将案件和相应职务犯罪线索一并移送监察委员会；认为由监察委员会和人民检察院分别管辖更为适宜的，人民检察院应当将监察委员会管辖的相应职务犯罪线索移送监察委员会，对依法由人民检察院管辖的犯罪案件继续侦查。人民检察院应当及时将沟通情况报告上一级人民检察院。沟通期间，人民检察院不得停止对案件的侦查。监察委员会和人民检察院分别管辖的案件，调查（侦查）终结前，人民检察院应当就移送审查起诉有关事宜与监察委员会加强沟通，协调一致，由人民检察院依法对全案审查起诉。

人民检察院立案侦查本规定所列犯罪时，发现犯罪嫌疑人同时涉嫌公安机关管辖的犯罪线索的，依照现行有关法律和司法解释的规定办理。

37.5 《人民检察院刑事诉讼规则》

第十三条　人民检察院在对诉讼活动实行法律监督中发现的司法工作人员利用职权实施的非法拘禁、刑讯逼供、非法搜查等侵犯公民权利、损害司法公正的犯罪，可以由人民检察院立案侦查。

对于公安机关管辖的国家机关工作人员利用职权实施的重大犯罪案件，需要由人民检察院直接受理的，经省级以上人民检察院决定，可以由人民检察院立案侦查。

第十七条　人民检察院办理直接受理侦查的案件，发现犯罪嫌疑人同时涉嫌监察机关管辖的职务犯罪线索的，应当及时与同级监察机关沟通。

经沟通，认为全案由监察机关管辖更为适宜的，人民检察院应当将案件和相应职务犯罪线索一并移送监察机关；认为由监察机关和人民检察院分别管辖更为适宜的，人民检察院应当将监察机关管辖的相应职务犯罪线索移送监察机关，对依法由人民检察院管辖的犯罪案件继续侦查。

人民检察院应当及时将沟通情况报告上一级人民检察院。沟通期间不得停止对案件的侦查。

第十八条　人民检察院办理直接受理侦查的案件涉及公安机关管辖的刑事案件，应当将属于公安机关管辖的刑事案件移送公安机关。如果涉嫌的主罪属于公安机关管辖，由公安机关为主侦查，人民检察院予以配合；如果涉嫌的主罪属于人民检察院管辖，由人民检察院为主侦查，公安机关予以配合。

对于一人犯数罪、共同犯罪、共同犯罪的犯罪嫌疑人还实施其他犯罪、多个犯罪嫌疑人实施的犯罪存在关联，并案处理有利于查明案件事实和诉讼进行的，人民检察院可以在职责范围内对相关犯罪案件并案处理。

第三百五十七条　人民检察院立案侦查时认为属于直接受理侦查的案件，在审查起诉阶段发现属于监察机关管辖的，应当及时商监察机关办理。属于公安机关管辖，案件事实清楚，证据确实、充分，符合起诉条件的，可以直接起诉；事实不清、证据不足的，应当及时移送有管辖权的机关办理。

在审查起诉阶段，发现公安机关移送起诉的案件属于监察机关管辖，或者监察机关移送起诉的案件属于公安机关管辖，但案件事实清楚，证据确实、充分，符合起诉条件的，经征求监察机关、公安机关意见后，没有不同意见的，可以直接起诉；提出不同意见，或者事实不清、证据不足的，应当将案件退回移送案件的机关并说明理由，建议其移送有管辖权的机关办理。

37.6 《公安机关办理刑事案件程序规定》

第十四条　根据刑事诉讼法的规定，除下列情形外，刑事案件由公安机关管辖：

（一）监察机关管辖的职务犯罪案件；

（二）人民检察院管辖的在对诉讼活动实行法律监督中发现的司法工作人员利用职权实施的非法拘禁、刑讯逼供、非法搜查等侵犯公民权利、损害司法公正的犯罪，以及经省级以上人民检察院决定立案侦查的公安机关管辖的国家机关工作人员利用职权实施的重大犯罪案件；

（三）人民法院管辖的自诉案件。对于人民法院直接受理的被害人有证据证明的轻微刑事案件，因证据不足驳回起诉，人民法院移送公安机关或者被害人向公安机关控告的，公安机关应当受理；被害人直接向公安机关控告的，公安机关应当受理；

（四）军队保卫部门管辖的军人违反职责的犯罪和军队内部发生的刑事案件；

（五）监狱管辖的罪犯在监狱内犯罪的刑事案件；

（六）海警部门管辖的海（岛屿）岸线以外我国管辖海域内发生的刑事案件。对于发生在沿海港岙口、码头、滩涂、台轮停泊点等区域的，由公安机关管辖；

（七）其他依照法律和规定应当由其他机关管辖的刑事案件。

第二十九条　公安机关侦查的刑事案件的犯罪嫌疑人涉及监察机关管辖的案件时，应当及时与同级监察机关协商，一般应当由监察机关为主调查，公安机关予以协助。

第五章　监察程序

报案与举报

第三十八条　监察机关对于报案或者举报，应当接受并按照有关规定处理。对于不属于本机关管辖的，应当移送主管机关处理。

【关联法条】

38.1　《监察法实施条例》

第一百六十八条　监察机关应当对问题线索归口受理、集中管理、分类处置、定期清理。

第一百六十九条　监察机关对于报案或者举报应当依法接受。属于本级监察机关管辖的，依法予以受理；属于其他监察机关管辖的，应当在五个工作日以内予以转送。

监察机关可以向下级监察机关发函交办检举控告，并进行督办，下级监察机关应当按期回复办理结果。

第一百七十条　对于涉嫌职务违法或者职务犯罪的公职人员主动投案的，应当依法接待和办理。

第一百七十一条　监察机关对于执法机关、司法机关等其他机关移送的问题线索，应当及时审核，并按照下列方式办理：

（一）本单位有管辖权的，及时研究提出处置意见；

（二）本单位没有管辖权但其他监察机关有管辖权的，在五个工作日以内转送有管辖权的监察机关；

（三）本单位对部分问题线索有管辖权的，对有管辖权的部分提出处置意见，并及时将其他问题线索转送有管辖权的机关；

（四）监察机关没有管辖权的，及时退回移送机关。

第一百七十二条 信访举报部门归口受理本机关管辖监察对象涉嫌职务违法和职务犯罪问题的检举控告，统一接收有关监察机关以及其他单位移送的相关检举控告，移交本机关监督检查部门或者相关部门，并将移交情况通报案件监督管理部门。

案件监督管理部门统一接收巡视巡察机构和审计机关、执法机关、司法机关等其他机关移送的职务违法和职务犯罪问题线索，按程序移交本机关监督检查部门或者相关部门办理。

监督检查部门、调查部门在工作中发现的相关问题线索，属于本部门受理范围的，应当报送案件监督管理部门备案；属于本机关其他部门受理范围的，经审批后移交案件监督管理部门分办。

第一百七十五条 检举控告人使用本人真实姓名或者本单位名称，有电话等具体联系方式的，属于实名检举控告。监察机关对实名检举控告应当优先办理、优先处置，依法给予答复。虽有署名但不是检举控告人真实姓名（单位名称）或者无法验证的检举控告，按照匿名检举控告处理。

信访举报部门对属于本机关受理的实名检举控告，应当在收到检举控告之日起十五个工作日以内按规定告知实名检举控告人受理情况，并做好记录。

调查人员应当将实名检举控告的处理结果在办结之日起十五个工作日以内向检举控告人反馈，并记录反馈情况。对检举控告人提出异议的应当如实记录，并向其进行说明；对提供新证据材料的，应当依法核查处理。

38.2 《中国共产党巡视工作条例》

第二十二条 巡视组进驻后，应当向被巡视党组织通报巡视任务，按照规定的工作方式和权限，开展巡视了解工作。

巡视组对反映被巡视党组织领导班子及其成员的重要问题和问题线索，应当进行深入了解。

第二十五条　巡视期间，对干部群众反映强烈、明显违反政策规定并属于被巡视党组织职权范围、能够及时解决的问题，巡视组应当按程序督促被巡视党组织立行立改。

巡视期间，对反映集中的党员、干部涉嫌违纪违法的问题线索，巡视组可以按程序移交有关纪检监察机关及时处置。

第三十条　对巡视发现的问题和反映党员、干部涉嫌违纪违法的问题线索，巡视工作领导小组办公室和巡视组依据干部管理权限和职责分工，按程序分别移交纪检监察机关、组织部门或者有关单位。

对巡视发现的普遍性、倾向性问题和体制机制等方面的重大问题，可以采取制发巡视建议书或者其他适当方式，向有关职能部门提出加强监管、健全制度、深化改革等意见建议。

第四十二条　巡视机构、巡视干部应当自觉接受党组织监督、民主监督、群众监督等各方面监督，带头强化自我监督。建立健全内控机制，加强对巡视干部特别是巡视组组长、副组长等关键岗位人员的监督，严格执行回避、保密、重大事项请示报告、作风纪律评估等制度规定，依规依纪依法开展巡视工作。

任何单位和个人对巡视机构、巡视干部的违规违纪违法行为有权提出检举、控告。

38.3 《中国共产党党内监督条例》

第四十条　党组织应当如实记录、集中管理党内监督中发现的问题和线索，及时了解核实，作出相应处理；不属于本级办理范围的应当移送有权限的党组织处理。

第四十一条　党组织对监督中发现的问题应当做到条条要整改、件件有着落。整改结果应当及时报告上级党组织，必要时可以向下级党组织和党员通报，并向社会公开。

对于上级党组织交办以及巡视等移交的违纪问题线索，应当及时处理，并在3个月内反馈办理情况。

38.4 《中国共产党纪律检查机关监督执纪工作规则》

第十一条　纪检监察机关应当建立监督检查、审查调查、案件监督管理、案件审理相互协调、相互制约的工作机制。市地级以上纪委监委实行监督检查和审查调查部门分设，监督检查部门主要负责联系地区和部门、单位的日常监督检查和对涉嫌一般违纪问题线索处置，审查调查部门主要负责对涉嫌严重违纪或者职务违法、职务犯罪问题线索进行初步核实和立案审查调查；案件监督管理部门负责对监督检查、审查调查工作全过程进行监督管理，案件审理部门负责对需要给予党纪政务处分的案件审核把关。

纪检监察机关在工作中需要协助的，有关组织和机关、单位、个人应当依规依纪依法予以协助。

第二十条　纪检监察机关应当加强对问题线索的集中管理、分类处置、定期清理。信访举报部门归口受理同级党委管理的党组织和党员、干部以及监察对象涉嫌违纪或者职务违法、职务犯罪问题的信访举报，统一接收有关纪检监察机关、派驻或者派出机构以及其他单位移交的相关信访举报，移送本机关有关部门，深入分析信访形势，及时反映损害群众最关心、最直接、最现实的利益问题。

巡视巡察工作机构和审计机关、行政执法机关、司法机关等单位发现涉嫌违纪或者职务违法、职务犯罪问题线索，应当及时移交纪检监察机关案件监督管理部门统一办理。

监督检查部门、审查调查部门、干部监督部门发现的相关问题线索，属于本部门受理范围的，应当送案件监督管理部门备案；不属于本部门受理范围的，经审批后移送案件监督管理部门，由其按程序转交相关监督执纪部门办理。

38.5 《纪检监察机关处理检举控告工作规则》

第三条　纪检监察机关应当认真处理检举控告，回应群众关切，发挥党和国家监督专责机关作用，保障党的理论和路线方针政策以及重大决策部署贯彻落实，为党风廉政建设、社会和谐稳定服务。

第四条　任何组织和个人对以下行为，有权向纪检监察机关提出检举控告：

（一）党组织、党员违反政治纪律、组织纪律、廉洁纪律、群众纪律、工作纪律、生活纪律等党的纪律行为；

（二）监察对象不依法履职，违反秉公用权、廉洁从政从业以及道德操守等规定，涉嫌贪污贿赂、滥用职权、玩忽职守、权力寻租、利益输送、徇私舞弊以及浪费国家资财等职务违法、职务犯罪行为；

（三）其他依照规定应当由纪检监察机关处理的违纪违法行为。

第五条　纪检监察机关处理检举控告工作应当遵循以下原则：

（一）实事求是。以事实为依据处理检举控告，鼓励支持检举控告人客观真实地反映情况。

（二）依规依纪依法。按照党章党规党纪和宪法法律以及信访工作有关规定处理检举控告，引导检举控告人依规依法、理性有序地反映问题。

（三）保障合法权利。贯彻“三个区分开来”要求，既保障检举控告人的监督权利，又查处诬告陷害行为，保护党员、干部干事创业积极性。

（四）分级负责、分工处理。按照管理权限受理检举控告，建立信访举报、监督检查、审查调查、案件监督管理等部门相互配合、相互制约的工作机制。

第六条　建设覆盖纪检监察系统的检举举报平台，运用互联网技术和信息化手段，畅通检举控告渠道，规范处理检举控告工作，及时发现问题线索，科学研判政治生态，更好服务群众。

第七条　纪检监察机关应当接收检举控告人通过以下方式提出的检举控告：

（一）向纪检监察机关邮寄信件反映的；

（二）到纪检监察机关指定的接待场所当面反映的；

（三）拨打纪检监察机关检举控告电话反映的；

（四）向纪检监察机关的检举控告网站、微信公众平台、手机客户端等网络举报受理平台发送电子材料反映的；

（五）通过纪检监察机关设立的其他渠道反映的。

对其他机关、部门、单位转送的属于纪检监察机关受理范围的检举控告，应当按规定予以接收。

第八条 县级以上纪检监察机关应当明确承担信访举报工作职责的部门和人员，设置接待群众的场所，公开检举控告地址、电话、网站等信息，公布有关规章制度，归口接收检举控告。

巡视巡察工作机构对收到的检举控告，按有关规定处理。

第九条 纪检监察机关应当负责任地接待来访人员，耐心听取其反映的问题，做好解疑释惑和情绪疏导工作，妥善处理问题。

建立纪检监察干部定期接访制度，有关负责人应当接待重要来访、处理重要信访问题。

第十条 纪检监察机关信访举报部门对属于受理范围的检举控告，应当进行编号登记，按规定录入检举举报平台。

对涉及同级党委管理的党员、干部以及监察对象的检举控告，应当定期梳理汇总，并向本机关主要负责人报告。

第十一条 检举控告工作按照管理权限实行分级受理：

（一）中央纪委国家监委受理反映中央委员、候补中央委员，中央纪委委员，中央管理的领导干部，党中央工作机关、党中央批准设立的党组（党委），各省、自治区、直辖市党委、纪委等涉嫌违纪或者职务违法、职务犯罪问题的检举控告。

（二）地方各级纪委监委受理反映同级党委委员、候补委员，同级纪委委员，同级党委管理的党员、干部以及监察对象，同级党委工作机关、党委批准设立的党组（党委），下一级党委、纪委等涉嫌违纪或者职务违法、职务犯罪问题的检举控告。

（三）基层纪委受理反映同级党委管理的党员，同级党委下属的各级党组织涉嫌违纪问题的检举控告；未设立纪律检查委员会的党的基层委员会，由该委员会受理检举控告。

各级纪委监委按照管理权限受理反映本机关干部涉嫌违纪或者职务违法、职务犯罪问题的检举控告。

第十二条　对反映党的组织关系在地方、干部管理权限在主管部门的党员、干部以及监察对象涉嫌违纪或者职务违法、职务犯罪问题的检举控告，由设在主管部门、有管辖权的纪检监察机关受理。地方纪检监察机关接到检举控告的，经与设在主管部门、有管辖权的纪检监察机关协调，可以按规定受理。

第十三条　纪检监察机关对反映的以下事项，不予受理：

（一）已经或者依法应当通过诉讼、仲裁、行政裁决、行政复议等途径解决的；

（二）依照有关规定，属于其他机关或者单位职责范围的；

（三）仅列举出违纪或者职务违法、职务犯罪行为名称但无实质内容的。

对前款第一项、第二项所列事项，通过来信反映的，应当及时转有关机关或者单位处理；通过来访、来电、网络举报受理平台等方式反映的，应当告知检举控告人依规依法向有权处理的机关或者单位反映。

第三十一条　纪检监察机关应当定期研判所辖地区、部门、单位检举控告情况，对反映的典型性、普遍性、苗头性问题提出有针对性的工作建议，形成综合分析报告，报上一级纪检监察机关，必要时向同级党委报告。

纪检监察机关应当根据全面从严治党、党风廉政建设和反腐败工作重点以及检举控告反映的热点问题，开展专题分析。

对问题集中、反映强烈的地区、部门、单位，可以将相关分析情况向有关党组织通报。

第三十二条　纪检监察机关应当根据巡视巡察工作机构要求，及时提供涉及被巡视巡察地区、部门、单位的检举控告情况。

第三十三条　纪检监察机关在开展日常监督工作中应当对检举控告情况进行收集、研判，综合各方面信息，全面掌握被监督单位政治生态情况和被监督对象的思想、工作、作风、生活情况，提高监督的针对性和实效性。

第三十四条　对检举控告较多的地区、部门、单位，纪检监察机关经了解核实后，发现有关党组织或者单位党风廉政建设和履行职责存在问题的，应当向其提出纪律检查建议或者监察建议，并督促整改落实。

第五十三条　本规则所称监督检查部门、审查调查部门，指的是纪检监察机关中履行监督检查、审查调查职能的部门和跨部门组建的审查调查组。

第五十四条　对纪检监察机关在监督检查、审查调查中发现的问题线索，审计机关、执法部门、司法机关等单位移交的信访举报以外的问题线索的处理，其他党内法规和法律法规另有规定的，从其规定。

第五十五条　纪委监委派驻（派出）机构和国有企业、高校等企事业单位纪检监察机构除执行本规则外，还应当执行党中央以及中央纪委国家监委相关规定。

监督管理

第三十九条　监察机关应当严格按照程序开展工作，建立问题线索处置、调查、审理各部门相互协调、相互制约的工作机制。

监察机关应当加强对调查、处置工作全过程的监督管理，设立相应的工作部门履行线索管理、监督检查、督促办理、统计分析等管理协调职能。

【关联法条】

39.1 《监察法》

第六十三条　监察机关通过设立内部专门的监督机构等方式，

加强对监察人员执行职务和遵守法律情况的监督，建设忠诚、干净、担当的监察队伍。

第六十六条 对于监察人员打听案情、过问案件、说情干预的，办理监察事项的监察人员应当及时报告。有关情况应当登记备案。

发现办理监察事项的监察人员未经批准接触被调查人、涉案人员及其特定关系人，或者存在交往情形的，知情人应当及时报告。有关情况应当登记备案。

39.2 《监察法实施条例》

第二百五十八条 监察机关应当建立监督检查、调查、案件监督管理、案件审理等部门相互协调制约的工作机制。

监督检查和调查部门实行分工协作、相互制约。监督检查部门主要负责联系地区、部门、单位的日常监督检查和对涉嫌一般违法问题线索处置。调查部门主要负责对涉嫌严重职务违法和职务犯罪问题线索进行初步核实和立案调查。

案件监督管理部门负责对监督检查、调查工作全过程进行监督管理，做好线索管理、组织协调、监督检查、督促办理、统计分析等工作。案件监督管理部门发现监察人员在监督检查、调查中有违规办案行为的，及时督促整改；涉嫌违纪违法的，根据管理权限移交相关部门处理。

第二百五十九条 监察机关应当对监察权运行关键环节进行经常性监督检查，适时开展专项督查。案件监督管理、案件审理等部门应当按照各自职责，对问题线索处置、调查措施使用、涉案财物管理等进行监督检查，建立常态化、全覆盖的案件质量评查机制。

第二百六十条 监察机关应当加强对监察人员执行职务和遵纪守法情况的监督，按照管理权限依法对监察人员涉嫌违法犯罪问题进行调查处置。

第二百六十一条 监察机关及其监督检查、调查部门负责人应当定期检查调查期间的录音录像、谈话笔录、涉案财物登记资料，加强对调查全过程的监督，发现问题及时纠正并报告。

第二百六十二条 对监察人员打听案情、过问案件、说情干预的，办理监察事项的监察人员应当及时向上级负责人报告。有关情况应当登记备案。

发现办理监察事项的监察人员未经批准接触被调查人、涉案人员及其特定关系人，或者存在交往情形的，知情的监察人员应当及时向上级负责人报告。有关情况应当登记备案。

第二百七十八条 监察人员在履行职责中有下列行为之一的，依法严肃处理；构成犯罪的，依法追究刑事责任：

（一）贪污贿赂、徇私舞弊的；

（二）不履行或者不正确履行监督职责，应当发现的问题没有发现，或者发现问题不报告、不处置，造成严重影响的；

（三）未经批准、授权处置问题线索，发现重大案情隐瞒不报，或者私自留存、处理涉案材料的；

（四）利用职权或者职务上的影响干预调查工作的；

（五）违法窃取、泄露调查工作信息，或者泄露举报事项、举报受理情况以及举报人信息的；

（六）对被调查人或者涉案人员逼供、诱供，或者侮辱、打骂、虐待、体罚或者变相体罚的；

（七）违反规定处置查封、扣押、冻结的财物的；

（八）违反规定导致发生办案安全事故，或者发生安全事故后隐瞒不报、报告失实、处置不当的；

（九）违反规定采取留置措施的；

（十）违反规定限制他人出境，或者不按规定解除出境限制的；

（十一）其他职务违法和职务犯罪行为。

第二百七十九条 对监察人员在履行职责中存在违法行为的，可以根据情节轻重，依法进行谈话提醒、批评教育、责令检查、诫勉，或者给予政务处分。构成犯罪的，依法追究刑事责任。

39.3 《中国共产党纪律检查机关监督执纪工作规则》

第十一条　纪检监察机关应当建立监督检查、审查调查、案件监督管理、案件审理相互协调、相互制约的工作机制。市地级以上纪委监委实行监督检查和审查调查部门分设，监督检查部门主要负责联系地区和部门、单位的日常监督检查和对涉嫌一般违纪问题线索处置，审查调查部门主要负责对涉嫌严重违纪或者职务违法、职务犯罪问题线索进行初步核实和立案审查调查；案件监督管理部门负责对监督检查、审查调查工作全过程进行监督管理，案件审理部门负责对需要给予党纪政务处分的案件审核把关。

纪检监察机关在工作中需要协助的，有关组织和机关、单位、个人应当依规依纪依法予以协助。

第十二条　纪检监察机关案件监督管理部门负责对监督执纪工作全过程进行监督管理，做好线索管理、组织协调、监督检查、督促办理、统计分析等工作。党风政风监督部门应当加强对党风政风建设的综合协调，做好督促检查、通报曝光和综合分析等工作。

第二十三条　案件监督管理部门对问题线索实行集中管理、动态更新、定期汇总核对，提出分办意见，报纪检监察机关主要负责人批准，按程序移送承办部门。承办部门应当指定专人负责管理问题线索，逐件编号登记、建立管理台账。线索管理处置各环节应当由经手人员签名，全程登记备查。

第二十四条　纪检监察机关应当根据工作需要，定期召开专题会议，听取问题线索综合情况汇报，进行分析研判，对重要检举事项和反映问题集中的领域深入研究，提出处置要求，做到件件有着落。

第六十条　纪检监察机关应当严格依照党内法规和国家法律，在行使权力上慎之又慎，在自我约束上严之又严，强化自我监督，健全内控机制，自觉接受党内监督、社会监督、群众监督，确保权力受到严格约束，坚决防止“灯下黑”。

纪检监察机关应当加强对监督执纪工作的领导，切实履行自身建设主体责任，严格教育、管理、监督，使纪检监察干部成为严守纪律、改进作风、拒腐防变的表率。

第六十四条 对纪检监察干部打听案情、过问案件、说情干预的，受请托人应当向审查调查组组长和监督检查、审查调查部门主要负责人报告并登记备案。

发现审查调查组成员未经批准接触被审查调查人、涉案人员及其特定关系人，或者存在交往情形的，应当及时向审查调查组组长和监督检查、审查调查部门主要负责人直至纪检监察机关主要负责人报告并登记备案。

第七十二条 纪检监察机关在维护监督执纪工作纪律方面失职失责的，予以严肃问责。

第七十三条 对案件处置出现重大失误，纪检监察干部涉嫌严重违纪或者职务违法、职务犯罪的，开展“一案双查”，既追究直接责任，还应当严肃追究有关领导人员责任。

建立办案质量责任制，对滥用职权、失职失责造成严重后果的，实行终身问责。

39.4 《纪检监察机关派驻机构工作规则》

第九条 派驻机构应当按照信访举报、监督检查、审查调查、案件监督管理、案件审理相互协调、相互制约的原则，结合实际设置内设机构或者明确人员分工。

第四十六条 派出机关应当严把派驻机构干部入口关，按照干部管理权限统筹派出机关和派驻机构干部的选拔任用、人员交流、考核培训、监督管理，有计划地安排派驻机构干部参与派出机关工作、进行培养锻炼。

第四十七条 派出机关应当每年组织派驻机构主要负责人进行述责述廉。结合驻在单位特点，对派驻机构履行职责以及自身建设等方面情况进行考核。考核中，应当听取驻在单位领导班子和有关方面的意见，并将其作为考核的重要依据。

第四十八条　派驻机构应当加强规范化、法治化、正规化建设，明确职权范围，健全内控机制，规范工作流程和审批权限，完善回避、保密和过问、干预案件登记备案等管理制度，建立健全办案安全责任制，推动各项工作依规依纪依法进行。

第四十九条　派驻机构应当坚持打铁必须自身硬，坚持严的标准，勇于刀刃向内，牢固树立监督者更要自觉接受监督的意识，加强自我管理、自我约束，不断提高免疫力，切实防治“灯下黑”。

派驻机构应当接受派出机关同级党委巡视巡察监督和派出机关的管理监督，对所提监督意见进行整改落实，并报告整改情况。

派驻机构应当明确专门机构或者人员负责干部日常管理监督工作，及时汇总各方面意见，对自身权力运行的关键环节进行经常性检查，认真核查相关检举控告，按照规定将处置情况向派出机关干部监督部门报告。

派驻机构应当听取驻在单位领导班子对派驻机构工作的意见建议，认真研究处理，并及时反馈。自觉接受驻在单位党员、干部和群众的监督，畅通意见反映渠道，对反映的问题进行调查核实处置，不断完善制度、改进工作。

第五十条　派驻机构干部有跑风漏气、迟报瞒报、滥用职权、以案谋私以及其他违规违纪违法行为的，依规依纪依法严肃处理；构成犯罪的，依法追究刑事责任。

第五十一条　派驻机构及其领导干部不履行或者不正确履行职责，导致应当发现的问题没有发现，或者发现问题不报告不处置，执纪执法不严格不规范，造成严重后果或者恶劣影响的，予以严肃问责。

线索处置

第四十条　监察机关对监察对象的问题线索，应当按照有关规定提出处置意见，履行审批手续，进行分类办理。线索处置情况应当定期汇总、通报，定期检查、抽查。

【关联法条】

40.1 《监察法实施条例》

第一百七十二条　信访举报部门归口受理本机关管辖监察对象涉嫌职务违法和职务犯罪问题的检举控告，统一接收有关监察机关以及其他单位移送的相关检举控告，移交本机关监督检查部门或者相关部门，并将移交情况通报案件监督管理部门。

案件监督管理部门统一接收巡视巡察机构和审计机关、执法机关、司法机关等其他机关移送的职务违法和职务犯罪问题线索，按程序移交本机关监督检查部门或者相关部门办理。

监督检查部门、调查部门在工作中发现的相关问题线索，属于本部门受理范围的，应当报送案件监督管理部门备案；属于本机关其他部门受理范围的，经审批后移交案件监督管理部门分办。

第一百七十三条　案件监督管理部门应当对问题线索实行集中管理、动态更新，定期汇总、核对问题线索及处置情况，向监察机关主要负责人报告，并向相关部门通报。

问题线索承办部门应当指定专人负责管理线索，逐件编号登记、建立管理台账。线索管理处置各环节应当由经手人员签名，全程登记备查，及时与案件监督管理部门核对。

第一百七十四条　监督检查部门应当结合问题线索所涉及地区、部门、单位总体情况进行综合分析，提出处置意见并制定处置方案，经审批按照谈话、函询、初步核实、暂存待查、予以了结等方式进行处置，或者按照职责移送调查部门处置。

函询应当以监察机关办公厅（室）名义发函给被反映人，并抄送其所在单位和派驻监察机构主要负责人。被函询人应当在收到函件后十五个工作日以内写出说明材料，由其所在单位主要负责人签署意见后发函回复。被函询人为所在单位主要负责人的，或者被函询人所作说明涉及所在单位主要负责人的，应当直接发函回复监察机关。

被函询人已经退休的，按照第二款规定程序办理。

监察机关根据工作需要，经审批可以对谈话、函询情况进行核实。

40.2 《中国共产党纪律检查机关监督执纪工作规则》

第二十一条　纪检监察机关应当结合问题线索所涉及地区、部门、单位总体情况，综合分析，按照谈话函询、初步核实、暂存待查、予以了结4类方式进行处置。

线索处置不得拖延和积压，处置意见应当在收到问题线索之日起1个月内提出，并制定处置方案，履行审批手续。

第二十二条　纪检监察机关对反映同级党委委员、候补委员，纪委常委、监委委员，以及所辖地区、部门、单位主要负责人的问题线索和线索处置情况，应当及时向上级纪检监察机关报告。

第二十三条　案件监督管理部门对问题线索实行集中管理、动态更新、定期汇总核对，提出分办意见，报纪检监察机关主要负责人批准，按程序移送承办部门。承办部门应当指定专人负责管理问题线索，逐件编号登记、建立管理台账。线索管理处置各环节应当由经手人员签名，全程登记备查。

第二十五条　承办部门应当做好线索处置归档工作，归档材料齐全完整，载明领导批示和处置过程。案件监督管理部门定期汇总、核对问题线索及处置情况，向纪检监察机关主要负责人报告，并向相关部门通报。

第二十七条　纪检监察机关采取谈话函询方式处置问题线索，应当起草谈话函询报批请示，拟订谈话方案和相关工作预案，按程序报批。需要谈话函询下一级党委（党组）主要负责人的，应当报纪检监察机关主要负责人批准，必要时向同级党委主要负责人报告。

40.3 《纪检监察机关处理检举控告工作规则》

第十七条　纪检监察机关监督检查部门应当对收到的检举控告进行认真甄别，对没有实质内容的检举控告或者属于其他纪检监察机关受理的检举控告，在沟通研究、经本机关分管领导批准后，按程序退回信访举报部门处理。

监督检查部门对属于本级受理的检举控告，应当结合日常监督掌握的情况，进行综合分析、适当了解，经集体研究并履行报批程序后，以谈话函询、初步核实、暂存待查、予以了结等方式处置，或者按规定移送审查调查部门处置。

第十八条　纪检监察机关监督检查、审查调查部门应当每季度向信访举报部门反馈已办结的检举控告处理结果。

反馈内容应当包括处置方式、属实情况、向检举控告人反馈情况等。

第十九条　纪检监察机关案件监督管理部门应当加强对检举控告办理情况的监督。信访举报、监督检查、审查调查部门应当定期向案件监督管理部门通报有关情况。

40.4　《纪检监察机关派驻机构工作规则》

第十九条　派驻垂直管理单位的纪检监察组应当加强对驻在单位的下一级单位纪检机构的业务指导和监督检查，对驻在单位各级纪检机构的工作进行统筹，推动层层落实监督责任。下一级单位纪检机构的监督执纪工作以派驻纪检监察组领导为主，线索处置和案件查办在向同级党组（党委）报告的同时应当一并向派驻纪检监察组报告。

实行双重领导并以上级单位领导为主的单位，国有企业、国有金融企业的派驻机构工作，参照前款规定执行。

第二十一条　派驻国有资产监管机构、教育行政部门等的纪检监察组，按照规定协助派出机关加强对国有企业、普通高等学校等单位派驻机构工作的指导，形成监督合力。

派驻国有资产监管机构的纪检监察组，应当加强对驻在单位党组（党委）管理领导班子的国有企业纪检机构监督执纪工作的领导。相关国有企业纪检机构的线索处置和案件查办在向同级党委报告的同时，应当一并向派驻纪检监察组报告。

第二十八条　派驻机构对驻在单位领导班子及其成员、驻在单位上级党委管理的其他人员涉嫌违纪和职务违法、职务犯罪问题线索，经批准可以参与派出机关的初步核实、审查调查工作。

第三十七条　派驻机构应当指定专人负责管理涉嫌违纪和职务违法、职务犯罪问题线索，逐件编号登记，建立管理台账。

派驻机构应当结合日常监督掌握的情况，对问题线索进行综合分析、适当了解，采取谈话函询、初步核实、暂存待查、予以了结等方式进行处置。线索处置意见应当自收到线索之日起 1 个月内提出。

处置问题线索应当报派驻机构主要负责人审批，并按照规定报派出机关备案。

线索初步核实

第四十一条　需要采取初步核实方式处置问题线索的，监察机关应当依法履行审批程序，成立核查组。初步核实工作结束后，核查组应当撰写初步核实情况报告，提出处理建议。承办部门应当提出分类处理意见。初步核实情况报告和分类处理意见报监察机关主要负责人审批。

【关联法条】

41.1 《监察法实施条例》

第五十五条　监察机关在初步核实中，可以依法采取谈话、询问、查询、调取、勘验检查、鉴定措施；立案后可以采取讯问、留置、冻结、搜查、查封、扣押、通缉措施。需要采取技术调查、限制出境措施的，应当按照规定交有关机关依法执行。设区的市级以下监察机关在初步核实中不得采取技术调查措施。

开展问责调查，根据具体情况可以依法采取相关监察措施。

第一百七十六条　监察机关对具有可查性的职务违法和职务犯

罪问题线索，应当按规定报批后，依法开展初步核实工作。

第一百七十七条 采取初步核实方式处置问题线索，应当确定初步核实对象，制定工作方案，明确需要核实的问题和采取的措施，成立核查组。

在初步核实中应当注重收集客观性证据，确保真实性和准确性。

第一百七十八条 在初步核实中发现或者受理被核查人新的具有可查性的问题线索的，应当经审批纳入原初核方案开展核查。

第一百七十九条 核查组在初步核实工作结束后应当撰写初步核实情况报告，列明被核查人基本情况、反映的主要问题、办理依据、初步核实结果、存在疑点、处理建议，由全体人员签名。

承办部门应当综合分析初步核实情况，按照拟立案调查、予以了结、谈话提醒、暂存待查，或者移送有关部门、机关处理等方式提出处置建议，按照批准初步核实的程序报批。

41.2 《中国共产党纪律检查机关监督执纪工作规则》

第三十二条 党委（党组）、纪委监委（纪检监察组）应当对具有可查性的涉嫌违纪或者职务违法、职务犯罪问题线索，扎实开展初步核实工作，收集客观性证据，确保真实性和准确性。

第三十三条 纪检监察机关采取初步核实方式处置问题线索，应当制定工作方案，成立核查组，履行审批程序。被核查人为下一级党委（党组）主要负责人的，纪检监察机关应当报同级党委主要负责人批准。

第三十四条 核查组经批准可以采取必要措施收集证据，与相关人员谈话了解情况，要求相关组织作出说明，调取个人有关事项报告，查阅复制文件、账目、档案等资料，查核资产情况和有关信息，进行鉴定勘验。对被核查人及相关人员主动上交的财物，核查组应当予以暂扣。

需要采取技术调查或者限制出境等措施的，纪检监察机关应当严格履行审批手续，交有关机关执行。

第三十五条　初步核实工作结束后，核查组应当撰写初步核实情况报告，列明被核查人基本情况、反映的主要问题、办理依据以及初步核实结果、存在疑点、处理建议，由核查组全体人员签名备查。

承办部门应当综合分析初步核实情况，按照拟立案审查调查、予以了结、谈话提醒、暂存待查，或者移送有关党组织处理等方式提出处置建议。

初步核实情况报告应当报纪检监察机关主要负责人审批，必要时向同级党委主要负责人报告。

第三十七条　纪检监察机关经过初步核实，对党员、干部以及监察对象涉嫌违纪或者职务违法、职务犯罪，需要追究纪律或者法律责任的，应当立案审查调查。

凡报请批准立案的，应当已经掌握部分违纪或者职务违法、职务犯罪事实和证据，具备进行审查调查的条件。

41.3 《纪检监察机关派驻机构工作规则》

第二十八条　派驻机构对驻在单位领导班子及其成员、驻在单位上级党委管理的其他人员涉嫌违纪和职务违法、职务犯罪问题线索，经批准可以参与派出机关的初步核实、审查调查工作。

第三十七条　派驻机构应当指定专人负责管理涉嫌违纪和职务违法、职务犯罪问题线索，逐件编号登记，建立管理台账。

派驻机构应当结合日常监督掌握的情况，对问题线索进行综合分析、适当了解，采取谈话函询、初步核实、暂存待查、予以了结等方式进行处置。线索处置意见应当自收到线索之日起 1 个月内提出。

处置问题线索应当报派驻机构主要负责人审批，并按照规定报派出机关备案。

第三十八条　派驻机构经过初步核实，需要进行立案审查调查的，应当报派驻机构主要负责人审批。其中，对驻在单位党组（党委）直接领导的党组织、党组（党委）管理的领导班子成员中的正职领导干部立案和副职领导干部涉嫌严重职务违法、职务犯罪立案的，应当报派出机关审批。

派驻机构在立案前应当征求驻在单位党组（党委）主要负责人意见，对于有不同意见的应当报派出机关决定。确因安全保密等特殊情况，经派出机关同意，也可以在立案后及时向驻在单位党组（党委）主要负责人通报。

立案

第四十二条　经过初步核实，对监察对象涉嫌职务违法犯罪，需要追究法律责任的，监察机关应当按照规定的权限和程序办理立案手续。

监察机关主要负责人依法批准立案后，应当主持召开专题会议，研究确定调查方案，决定需要采取的调查措施。

立案调查决定应当向被调查人宣布，并通报相关组织。涉嫌严重职务违法或者职务犯罪的，应当通知被调查人家属，并向社会公开发布。

【关联法条】

42.1 《党章》

第四十六条　党的各级纪律检查委员会是党内监督专责机关，主要任务是：维护党的章程和其他党内法规，检查党的路线、方针、政策和决议的执行情况，协助党的委员会推进全面从严治党、加强党风建设和组织协调反腐败工作，推动完善党和国家监督体系。

党的各级纪律检查委员会的职责是监督、执纪、问责，要经常对党员进行遵守纪律的教育，作出关于维护党纪的决定；对党的组织和党员领导干部履行职责、行使权力进行监督，受理处置党员群众检举举报，开展谈话提醒、约谈函询；检查和处理党的组织和党员违反党的章程和其他党内法规的比较重要或复杂的案件，决定或取消对这些案件中的党员的处分；进行问责或提出责任追究的建议；

受理党员的控告和申诉；保障党员的权利。

各级纪律检查委员会要把处理特别重要或复杂的案件中的问题和处理的结果，向同级党的委员会报告。党的地方各级纪律检查委员会和基层纪律检查委员会要同时向上级纪律检查委员会报告。

各级纪律检查委员会发现同级党的委员会委员有违犯党的纪律的行为，可以先进行初步核实，如果需要立案检查的，应当在向同级党的委员会报告的同时向上一级纪律检查委员会报告；涉及常务委员的，报告上一级纪律检查委员会，由上一级纪律检查委员会进行初步核实，需要审查的，由上一级纪律检查委员会报它的同级党的委员会批准。

42.2 《监察法》

第十七条　上级监察机关可以将其所管辖的监察事项指定下级监察机关管辖，也可以将下级监察机关有管辖权的监察事项指定给其他监察机关管辖。

监察机关认为所管辖的监察事项重大、复杂，需要由上级监察机关管辖的，可以报请上级监察机关管辖。

第三十九条　监察机关应当严格按照程序开展工作，建立问题线索处置、调查、审理各部门相互协调、相互制约的工作机制。

监察机关应当加强对调查、处置工作全过程的监督管理，设立相应的工作部门履行线索管理、监督检查、督促办理、统计分析等管理协调职能。

第六十一条　监察机关应当依法公开监察工作信息，接受民主监督、社会监督、舆论监督。

第七十条　对调查工作结束后发现立案依据不充分或者失实，案件处置出现重大失误，监察人员严重违法的，应当追究负有责任的领导人员和直接责任人员的责任。

42.3 《公职人员政务处分法》

第二十七条　已经退休的公职人员退休前或者退休后有违法行

为的，不再给予政务处分，但是可以对其立案调查；依法应当予以降级、撤职、开除的，应当按照规定相应调整其享受的待遇，对其违法取得的财物和用于违法行为的本人财物依照本法第二十五条的规定处理。

已经离职或者死亡的公职人员在履职期间有违法行为的，依照前款规定处理。

第四十九条　公职人员依法受到刑事责任追究的，监察机关应当根据司法机关的生效判决、裁定、决定及其认定的事实和情节，依照本法规定给予政务处分。

公职人员依法受到行政处罚，应当给予政务处分的，监察机关可以根据行政处罚决定认定的事实和情节，经立案调查核实后，依照本法给予政务处分。

监察机关根据本条第一款、第二款的规定作出政务处分后，司法机关、行政机关依法改变原生效判决、裁定、决定等，对原政务处分决定产生影响的，监察机关应当根据改变后的判决、裁定、决定等重新作出相应处理。

第五十二条　公职人员涉嫌违法，已经被立案调查，不宜继续履行职责的，公职人员任免机关、单位可以决定暂停其履行职务。

公职人员在被立案调查期间，未经监察机关同意，不得出境、辞去公职；被调查公职人员所在机关、单位及上级机关、单位不得对其交流、晋升、奖励、处分或者办理退休手续。

42.4 《监察法实施条例》

第一百七十九条　核查组在初步核实工作结束后应当撰写初步核实情况报告，列明被核查人基本情况、反映的主要问题、办理依据、初步核实结果、存在疑点、处理建议，由全体人员签名。

承办部门应当综合分析初步核实情况，按照拟立案调查、予以了结、谈话提醒、暂存待查，或者移送有关部门、机关处理等方式提出处置建议，按照批准初步核实的程序报批。

第一百八十条　监察机关经过初步核实，对于已经掌握监察对象涉嫌职务违法或者职务犯罪的部分事实和证据，认为需要追究其法律责任的，应当按规定报批后，依法立案调查。

第一百八十一条　监察机关立案调查职务违法或者职务犯罪案件，需要对涉嫌行贿犯罪、介绍贿赂犯罪或者共同职务犯罪的涉案人员立案调查的，应当一并办理立案手续。需要交由下级监察机关立案的，经审批交由下级监察机关办理立案手续。

对单位涉嫌受贿、行贿等职务犯罪，需要追究法律责任的，依法对该单位办理立案调查手续。对事故（事件）中存在职务违法或者职务犯罪问题，需要追究法律责任，但相关责任人员尚不明确的，可以以事立案。对单位立案或者以事立案后，经调查确定相关责任人员的，按照管理权限报批确定被调查人。

监察机关根据人民法院生效刑事判决、裁定和人民检察院不起诉决定认定的事实，需要对监察对象给予政务处分的，可以由相关监督检查部门依据司法机关的生效判决、裁定、决定及其认定的事实、性质和情节，提出给予政务处分的意见，按程序移送审理。对依法被追究行政法律责任的监察对象，需要给予政务处分的，应当依法办理立案手续。

第一百八十二条　对案情简单、经过初步核实已查清主要职务违法事实，应当追究监察对象法律责任，不再需要开展调查的，立案和移送审理可以一并报批，履行立案程序后再移送审理。

第一百八十三条　上级监察机关需要指定下级监察机关立案调查的，应当按规定报批，向被指定管辖的监察机关出具《指定管辖决定书》，由其办理立案手续。

第一百八十四条　批准立案后，应当由二名以上调查人员出示证件，向被调查人宣布立案决定。宣布立案决定后，应当及时向被调查人所在单位等相关组织送达《立案通知书》，并向被调查人所在单位主要负责人通报。

对涉嫌严重职务违法或者职务犯罪的公职人员立案调查并采取留置措施的，应当按规定通知被调查人家属，并向社会公开发布。

第一百八十五条　监察机关对已经立案的职务违法或者职务犯罪案件应当依法进行调查，收集证据查明违法犯罪事实。

调查职务违法或者职务犯罪案件，对被调查人没有采取留置措施的，应当在立案后一年以内作出处理决定；对被调查人解除留置措施的，应当在解除留置措施后一年以内作出处理决定。案情重大复杂的案件，经上一级监察机关批准，可以适当延长，但延长期限不得超过六个月。

被调查人在监察机关立案调查以后逃匿的，调查期限自被调查人到案之日起重新计算。

42.5　《刑法》

第三十条　公司、企业、事业单位、机关、团体实施的危害社会的行为，法律规定为单位犯罪的，应当负刑事责任。

42.6　《中国共产党党务公开条例（试行）》

第十二条　党的纪律检查机关应当公开以下内容：

（一）学习贯彻党中央大政方针和重大决策部署，坚决维护以习近平同志为核心的党中央权威和集中统一领导，贯彻落实本级党委、上级纪律检查机关工作部署情况；

（二）开展纪律教育、加强纪律建设，维护党章党规党纪情况；

（三）查处违反中央八项规定精神，发生在群众身边、影响恶劣的不正之风和腐败问题情况；

（四）对党员领导干部严重违纪涉嫌违法犯罪进行立案审查、组织审查和给予开除党籍处分情况；

（五）对党员领导干部严重失职失责进行问责情况；

（六）加强纪律检查机关自身建设情况；

（七）其他应当公开的党务。

42.7　《中国共产党纪律检查机关监督执纪工作规则》

第九条　上级纪检监察机关有权指定下级纪检监察机关对其他

下级纪检监察机关管辖的党组织和党员、干部以及监察对象涉嫌违纪或者职务违法、职务犯罪问题进行审查调查，必要时也可以直接进行审查调查。上级纪检监察机关可以将其直接管辖的事项指定下级纪检监察机关进行审查调查。

纪检监察机关之间对管辖事项有争议的，由其共同的上级纪检监察机关确定；认为所管辖的事项重大、复杂，需要由上级纪检监察机关管辖的，可以报请上级纪检监察机关管辖。

第十条　纪检监察机关应当严格执行请示报告制度。中央纪委定期向党中央报告工作，研究涉及全局的重大事项、遇有重要问题以及作出立案审查调查决定、给予党纪政务处分等事项应当及时向党中央请示报告，既要报告结果也要报告过程。执行党中央重要决定的情况应当专题报告。

地方各级纪检监察机关对作出立案审查调查决定、给予党纪政务处分等重要事项，应当向同级党委请示汇报并向上级纪委监委报告，形成明确意见后再正式行文请示。遇有重要事项应当及时报告。

纪检监察机关应当坚持民主集中制，对于线索处置、谈话函询、初步核实、立案审查调查、案件审理、处置执行中的重要问题，经集体研究后，报纪检监察机关相关负责人、主要负责人审批。

第三十七条　纪检监察机关经过初步核实，对党员、干部以及监察对象涉嫌违纪或者职务违法、职务犯罪，需要追究纪律或者法律责任的，应当立案审查调查。

凡报请批准立案的，应当已经掌握部分违纪或者职务违法、职务犯罪事实和证据，具备进行审查调查的条件。

第三十八条　对符合立案条件的，承办部门应当起草立案审查调查呈批报告，经纪检监察机关主要负责人审批，报同级党委主要负责人批准，予以立案审查调查。

立案审查调查决定应当向被审查调查人宣布，并向被审查调查人所在党委（党组）主要负责人通报。

第三十九条　对涉嫌严重违纪或者职务违法、职务犯罪人员立案审查调查，纪检监察机关主要负责人应当主持召开由纪检监察机关相关负责人参加的专题会议，研究批准审查调查方案。

纪检监察机关相关负责人批准成立审查调查组，确定审查调查谈话方案、外查方案，审批重要信息查询、涉案财物查扣等事项。

监督检查、审查调查部门主要负责人组织研究提出审查调查谈话方案、外查方案和处置意见建议，审批一般信息查询，对调查取证审核把关。

审查调查组组长应当严格执行审查调查方案，不得擅自更改；以书面形式报告审查调查进展情况，遇有重要事项及时请示。

第四十二条　审查调查工作应当依照规定由两人以上进行，按照规定出示证件，出具书面通知。

第四十三条　立案审查调查方案批准后，应当由纪检监察机关相关负责人或者部门负责人与被审查调查人谈话，宣布立案决定，讲明党的政策和纪律，要求被审查调查人端正态度、配合审查调查。

审查调查应当充分听取被审查调查人陈述，保障其饮食、休息，提供医疗服务，确保安全。严格禁止使用违反党章党规党纪和国家法律的手段，严禁逼供、诱供、侮辱、打骂、虐待、体罚或者变相体罚。

42.8　《纪检监察机关派驻机构工作规则》

第三十八条　派驻机构经过初步核实，需要进行立案审查调查的，应当报派驻机构主要负责人审批。其中，对驻在单位党组（党委）直接领导的党组织、党组（党委）管理的领导班子成员中的正职领导干部立案和副职领导干部涉嫌严重职务违法、职务犯罪立案的，应当报派出机关审批。

派驻机构在立案前应当征求驻在单位党组（党委）主要负责人意见，对于有不同意见的应当报派出机关决定。确因安全保密等特殊情况，经派出机关同意，也可以在立案后及时向驻在单位党组（党委）主要负责人通报。

42.9 《最高人民法院关于适用〈中华人民共和国刑事诉讼法〉的解释》

第三百三十六条　被告单位的诉讼代表人，应当是法定代表人、实际控制人或者主要负责人；法定代表人、实际控制人或者主要负责人被指控为单位犯罪直接责任人员或者因客观原因无法出庭的，应当由被告单位委托其他负责人或者职工作为诉讼代表人。但是，有关人员被指控为单位犯罪直接责任人员或者知道案件情况、负有作证义务的除外。

依据前款规定难以确定诉讼代表人的，可以由被告单位委托律师等单位以外的人员作为诉讼代表人。

诉讼代表人不得同时担任被告单位或者被指控为单位犯罪直接责任人员的有关人员的辩护人。

第三百四十条　对应当认定为单位犯罪的案件，人民检察院只作为自然人犯罪起诉的，人民法院应当建议人民检察院对犯罪单位追加起诉。人民检察院仍以自然人犯罪起诉的，人民法院应当依法审理，按照单位犯罪直接负责的主管人员或者其他直接责任人员追究刑事责任，并援引刑法分则关于追究单位犯罪中直接负责的主管人员和其他直接责任人员刑事责任的条款。

调查取证

第四十三条　监察机关对职务违法和职务犯罪案件，应当进行调查，收集被调查人有无违法犯罪以及情节轻重的证据，查明违法犯罪事实，形成相互印证、完整稳定的证据链。

调查人员应当依法文明规范开展调查工作。严禁以暴力、威胁、引诱、欺骗及其他非法方式收集证据，严禁侮辱、打骂、虐待、体罚或者变相体罚被调查人和涉案人员。

监察机关及其工作人员在履行职责过程中应当依法保护企业产权和自主经营权，严禁利用职权非法干扰企业生产经营。需要企业经营者协助调查的，应当保障其人身权利、财产权利和其他合法权益，避免或者尽量减少对企业正常生产经营活动的影响。

【关联法条】

43.1　《监察法实施条例》

第六十条　监察机关认定案件事实应当以证据为根据，全面、客观地收集、固定被调查人有无违法犯罪以及情节轻重的各种证据，形成相互印证、完整稳定的证据链。

只有被调查人陈述或者供述，没有其他证据的，不能认定案件事实；没有被调查人陈述或者供述，证据符合法定标准的，可以认定案件事实。

第六十一条　证据必须经过查证属实，才能作为定案的根据。审查认定证据，应当结合案件的具体情况，从证据与待证事实的关联程度、各证据之间的联系、是否依照法定程序收集等方面进行综合判断。

第六十二条　监察机关调查终结的职务违法案件，应当事实清楚、证据确凿。证据确凿，应当符合下列条件：

（一）定性处置的事实都有证据证实；

（二）定案证据真实、合法；

（三）据以定案的证据之间不存在无法排除的矛盾；

（四）综合全案证据，所认定事实清晰且令人信服。

第六十三条　监察机关调查终结的职务犯罪案件，应当事实清楚，证据确实、充分。证据确实、充分，应当符合下列条件：

（一）定罪量刑的事实都有证据证明；

（二）据以定案的证据均经法定程序查证属实；

（三）综合全案证据，对所认定事实已排除合理怀疑。

证据不足的，不得移送人民检察院审查起诉。

第六十四条　严禁以暴力、威胁、引诱、欺骗以及非法限制人身自由等非法方法收集证据，严禁侮辱、打骂、虐待、体罚或者变相体罚被调查人、涉案人员和证人。

第六十五条　对于调查人员采用暴力、威胁以及非法限制人身自由等非法方法收集的被调查人供述、证人证言、被害人陈述，应当依法予以排除。

前款所称暴力的方法，是指采用殴打、违法使用戒具等方法或者变相肉刑的恶劣手段，使人遭受难以忍受的痛苦而违背意愿作出供述、证言、陈述；威胁的方法，是指采用以暴力或者严重损害本人及其近亲属合法权益等进行威胁的方法，使人遭受难以忍受的痛苦而违背意愿作出供述、证言、陈述。

收集物证、书证不符合法定程序，可能严重影响案件公正处理的，应当予以补正或者作出合理解释；不能补正或者作出合理解释的，对该证据应当予以排除。

第二百七十一条　监察机关在履行职责过程中应当依法保护企业产权和自主经营权，严禁利用职权非法干扰企业生产经营。需要企业经营者协助调查的，应当依法保障其合法的人身、财产等权益，避免或者减少对涉案企业正常生产、经营活动的影响。

查封企业厂房、机器设备等生产资料，企业继续使用对该财产价值无重大影响的，可以允许其使用。对于正在运营或者正在用于科技创新、产品研发的设备和技术资料等，一般不予查封、扣押，确需调取违法犯罪证据的，可以采取拍照、复制等方式。

第二百七十二条　被调查人及其近亲属认为监察机关及监察人员存在监察法第六十条第一款规定的有关情形，向监察机关提出申诉的，由监察机关案件监督管理部门依法受理，并按照法定的程序和时限办理。

43.2 《刑事诉讼法》

第五十二条　审判人员、检察人员、侦查人员必须依照法定程序，收集能够证实犯罪嫌疑人、被告人有罪或者无罪、犯罪情节轻重的各种证据。严禁刑讯逼供和以威胁、引诱、欺骗以及其他非法方法收集证据，不得强迫任何人证实自己有罪。必须保证一切与案件有关或者了解案情的公民，有客观地充分地提供证据的条件，除特殊情况外，可以吸收他们协助调查。

第五十四条 人民法院、人民检察院和公安机关有权向有关单位和个人收集、调取证据。有关单位和个人应当如实提供证据。

行政机关在行政执法和查办案件过程中收集的物证、书证、视听资料、电子数据等证据材料，在刑事诉讼中可以作为证据使用。

对涉及国家秘密、商业秘密、个人隐私的证据，应当保密。

凡是伪造证据、隐匿证据或者毁灭证据的，无论属于何方，必须受法律追究。

43.3 《中国共产党纪律检查机关监督执纪工作规则》

第三十二条 党委（党组）、纪委监委（纪检监察组）应当对具有可查性的涉嫌违纪或者职务违法、职务犯罪问题线索，扎实开展初步核实工作，收集客观性证据，确保真实性和准确性。

第四十三条 立案审查调查方案批准后，应当由纪检监察机关相关负责人或者部门负责人与被审查调查人谈话，宣布立案决定，讲明党的政策和纪律，要求被审查调查人端正态度、配合审查调查。

审查调查应当充分听取被审查调查人陈述，保障其饮食、休息，提供医疗服务，确保安全。严格禁止使用违反党章党规党纪和国家法律的手段，严禁逼供、诱供、侮辱、打骂、虐待、体罚或者变相体罚。

第四十六条 纪检监察机关应当严格依规依纪依法收集、鉴别证据，做到全面、客观，形成相互印证、完整稳定的证据链。

调查取证应当收集原物原件，逐件清点编号，现场登记，由在场人员签字盖章，原物不便搬运、保存或者取得原件确有困难的，可以将原物封存并拍照录像或者调取原件副本、复印件；谈话应当现场制作谈话笔录并由被谈话人阅看后签字。已调取证据必须及时交审查调查组统一保管。

严禁以威胁、引诱、欺骗以及其他违规违纪违法方式收集证据；严禁隐匿、损毁、篡改、伪造证据。

43.4 《最高人民法院关于适用〈中华人民共和国刑事诉讼法〉的解释》

第七十三条　对提起公诉的案件，人民法院应当审查证明被告人有罪、无罪、罪重、罪轻的证据材料是否全部随案移送；未随案移送的，应当通知人民检察院在指定时间内移送。人民检察院未移送的，人民法院应当根据在案证据对案件事实作出认定。

第一百二十五条　采用暴力、威胁以及非法限制人身自由等非法方法收集的证人证言、被害人陈述，应当予以排除。

第一百二十六条　收集物证、书证不符合法定程序，可能严重影响司法公正的，应当予以补正或者作出合理解释；不能补正或者作出合理解释的，对该证据应当予以排除。

认定"可能严重影响司法公正"，应当综合考虑收集证据违反法定程序以及所造成后果的严重程度等情况。

第一百四十条　没有直接证据，但间接证据同时符合下列条件的，可以认定被告人有罪：

（一）证据已经查证属实；

（二）证据之间相互印证，不存在无法排除的矛盾和无法解释的疑问；

（三）全案证据形成完整的证据链；

（四）根据证据认定案件事实足以排除合理怀疑，结论具有唯一性；

（五）运用证据进行的推理符合逻辑和经验。

43.5 《人民检察院刑事诉讼规则》

第六十条　人民检察院发现辩护人有帮助犯罪嫌疑人、被告人隐匿、毁灭、伪造证据、串供，或者威胁、引诱证人作伪证以及其他干扰司法机关诉讼活动的行为，可能涉嫌犯罪的，应当将涉嫌犯罪的线索或者证据材料移送有管辖权的机关依法处理。

人民检察院发现辩护律师在刑事诉讼中违反法律、法规或者执业纪律的，应当及时向其所在的律师事务所、所属的律师协会以及司法行政机关通报。

第六十一条 人民检察院认定案件事实，应当以证据为根据。

公诉案件中被告人有罪的举证责任由人民检察院承担。人民检察院在提起公诉指控犯罪时，应当提出确实、充分的证据，并运用证据加以证明。

人民检察院提起公诉，应当秉持客观公正立场，对被告人有罪、罪重、罪轻的证据都应当向人民法院提出。

第六十二条 证据的审查认定，应当结合案件的具体情况，从证据与待证事实的关联程度、各证据之间的联系、是否依照法定程序收集等方面进行综合审查判断。

第六十六条 对采用刑讯逼供等非法方法收集的犯罪嫌疑人供述和采用暴力、威胁等非法方法收集的证人证言、被害人陈述，应当依法排除，不得作为移送审查逮捕、批准或者决定逮捕、移送起诉以及提起公诉的依据。

第六十九条 采用暴力、威胁以及非法限制人身自由等非法方法收集的证人证言、被害人陈述，应当予以排除。

第一百七十六条 人民检察院办理直接受理侦查的案件，应当全面、客观地收集、调取犯罪嫌疑人有罪或者无罪、罪轻或者罪重的证据材料，并依法进行审查、核实。办案过程中必须重证据，重调查研究，不轻信口供。严禁刑讯逼供和以威胁、引诱、欺骗以及其他非法方法收集证据，不得强迫任何人证实自己有罪。

第一百八十七条第四款 讯问时，对犯罪嫌疑人提出的辩解要认真查核。严禁刑讯逼供和以威胁、引诱、欺骗以及其他非法的方法获取供述。

第一百九十四条第一款 询问证人，应当问明证人的基本情况以及与当事人的关系，并且告知证人应当如实提供证据、证言和故意作伪证或者隐匿罪证应当承担的法律责任，但是不得向证人泄露案情，不得采用拘禁、暴力、威胁、引诱、欺骗以及其他非法方法获取证言。

第二百零七条　搜查时，如果遇到阻碍，可以强制进行搜查。对以暴力、威胁方法阻碍搜查的，应当予以制止，或者由司法警察将其带离现场。阻碍搜查构成犯罪的，应当依法追究刑事责任。

第五百零四条　犯罪嫌疑人或者其亲友等以暴力、威胁、欺骗或者其他非法方法强迫、引诱被害人和解，或者在协议履行完毕之后威胁、报复被害人的，应当认定和解协议无效。已经作出不批准逮捕或者不起诉决定的，人民检察院根据案件情况可以撤销原决定，对犯罪嫌疑人批准逮捕或者提起公诉。

第五百六十七条第一项、第二项、第三项　人民检察院应当对侦查活动中是否存在以下违法行为进行监督：

（一）采用刑讯逼供以及其他非法方法收集犯罪嫌疑人供述的；

（二）讯问犯罪嫌疑人依法应当录音或者录像而没有录音或者录像，或者未在法定羁押场所讯问犯罪嫌疑人的；

（三）采用暴力、威胁以及非法限制人身自由等非法方法收集证人证言、被害人陈述，或者以暴力、威胁等方法阻止证人作证或者指使他人作伪证的；

调查程序

第四十四条　调查人员采取讯问、询问、强制到案、责令候查、管护、留置、搜查、调取、查封、扣押、勘验检查等调查措施，均应当依照规定出示证件，出具书面通知，由二人以上进行，形成笔录、报告等书面材料，并由相关人员签名、盖章。

调查人员进行讯问以及搜查、查封、扣押等重要取证工作，应当对全过程进行录音录像，留存备查。

【关联法条】

44.1　《监察法实施条例》

第五十六条　开展讯问、搜查、查封、扣押以及重要的谈话、询问等调查取证工作，应当全程同步录音录像，并保持录音录像资料的完整性。录音录像资料应当妥善保管、及时归档，留存备查。

人民检察院、人民法院需要调取同步录音录像的，监察机关应当予以配合，经审批依法予以提供。

第七十四条　监察机关对涉嫌职务违法的被调查人立案后，可以依法进行谈话。

与被调查人首次谈话时，应当出示《被调查人权利义务告知书》，由其签名、捺指印。被调查人拒绝签名、捺指印的，调查人员应当在文书上记明。对于被调查人未被限制人身自由的，应当在首次谈话时出具《谈话通知书》。

与涉嫌严重职务违法的被调查人进行谈话的，应当全程同步录音录像，并告知被调查人。告知情况应当在录音录像中予以反映，并在笔录中记明。

第八十三条　讯问应当个别进行，调查人员不得少于二人。

首次讯问时，应当向被讯问人出示《被调查人权利义务告知书》，由其签名、捺指印。被讯问人拒绝签名、捺指印的，调查人员应当在文书上记明。被讯问人未被限制人身自由的，应当在首次讯问时向其出具《讯问通知书》。

讯问一般按照下列顺序进行：

（一）核实被讯问人的基本情况，包括姓名、曾用名、出生年月日、户籍地、身份证件号码、民族、职业、政治面貌、文化程度、工作单位及职务、住所、家庭情况、社会经历，是否属于党代表大会代表、人大代表、政协委员，是否受到过党纪政务处分，是否受到过刑事处罚等；

（二）告知被讯问人如实供述自己罪行可以依法从宽处理和认罪认罚的法律规定；

（三）讯问被讯问人是否有犯罪行为，让其陈述有罪的事实或者无罪的辩解，应当允许其连贯陈述。

调查人员的提问应当与调查的案件相关。被讯问人对调查人员的提问应当如实回答。调查人员对被讯问人的辩解，应当如实记录，认真查核。

讯问时，应当告知被讯问人将进行全程同步录音录像。告知情况应当在录音录像中予以反映，并在笔录中记明。

第八十七条　询问应当个别进行。负责询问的调查人员不得少于二人。

首次询问时，应当向证人出示《证人权利义务告知书》，由其签名、捺指印。证人拒绝签名、捺指印的，调查人员应当在文书上记明。证人未被限制人身自由的，应当在首次询问时向其出具《询问通知书》。

询问时，应当核实证人身份，问明证人的基本情况，告知证人应当如实提供证据、证言，以及作伪证或者隐匿证据应当承担的法律责任。不得向证人泄露案情，不得采用非法方法获取证言。

询问重大或者有社会影响案件的重要证人，应当对询问过程全程同步录音录像，并告知证人。告知情况应当在录音录像中予以反映，并在笔录中记明。

第九十七条　采取留置措施时，调查人员不得少于二人，应当向被留置人员宣布《留置决定书》，告知被留置人员权利义务，要求其在《留置决定书》上签名、捺指印。被留置人员拒绝签名、捺指印的，调查人员应当在文书上记明。

第九十八条　采取留置措施后，应当在二十四小时以内通知被留置人员所在单位和家属。当面通知的，由有关人员在《留置通知书》上签名。无法当面通知的，可以先以电话等方式通知，并通过邮寄、转交等方式送达《留置通知书》，要求有关人员在《留置通知书》上签名。

因可能毁灭、伪造证据，干扰证人作证或者串供等有碍调查情形而不宜通知的，应当按规定报批，记录在案。有碍调查的情形消失后，应当立即通知被留置人员所在单位和家属。

第一百一十六条　对搜查取证工作，应当全程同步录音录像。

对搜查情况应当制作《搜查笔录》，由调查人员和被搜查人或者其家属、见证人签名。被搜查人或者其家属不在场，或者拒绝签名的，调查人员应当在笔录中记明。

对于查获的重要物证、书证、视听资料、电子数据及其放置、存储位置应当拍照，并在《搜查笔录》中作出文字说明。

第一百三十八条　勘验检查应当由二名以上调查人员主持，邀请与案件无关的见证人在场。勘验检查情况应当制作笔录，并由参加勘验检查人员和见证人签名。

勘验检查现场、拆封电子数据存储介质应当全程同步录音录像。对现场情况应当拍摄现场照片、制作现场图，并由勘验检查人员签名。

第一百四十条　为查明案情，在必要的时候，经审批可以依法进行调查实验。调查实验，可以聘请有关专业人员参加，也可以要求被调查人、被害人、证人参加。

进行调查实验，应当全程同步录音录像，制作调查实验笔录，由参加实验的人签名。进行调查实验，禁止一切足以造成危险、侮辱人格的行为。

第一百九十条　经调查认为被调查人构成职务违法或者职务犯罪的，应当区分不同情况提出相应处理意见，经审批将调查报告、职务违法或者职务犯罪事实材料、涉案财物报告、涉案人员处理意见等材料，连同全部证据和文书手续移送审理。

对涉嫌职务犯罪的案件材料应当按照刑事诉讼要求单独立卷，与《起诉建议书》、涉案财物报告、同步录音录像资料及其自查报告等材料一并移送审理。

调查全过程形成的材料应当案结卷成、事毕归档。

第二百六十一条　监察机关及其监督检查、调查部门负责人应当定期检查调查期间的录音录像、谈话笔录、涉案财物登记资料，加强对调查全过程的监督，发现问题及时纠正并报告。

44.2 《中国共产党纪律检查机关监督执纪工作规则》

第三十九条　对涉嫌严重违纪或者职务违法、职务犯罪人员立案审查调查，纪检监察机关主要负责人应当主持召开由纪检监察机关相关负责人参加的专题会议，研究批准审查调查方案。

纪检监察机关相关负责人批准成立审查调查组，确定审查调查谈话方案、外查方案，审批重要信息查询、涉案财物查扣等事项。

监督检查、审查调查部门主要负责人组织研究提出审查调查谈话方案、外查方案和处置意见建议，审批一般信息查询，对调查取证审核把关。

审查调查组组长应当严格执行审查调查方案，不得擅自更改；以书面形式报告审查调查进展情况，遇有重要事项及时请示。

第四十二条　审查调查工作应当依照规定由两人以上进行，按照规定出示证件，出具书面通知。

第四十三条　立案审查调查方案批准后，应当由纪检监察机关相关负责人或者部门负责人与被审查调查人谈话，宣布立案决定，讲明党的政策和纪律，要求被审查调查人端正态度、配合审查调查。

审查调查应当充分听取被审查调查人陈述，保障其饮食、休息，提供医疗服务，确保安全。严格禁止使用违反党章党规党纪和国家法律的手段，严禁逼供、诱供、侮辱、打骂、虐待、体罚或者变相体罚。

第四十四条　审查调查期间，对被审查调查人以同志相称，安排学习党章党规党纪以及相关法律法规，开展理想信念宗旨教育，通过深入细致的思想政治工作，促使其深刻反省、认识错误、交代问题，写出忏悔反思材料。

第四十八条　对涉嫌严重违纪或者职务违法、职务犯罪问题的审查调查谈话、搜查、查封、扣押（暂扣、封存）涉案财物等重要取证工作应当全过程进行录音录像，并妥善保管，及时归档，案件监督管理部门定期核查。

第四十九条 对涉嫌严重违纪或者职务违法、职务犯罪问题的审查调查，监督执纪人员未经批准并办理相关手续，不得将被审查调查人或者其他重要的谈话、询问对象带离规定的谈话场所，不得在未配置监控设备的场所进行审查调查谈话或者其他重要的谈话、询问，不得在谈话期间关闭录音录像设备。

第五十条 监督检查、审查调查部门主要负责人、分管领导应当定期检查审查调查期间的录音录像、谈话笔录、涉案财物登记资料，发现问题及时纠正并报告。

纪检监察机关相关负责人应当通过调取录音录像等方式，加强对审查调查全过程的监督。

调查限定原则

第四十五条 调查人员应当严格执行调查方案，不得随意扩大调查范围、变更调查对象和事项。

对调查过程中的重要事项，应当集体研究后按程序请示报告。

【关联法条】

45.1 《党章》

第十条第四项 党是根据自己的纲领和章程，按照民主集中制组织起来的统一整体。党的民主集中制的基本原则是：

（四）党的上级组织要经常听取下级组织和党员群众的意见，及时解决他们提出的问题。党的下级组织既要向上级组织请示和报告工作，又要独立负责地解决自己职责范围内的问题。上下级组织之间要互通情报、互相支持和互相监督。党的各级组织要按规定实行党务公开，使党员对党内事务有更多的了解和参与。

第十七条 党组织讨论决定问题，必须执行少数服从多数的原则。决定重要问题，要进行表决。对于少数人的不同意见，应当认真考虑。如对重要问题发生争论，双方人数接近，除了在紧急情况下必须按多数意见执行外，应当暂缓作出决定，进一步调查研究，交换意见，下次再表决；在特殊情况下，也可将争论情况向上级组织报告，请求裁决。

党员个人代表党组织发表重要主张，如果超出党组织已有决定的范围，必须提交所在的党组织讨论决定，或向上级党组织请示。任何党员不论职务高低，都不能个人决定重大问题；如遇紧急情况，必须由个人作出决定时，事后要迅速向党组织报告。不允许任何领导人实行个人专断和把个人凌驾于组织之上。

45.2 《监察法实施条例》

第六条　监察机关坚持民主集中制，对于线索处置、立案调查、案件审理、处置执行、复审复核中的重要事项应当集体研究，严格按照权限履行请示报告程序。

第一百一十七条　搜查时，应当避免未成年人或者其他不适宜在搜查现场的人在场。

搜查人员应当服从指挥、文明执法，不得擅自变更搜查对象和扩大搜查范围。搜查的具体时间、方法，在实施前应当严格保密。

第一百八十六条　案件立案后，监察机关主要负责人应当依照法定程序批准确定调查方案。

监察机关应当组成调查组依法开展调查。调查工作应当严格按照批准的方案执行，不得随意扩大调查范围、变更调查对象和事项，对重要事项应当及时请示报告。调查人员在调查工作期间，未经批准不得单独接触任何涉案人员及其特定关系人，不得擅自采取调查措施。

45.3 《中国共产党纪律检查机关监督执纪工作规则》

第三十九条　对涉嫌严重违纪或者职务违法、职务犯罪人员立案审查调查，纪检监察机关主要负责人应当主持召开由纪检监察机关相关负责人参加的专题会议，研究批准审查调查方案。

纪检监察机关相关负责人批准成立审查调查组，确定审查调查谈话方案、外查方案，审批重要信息查询、涉案财物查扣等事项。

监督检查、审查调查部门主要负责人组织研究提出审查调查谈话方案、外查方案和处置意见建议，审批一般信息查询，对调查取证审核把关。

审查调查组组长应当严格执行审查调查方案，不得擅自更改；以书面形式报告审查调查进展情况，遇有重要事项及时请示。

第四十三条第一款　立案审查调查方案批准后，应当由纪检监察机关相关负责人或者部门负责人与被审查调查人谈话，宣布立案决定，讲明党的政策和纪律，要求被审查调查人端正态度、配合审查调查。

第四十五条　外查工作必须严格按照外查方案执行，不得随意扩大审查调查范围、变更审查调查对象和事项，重要事项应当及时请示报告。

外查工作期间，未经批准，监督执纪人员不得单独接触任何涉案人员及其特定关系人，不得擅自采取审查调查措施，不得从事与外查事项无关的活动。

强制到案、责令候查以及管护的审批及时间

第四十六条　采取强制到案、责令候查或者管护措施，应当按照规定的权限和程序，经监察机关主要负责人批准。

强制到案持续的时间不得超过十二小时；需要采取管护或者留置措施的，强制到案持续的时间不得超过二十四小时。不得以连续强制到案的方式变相拘禁被调查人。

责令候查最长不得超过十二个月。

监察机关采取管护措施的，应当在七日以内依法作出留置或者解除管护的决定，特殊情况下可以延长一日至三日。

【关联法条】

46.1　《监察法》

第二十五条　对于未被留置的下列人员，监察机关发现存在逃

跑、自杀等重大安全风险的，经依法审批，可以进行管护：

（一）涉嫌严重职务违法或者职务犯罪的自动投案人员；

（二）在接受谈话、函询、询问过程中，交代涉嫌严重职务违法或者职务犯罪问题的人员；

（三）在接受讯问过程中，主动交代涉嫌重大职务犯罪问题的人员。

采取管护措施后，应当立即将被管护人员送留置场所，至迟不得超过二十四小时。

第四十四条　调查人员采取讯问、询问、强制到案、责令候查、管护、留置、搜查、调取、查封、扣押、勘验检查等调查措施，均应当依照规定出示证件，出具书面通知，由二人以上进行，形成笔录、报告等书面材料，并由相关人员签名、盖章。

调查人员进行讯问以及搜查、查封、扣押等重要取证工作，应当对全过程进行录音录像，留存备查。

第四十九条　监察机关采取强制到案、责令候查、管护、留置措施，可以根据工作需要提请公安机关配合。公安机关应当依法予以协助。

省级以下监察机关留置场所的看护勤务由公安机关负责，国家监察委员会留置场所的看护勤务由国家另行规定。留置看护队伍的管理依照国家有关规定执行。

第六十四条　监察人员涉嫌严重职务违法或者职务犯罪，为防止造成更为严重的后果或者恶劣影响，监察机关经依法审批，可以对其采取禁闭措施。禁闭的期限不得超过七日。

被禁闭人员应当配合监察机关调查。监察机关经调查发现被禁闭人员符合管护或者留置条件的，可以对其采取管护或者留置措施。

本法第五十条的规定，适用于禁闭措施。

第六十九条第一款第一项　监察机关及其工作人员有下列行为之一的，被调查人及其近亲属、利害关系人有权向该机关申诉：

（一）采取强制到案、责令候查、管护、留置或者禁闭措施法定期限届满，不予以解除或者变更的；

第七十四条第七项　监察机关及其工作人员有下列行为之一的，对负有责任的领导人员和直接责任人员依法给予处理：

（七）违反规定采取强制到案、责令候查、管护、留置或者禁闭措施，或者法定期限届满，不予以解除或者变更的；

46.2 《刑事诉讼法》

第七十五条　监视居住应当在犯罪嫌疑人、被告人的住处执行；无固定住处的，可以在指定的居所执行。对于涉嫌危害国家安全犯罪、恐怖活动犯罪，在住处执行可能有碍侦查的，经上一级公安机关批准，也可以在指定的居所执行。但是，不得在羁押场所、专门的办案场所执行。

指定居所监视居住的，除无法通知的以外，应当在执行监视居住后二十四小时以内，通知被监视居住人的家属。

被监视居住的犯罪嫌疑人、被告人委托辩护人，适用本法第三十四条的规定。

人民检察院对指定居所监视居住的决定和执行是否合法实行监督。

第七十六条　指定居所监视居住的期限应当折抵刑期。被判处管制的，监视居住一日折抵刑期一日；被判处拘役、有期徒刑的，监视居住二日折抵刑期一日。

第七十九条　人民法院、人民检察院和公安机关对犯罪嫌疑人、被告人取保候审最长不得超过十二个月，监视居住最长不得超过六个月。

在取保候审、监视居住期间，不得中断对案件的侦查、起诉和审理。对于发现不应当追究刑事责任或者取保候审、监视居住期限届满的，应当及时解除取保候审、监视居住。解除取保候审、监视居住，应当及时通知被取保候审、监视居住人和有关单位。

第八十五条　公安机关拘留人的时候，必须出示拘留证。

拘留后，应当立即将被拘留人送看守所羁押，至迟不得超过二十四小时。除无法通知或者涉嫌危害国家安全犯罪、恐怖活动犯罪通知可能有碍侦查的情形以外，应当在拘留后二十四小时以内，通知被拘留人的家属。有碍侦查的情形消失以后，应当立即通知被拘留人的家属。

第九十一条　公安机关对被拘留的人，认为需要逮捕的，应当在拘留后的三日以内，提请人民检察院审查批准。在特殊情况下，提请审查批准的时间可以延长一日至四日。

对于流窜作案、多次作案、结伙作案的重大嫌疑分子，提请审查批准的时间可以延长至三十日。

人民检察院应当自接到公安机关提请批准逮捕书后的七日以内，作出批准逮捕或者不批准逮捕的决定。人民检察院不批准逮捕的，公安机关应当在接到通知后立即释放，并且将执行情况及时通知人民检察院。对于需要继续侦查，并且符合取保候审、监视居住条件的，依法取保候审或者监视居住。

第一百一十九条　对不需要逮捕、拘留的犯罪嫌疑人，可以传唤到犯罪嫌疑人所在市、县内的指定地点或者到他的住处进行讯问，但是应当出示人民检察院或者公安机关的证明文件。对在现场发现的犯罪嫌疑人，经出示工作证件，可以口头传唤，但应当在讯问笔录中注明。

传唤、拘传持续的时间不得超过十二小时；案情特别重大、复杂，需要采取拘留、逮捕措施的，传唤、拘传持续的时间不得超过二十四小时。

不得以连续传唤、拘传的形式变相拘禁犯罪嫌疑人。传唤、拘传犯罪嫌疑人，应当保证犯罪嫌疑人的饮食和必要的休息时间。

第一百七十条　人民检察院对于监察机关移送起诉的案件，依照本法和监察法的有关规定进行审查。人民检察院经审查，认为需要补充核实的，应当退回监察机关补充调查，必要时可以自行补充侦查。

对于监察机关移送起诉的已采取留置措施的案件，人民检察院应当对犯罪嫌疑人先行拘留，留置措施自动解除。人民检察院应当在拘留后的十日以内作出是否逮捕、取保候审或者监视居住的决定。在特殊情况下，决定的时间可以延长一日至四日。人民检察院决定采取强制措施的期间不计入审查起诉期限。

46.3　《最高人民法院关于适用〈中华人民共和国刑事诉讼法〉的解释》

第一百四十九条　拘传被告人，持续的时间不得超过十二小时；案情特别重大、复杂，需要采取逮捕措施的，持续的时间不得超过二十四小时。不得以连续拘传的形式变相拘禁被告人。应当保证被拘传人的饮食和必要的休息时间。

46.4　《人民检察院刑事诉讼规则》

第八十三条　拘传的时间从犯罪嫌疑人到案时开始计算。犯罪嫌疑人到案后，应当责令其在拘传证上填写到案时间，签名或者盖章，并捺指印，然后立即讯问。拘传结束后，应当责令犯罪嫌疑人在拘传证上填写拘传结束时间。犯罪嫌疑人拒绝填写的，应当在拘传证上注明。

一次拘传持续的时间不得超过十二小时；案情特别重大、复杂，需要采取拘留、逮捕措施的，拘传持续的时间不得超过二十四小时。两次拘传间隔的时间一般不得少于十二小时，不得以连续拘传的方式变相拘禁犯罪嫌疑人。

拘传犯罪嫌疑人，应当保证犯罪嫌疑人的饮食和必要的休息时间。

第八十五条　需要对被拘传的犯罪嫌疑人变更强制措施的，应当在拘传期限内办理变更手续。

在拘传期间决定不采取其他强制措施的，拘传期限届满，应当结束拘传。

第一百零二条　人民检察院决定对犯罪嫌疑人取保候审，最长不得超过十二个月。

第一百零四条　在取保候审期间，不得中断对案件的侦查、审查起诉。

第一百零五条　取保候审期限届满或者发现不应当追究犯罪嫌疑人的刑事责任的，应当及时解除或者撤销取保候审。

解除或者撤销取保候审的决定，应当及时通知执行机关，并将解除或者撤销取保候审的决定书送达犯罪嫌疑人；有保证人的，应当通知保证人解除保证义务。

第一百零六条　犯罪嫌疑人在取保候审期间没有违反刑事诉讼法第七十一条的规定，或者发现不应当追究犯罪嫌疑人刑事责任的，变更、解除或者撤销取保候审时，应当告知犯罪嫌疑人可以凭变更、解除或者撤销取保候审的通知或者有关法律文书到银行领取退还的保证金。

第一百八十五条　传唤持续的时间不得超过十二小时。案情特别重大、复杂，需要采取拘留、逮捕措施的，传唤持续的时间不得超过二十四小时。两次传唤间隔的时间一般不得少于十二小时，不得以连续传唤的方式变相拘禁犯罪嫌疑人。

传唤犯罪嫌疑人，应当保证犯罪嫌疑人的饮食和必要的休息时间。

46.5 《公安机关办理刑事案件程序规定》

第八十条　拘传持续的时间不得超过十二小时；案情特别重大、复杂，需要采取拘留、逮捕措施的，经县级以上公安机关负责人批准，拘传持续的时间不得超过二十四小时。不得以连续拘传的形式变相拘禁犯罪嫌疑人。

拘传期限届满，未作出采取其他强制措施决定的，应当立即结束拘传。

第一百零三条　被保证人违反应当遵守的规定，保证人未履行保证义务的，查证属实后，经县级以上公安机关负责人批准，对保证人处一千元以上二万元以下罚款；构成犯罪的，依法追究刑事责任。

第一百一十八条 人民法院、人民检察院决定监视居住的，负责执行的县级公安机关应当在收到法律文书和有关材料后二十四小时以内，通知被监视居住人住处或者指定居所所在地的派出所，核实被监视居住人身份、住处或者居所等情况后执行。必要时，可以由人民法院、人民检察院协助执行。

负责执行的派出所应当及时将执行情况通知决定监视居住的机关。

第一百二十五条 拘留犯罪嫌疑人，应当填写呈请拘留报告书，经县级以上公安机关负责人批准，制作拘留证。执行拘留时，必须出示拘留证，并责令被拘留人在拘留证上签名、捺指印，拒绝签名、捺指印的，侦查人员应当注明。

紧急情况下，对于符合本规定第一百二十四条所列情形之一的，经出示人民警察证，可以将犯罪嫌疑人口头传唤至公安机关后立即审查，办理法律手续。

留置措施的报批

第四十七条 监察机关采取留置措施，应当由监察机关领导人员集体研究决定。设区的市级以下监察机关采取留置措施，应当报上一级监察机关批准。省级监察机关采取留置措施，应当报国家监察委员会备案。

【关联法条】

47.1 《监察法》

第二十四条 被调查人涉嫌贪污贿赂、失职渎职等严重职务违法或者职务犯罪，监察机关已经掌握其部分违法犯罪事实及证据，仍有重要问题需要进一步调查，并有下列情形之一的，经监察机关依法审批，可以将其留置在特定场所：

（一）涉及案情重大、复杂的；

（二）可能逃跑、自杀的；

（三）可能串供或者伪造、隐匿、毁灭证据的；

（四）可能有其他妨碍调查行为的。

对涉嫌行贿犯罪或者共同职务犯罪的涉案人员，监察机关可以依照前款规定采取留置措施。

留置场所的设置、管理和监督依照国家有关规定执行。

第三十二条　依法应当留置的被调查人如果在逃，监察机关可以决定在本行政区域内通缉，由公安机关发布通缉令，追捕归案。通缉范围超出本行政区域的，应当报请有权决定的上级监察机关决定。

第六十四条第二款、第三款　被禁闭人员应当配合监察机关调查。监察机关经调查发现被禁闭人员符合管护或者留置条件的，可以对其采取管护或者留置措施。

本法第五十条的规定，适用于禁闭措施。

47.2 《监察法实施条例》

第九十二条第一款　监察机关调查严重职务违法或者职务犯罪，对于符合监察法第二十二条第一款规定的，经依法审批，可以对被调查人采取留置措施。

第九十九条　县级以上监察机关需要提请公安机关协助采取留置措施的，应当按规定报批，请同级公安机关依法予以协助。提请协助时，应当出具《提请协助采取留置措施函》，列明提请协助的具体事项和建议，协助采取措施的时间、地点等内容，附《留置决定书》复印件。

因保密需要，不适合在采取留置措施前向公安机关告知留置对象姓名的，可以作出说明，进行保密处理。

需要提请异地公安机关协助采取留置措施的，应当按规定报批，向协作地同级监察机关出具协作函件和相关文书，由协作地监察机关提请当地公安机关依法予以协助。

47.3 《刑事诉讼法》

第八十七条　公安机关要求逮捕犯罪嫌疑人的时候，应当写出提请批准逮捕书，连同案卷材料、证据，一并移送同级人民检察院审查批准。必要的时候，人民检察院可以派人参加公安机关对于重大案件的讨论。

第八十八条　人民检察院审查批准逮捕，可以讯问犯罪嫌疑人；有下列情形之一的，应当讯问犯罪嫌疑人：

（一）对是否符合逮捕条件有疑问的；

（二）犯罪嫌疑人要求向检察人员当面陈述的；

（三）侦查活动可能有重大违法行为的。

人民检察院审查批准逮捕，可以询问证人等诉讼参与人，听取辩护律师的意见；辩护律师提出要求的，应当听取辩护律师的意见。

第八十九条　人民检察院审查批准逮捕犯罪嫌疑人由检察长决定。重大案件应当提交检察委员会讨论决定。

第九十条　人民检察院对于公安机关提请批准逮捕的案件进行审查后，应当根据情况分别作出批准逮捕或者不批准逮捕的决定。对于批准逮捕的决定，公安机关应当立即执行，并且将执行情况及时通知人民检察院。对于不批准逮捕的，人民检察院应当说明理由，需要补充侦查的，应当同时通知公安机关。

留置时间

第四十八条　留置时间不得超过三个月。在特殊情况下，可以延长一次，延长时间不得超过三个月。省级以下监察机关采取留置措施的，延长留置时间应当报上一级监察机关批准。监察机关发现采取留置措施不当或者不需要继续采取留置措施的，应当及时解除或者变更为责令候查措施。

对涉嫌职务犯罪的被调查人可能判处十年有期徒刑以上刑罚，监察机关依照前款规定延长期限届满，仍不能调查终结的，经国家监察委员会批准或者决定，可以再延长二个月。

省级以上监察机关在调查期间，发现涉嫌职务犯罪的被调查人另有与留置时的罪行不同种的重大职务犯罪或者同种的影响罪名认定、量刑档次的重大职务犯罪，经国家监察委员会批准或者决定，自发现之日起依照本条第一款的规定重新计算留置时间。留置时间重新计算以一次为限。

【关联法条】

48.1 《监察法实施条例》

第一百零一条　留置时间不得超过三个月，自向被留置人员宣布之日起算。具有下列情形之一的，经审批可以延长一次，延长时间不得超过三个月：

（一）案情重大，严重危害国家利益或者公共利益的；

（二）案情复杂，涉案人员多、金额巨大，涉及范围广的；

（三）重要证据尚未收集完成，或者重要涉案人员尚未到案，导致违法犯罪的主要事实仍须继续调查的；

（四）其他需要延长留置时间的情形。

省级以下监察机关采取留置措施的，延长留置时间应当报上一级监察机关批准。

延长留置时间的，应当在留置期满前向被留置人员宣布延长留置时间的决定，要求其在《延长留置时间决定书》上签名、捺指印。被留置人员拒绝签名、捺指印的，调查人员应当在文书上记明。

延长留置时间的，应当通知被留置人员家属。

第一百零二条　对被留置人员不需要继续采取留置措施的，应当按规定报批，及时解除留置。

调查人员应当向被留置人员宣布解除留置措施的决定，由其在《解除留置决定书》上签名、捺指印。被留置人员拒绝签名、捺指印的，调查人员应当在文书上记明。

解除留置措施的，应当及时通知被留置人员所在单位或者家属。调查人员应当与交接人办理交接手续，并由其在《解除留置通知书》上签名。无法通知或者有关人员拒绝签名的，调查人员应当在文书上记明。

案件依法移送人民检察院审查起诉的，留置措施自犯罪嫌疑人被执行拘留时自动解除，不再办理解除法律手续。

第一百八十五条　监察机关对已经立案的职务违法或者职务犯罪案件应当依法进行调查，收集证据查明违法犯罪事实。

调查职务违法或者职务犯罪案件，对被调查人没有采取留置措施的，应当在立案后一年以内作出处理决定；对被调查人解除留置措施的，应当在解除留置措施后一年以内作出处理决定。案情重大复杂的案件，经上一级监察机关批准，可以适当延长，但延长期限不得超过六个月。

被调查人在监察机关立案调查以后逃匿的，调查期限自被调查人到案之日起重新计算。

第二百零六条第四款　监察机关对于撤销案件的决定应当向被调查人宣布，由其在《撤销案件决定书》上签名、捺指印，立即解除留置措施，并通知其所在机关、单位。

48.2　《刑事诉讼法》

第九十五条　犯罪嫌疑人、被告人被逮捕后，人民检察院仍应当对羁押的必要性进行审查。对不需要继续羁押的，应当建议予以释放或者变更强制措施。有关机关应当在十日以内将处理情况通知人民检察院。

第九十六条　人民法院、人民检察院和公安机关如果发现对犯罪嫌疑人、被告人采取强制措施不当的，应当及时撤销或者变更。公安机关释放被逮捕的人或者变更逮捕措施的，应当通知原批准的人民检察院。

第九十七条　犯罪嫌疑人、被告人及其法定代理人、近亲属或者辩护人有权申请变更强制措施。人民法院、人民检察院和公安机关收到申请后，应当在三日以内作出决定；不同意变更强制措施的，应当告知申请人，并说明不同意的理由。

第九十八条　犯罪嫌疑人、被告人被羁押的案件，不能在本法规定的侦查羁押、审查起诉、一审、二审期限内办结的，对犯罪嫌疑人、被告人应当予以释放；需要继续查证、审理的，对犯罪嫌疑人、被告人可以取保候审或者监视居住。

第九十九条　人民法院、人民检察院或者公安机关对被采取强制措施法定期限届满的犯罪嫌疑人、被告人，应当予以释放、解除取保候审、监视居住或者依法变更强制措施。犯罪嫌疑人、被告人及其法定代理人、近亲属或者辩护人对于人民法院、人民检察院或者公安机关采取强制措施法定期限届满的，有权要求解除强制措施。

第一百五十六条　对犯罪嫌疑人逮捕后的侦查羁押期限不得超过二个月。案情复杂、期限届满不能终结的案件，可以经上一级人民检察院批准延长一个月。

第一百五十七条　因为特殊原因，在较长时间内不宜交付审判的特别重大复杂的案件，由最高人民检察院报请全国人民代表大会常务委员会批准延期审理。

第一百五十八条　下列案件在本法第一百五十六条规定的期限届满不能侦查终结的，经省、自治区、直辖市人民检察院批准或者决定，可以延长二个月：

（一）交通十分不便的边远地区的重大复杂案件；

（二）重大的犯罪集团案件；

（三）流窜作案的重大复杂案件；

（四）犯罪涉及面广，取证困难的重大复杂案件。

第一百五十九条　对犯罪嫌疑人可能判处十年有期徒刑以上刑罚，依照本法第一百五十八条规定延长期限届满，仍不能侦查终结的，经省、自治区、直辖市人民检察院批准或者决定，可以再延长二个月。

第一百六十条　在侦查期间，发现犯罪嫌疑人另有重要罪行的，自发现之日起依照本法第一百五十六条的规定重新计算侦查羁押期限。

犯罪嫌疑人不讲真实姓名、住址，身份不明的，应当对其身份进行调查，侦查羁押期限自查清其身份之日起计算，但是不得停止对其犯罪行为的侦查取证。对于犯罪事实清楚，证据确实、充分，确实无法查明其身份的，也可以按其自报的姓名起诉、审判。

公安机关协助

第四十九条　监察机关采取强制到案、责令候查、管护、留置措施，可以根据工作需要提请公安机关配合。公安机关应当依法予以协助。

省级以下监察机关留置场所的看护勤务由公安机关负责，国家监察委员会留置场所的看护勤务由国家另行规定。留置看护队伍的管理依照国家有关规定执行。

【关联法条】

49.1　《监察法实施条例》

第九条　监察机关开展监察工作，可以依法提请组织人事、公安、国家安全、审计、统计、市场监管、金融监管、财政、税务、自然资源、银行、证券、保险等有关部门、单位予以协助配合。

有关部门、单位应当根据监察机关的要求，依法协助采取有关措施、共享相关信息、提供相关资料和专业技术支持，配合开展监察工作。

第五十七条　需要商请其他监察机关协助收集证据材料的，应当依法出具《委托调查函》；商请其他监察机关对采取措施提供一般性协助的，应当依法出具《商请协助采取措施函》。商请协助事项涉及协助地监察机关管辖的监察对象的，应当由协助地监察机关按照所涉人员的管理权限报批。协助地监察机关对于协助请求，应当依法予以协助配合。

第七十五条　立案后，与未被限制人身自由的被调查人谈话的，应当在具备安全保障条件的场所进行。

调查人员按规定通知被调查人所在单位派员或者被调查人家属陪同被调查人到指定场所的，应当与陪同人员办理交接手续，填写《陪送交接单》。

第七十六条　调查人员与被留置的被调查人谈话的，按照法定程序在留置场所进行。

与在押的犯罪嫌疑人、被告人谈话的，应当持以监察机关名义出具的介绍信、工作证件，商请有关案件主管机关依法协助办理。

与在看守所、监狱服刑的人员谈话的，应当持以监察机关名义出具的介绍信、工作证件办理。

第八十二条　讯问被留置的被调查人，应当在留置场所进行。

第九十九条　县级以上监察机关需要提请公安机关协助采取留置措施的，应当按规定报批，请同级公安机关依法予以协助。提请协助时，应当出具《提请协助采取留置措施函》，列明提请协助的具体事项和建议，协助采取措施的时间、地点等内容，附《留置决定书》复印件。

因保密需要，不适合在采取留置措施前向公安机关告知留置对象姓名的，可以作出说明，进行保密处理。

需要提请异地公安机关协助采取留置措施的，应当按规定报批，向协作地同级监察机关出具协作函件和相关文书，由协作地监察机关提请当地公安机关依法予以协助。

第一百零三条　留置场所应当建立健全保密、消防、医疗、餐饮及安保等安全工作责任制，制定紧急突发事件处置预案，采取安全防范措施。

留置期间发生被留置人员死亡、伤残、脱逃等办案安全事故、事件的，应当及时做好处置工作。相关情况应当立即报告监察机关主要负责人，并在二十四小时以内逐级上报至国家监察委员会。

第一百六十条 监察机关接到公安机关抓获被通缉人员的通知后，应当立即核实被抓获人员身份，并在接到通知后二十四小时以内派员办理交接手续。边远或者交通不便地区，至迟不得超过三日。

公安机关在移交前，将被抓获人员送往当地监察机关留置场所临时看管的，当地监察机关应当接收，并保障临时看管期间的安全，对工作信息严格保密。

监察机关需要提请公安机关协助将被抓获人员带回的，应当按规定报批，请本地同级公安机关依法予以协助。提请协助时，应当出具《提请协助采取留置措施函》，附《留置决定书》复印件及相关材料。

49.2 《纪检监察机关派驻机构工作规则》

第十三条 派出机关相关部门根据职能职责，加强对派驻机构的指导、联系、服务和保障。

监督检查部门协助分管领导联系派驻机构日常工作：

（一）指导督促派驻机构履行职责；

（二）对派驻机构请示报告的问题、事项进行审核把关；

（三）对派出机关交办的重要案件、事项进行督促办理；

（四）办理派驻机构提请支持、协调的重要事项；

（五）向派驻机构通报驻在单位领导班子及其成员、驻在单位上级党委管理的其他人员的一般性问题和谈话提醒、批评教育、责令检查、诫勉谈话等情况；

（六）联系开展其他工作。

第三十九条 派驻机构按照规定报批后，可以依规依纪依法采取谈话、讯问、询问、留置、查询、冻结、搜查、调取、查封、扣押（暂扣、封存）、勘验检查、鉴定措施。对依法应当交有关机关执行的措施，报派出机关审批并以派出机关名义办理。

派驻机构应当对审查调查措施进行严格监管，建立措施使用台账，定期将有关情况报派出机关案件监督管理部门、监督检查部门备案。

管护或者留置的执行

第五十条　采取管护或者留置措施后，应当在二十四小时以内，通知被管护人员、被留置人员所在单位和家属，但有可能伪造、隐匿、毁灭证据，干扰证人作证或者串供等有碍调查情形的除外。有碍调查的情形消失后，应当立即通知被管护人员、被留置人员所在单位和家属。解除管护或者留置的，应当及时通知被管护人员、被留置人员所在单位和家属。

被管护人员、被留置人员及其近亲属有权申请变更管护、留置措施。监察机关收到申请后，应当在三日以内作出决定；不同意变更措施的，应当告知申请人，并说明不同意的理由。

监察机关应当保障被强制到案人员、被管护人员以及被留置人员的饮食、休息和安全，提供医疗服务。对其谈话、讯问的，应当合理安排时间和时长，谈话笔录、讯问笔录由被谈话人、被讯问人阅看后签名。

被管护人员、被留置人员涉嫌犯罪移送司法机关后，被依法判处管制、拘役或者有期徒刑的，管护、留置一日折抵管制二日，折抵拘役、有期徒刑一日。

【关联法条】

50.1　《监察法实施条例》

第五十八条　采取监察措施需要告知、通知相关人员的，应当依法办理。告知包括口头、书面两种方式，通知应当采取书面方式。采取口头方式告知的，应当将相关情况制作工作记录；采取书面方式告知、通知的，可以通过直接送交、邮寄、转交等途径送达，将有关回执或者凭证附卷。

无法告知、通知，或者相关人员拒绝接收的，调查人员应当在工作记录或者有关文书上记明。

第七十七条　与被调查人进行谈话，应当合理安排时间、控制时长，保证其饮食和必要的休息时间。

第八十二条　讯问被留置的被调查人，应当在留置场所进行。

第八十三条　讯问应当个别进行，调查人员不得少于二人。

第八十六条　证人未被限制人身自由的，可以在其工作地点、住所或者其提出的地点进行询问，也可以通知其到指定地点接受询问。到证人提出的地点或者调查人员指定的地点进行询问的，应当在笔录中记明。

调查人员认为有必要或者证人提出需要由所在单位派员或者其家属陪同到询问地点的，应当办理交接手续并填写《陪送交接单》。

第九十八条　采取留置措施后，应当在二十四小时以内通知被留置人员所在单位和家属。当面通知的，由有关人员在《留置通知书》上签名。无法当面通知的，可以先以电话等方式通知，并通过邮寄、转交等方式送达《留置通知书》，要求有关人员在《留置通知书》上签名。

因可能毁灭、伪造证据，干扰证人作证或者串供等有碍调查情形而不宜通知的，应当按规定报批，记录在案。有碍调查的情形消失后，应当立即通知被留置人员所在单位和家属。

第一百零一条第四款　延长留置时间的，应当通知被留置人员家属。

第一百零二条　对被留置人员不需要继续采取留置措施的，应当按规定报批，及时解除留置。

调查人员应当向被留置人员宣布解除留置措施的决定，由其在《解除留置决定书》上签名、捺指印。被留置人员拒绝签名、捺指印的，调查人员应当在文书上记明。

解除留置措施的，应当及时通知被留置人员所在单位或者家属。

调查人员应当与交接人办理交接手续，并由其在《解除留置通知书》上签名。无法通知或者有关人员拒绝签名的，调查人员应当在文书上记明。

案件依法移送人民检察院审查起诉的，留置措施自犯罪嫌疑人被执行拘留时自动解除，不再办理解除法律手续。

第一百零三条　留置场所应当建立健全保密、消防、医疗、餐饮及安保等安全工作责任制，制定紧急突发事件处置预案，采取安全防范措施。

留置期间发生被留置人员死亡、伤残、脱逃等办案安全事故、事件的，应当及时做好处置工作。相关情况应当立即报告监察机关主要负责人，并在二十四小时以内逐级上报至国家监察委员会。

第一百八十四条　批准立案后，应当由二名以上调查人员出示证件，向被调查人宣布立案决定。宣布立案决定后，应当及时向被调查人所在单位等相关组织送达《立案通知书》，并向被调查人所在单位主要负责人通报。

对涉嫌严重职务违法或者职务犯罪的公职人员立案调查并采取留置措施的，应当按规定通知被调查人家属，并向社会公开发布。

第二百七十七条　监察机关应当建立健全办案安全责任制。承办部门主要负责人和调查组组长是调查安全第一责任人。调查组应当指定专人担任安全员。

地方各级监察机关履行管理、监督职责不力发生严重办案安全事故的，或者办案中存在严重违规违纪违法行为的，省级监察机关主要负责人应当向国家监察委员会作出检讨，并予以通报、严肃追责问责。

案件监督管理部门应当对办案安全责任制落实情况组织经常性检查和不定期抽查，发现问题及时报告并督促整改。

50.2　《刑事诉讼法》

第三十四条　犯罪嫌疑人自被侦查机关第一次讯问或者采取强

制措施之日起，有权委托辩护人；在侦查期间，只能委托律师作为辩护人。被告人有权随时委托辩护人。

侦查机关在第一次讯问犯罪嫌疑人或者对犯罪嫌疑人采取强制措施的时候，应当告知犯罪嫌疑人有权委托辩护人。人民检察院自收到移送审查起诉的案件材料之日起三日以内，应当告知犯罪嫌疑人有权委托辩护人。人民法院自受理案件之日起三日以内，应当告知被告人有权委托辩护人。犯罪嫌疑人、被告人在押期间要求委托辩护人的，人民法院、人民检察院和公安机关应当及时转达其要求。

犯罪嫌疑人、被告人在押的，也可以由其监护人、近亲属代为委托辩护人。

辩护人接受犯罪嫌疑人、被告人委托后，应当及时告知办理案件的机关。

第三十六条　法律援助机构可以在人民法院、看守所等场所派驻值班律师。犯罪嫌疑人、被告人没有委托辩护人，法律援助机构没有指派律师为其提供辩护的，由值班律师为犯罪嫌疑人、被告人提供法律咨询、程序选择建议、申请变更强制措施、对案件处理提出意见等法律帮助。

人民法院、人民检察院、看守所应当告知犯罪嫌疑人、被告人有权约见值班律师，并为犯罪嫌疑人、被告人约见值班律师提供便利。

第三十八条　辩护律师在侦查期间可以为犯罪嫌疑人提供法律帮助；代理申诉、控告；申请变更强制措施；向侦查机关了解犯罪嫌疑人涉嫌的罪名和案件有关情况，提出意见。

第七十五条　监视居住应当在犯罪嫌疑人、被告人的住处执行；无固定住处的，可以在指定的居所执行。对于涉嫌危害国家安全犯罪、恐怖活动犯罪，在住处执行可能有碍侦查的，经上一级公安机关批准，也可以在指定的居所执行。但是，不得在羁押场所、专门的办案场所执行。

指定居所监视居住的，除无法通知的以外，应当在执行监视居住后二十四小时以内，通知被监视居住人的家属。

被监视居住的犯罪嫌疑人、被告人委托辩护人，适用本法第三十四条的规定。

人民检察院对指定居所监视居住的决定和执行是否合法实行监督。

第七十六条　指定居所监视居住的期限应当折抵刑期。被判处管制的，监视居住一日折抵刑期一日；被判处拘役、有期徒刑的，监视居住二日折抵刑期一日。

第七十九条第二款　在取保候审、监视居住期间，不得中断对案件的侦查、起诉和审理。对于发现不应当追究刑事责任或者取保候审、监视居住期限届满的，应当及时解除取保候审、监视居住。解除取保候审、监视居住，应当及时通知被取保候审、监视居住人和有关单位。

第八十五条　公安机关拘留人的时候，必须出示拘留证。

拘留后，应当立即将被拘留人送看守所羁押，至迟不得超过二十四小时。除无法通知或者涉嫌危害国家安全犯罪、恐怖活动犯罪通知可能有碍侦查的情形以外，应当在拘留后二十四小时以内，通知被拘留人的家属。有碍侦查的情形消失以后，应当立即通知被拘留人的家属。

第九十三条　公安机关逮捕人的时候，必须出示逮捕证。

逮捕后，应当立即将被逮捕人送看守所羁押。除无法通知的以外，应当在逮捕后二十四小时以内，通知被逮捕人的家属。

第九十七条　犯罪嫌疑人、被告人及其法定代理人、近亲属或者辩护人有权申请变更强制措施。人民法院、人民检察院和公安机关收到申请后，应当在三日以内作出决定；不同意变更强制措施的，应当告知申请人，并说明不同意的理由。

第一百一十七条　当事人和辩护人、诉讼代理人、利害关系人对于司法机关及其工作人员有下列行为之一的，有权向该机关申诉或者控告：

（一）采取强制措施法定期限届满，不予以释放、解除或者变更的；

（二）应当退还取保候审保证金不退还的；

（三）对与案件无关的财物采取查封、扣押、冻结措施的；

（四）应当解除查封、扣押、冻结不解除的；

（五）贪污、挪用、私分、调换、违反规定使用查封、扣押、冻结的财物的。

受理申诉或者控告的机关应当及时处理。对处理不服的，可以向同级人民检察院申诉；人民检察院直接受理的案件，可以向上一级人民检察院申诉。人民检察院对申诉应当及时进行审查，情况属实的，通知有关机关予以纠正。

50.3 《中国共产党纪律检查机关监督执纪工作规则》

第四十一条　需要对被审查调查人采取留置措施的，应当依据监察法进行，在24小时内通知其所在单位和家属，并及时向社会公开发布。因可能毁灭、伪造证据，干扰证人作证或者串供等有碍调查情形而不宜通知或者公开的，应当按程序报批并记录在案。有碍调查的情形消失后，应当立即通知被留置人员所在单位和家属。

第六十九条　纪检监察机关开展谈话应当做到全程可控。谈话前做好风险评估、医疗保障、安全防范工作以及应对突发事件的预案；谈话中及时研判谈话内容以及案情变化，发现严重职务违法、职务犯罪，依照监察法需要采取留置措施的，应当及时采取留置措施；谈话结束前做好被谈话人思想工作，谈话后按程序与相关单位或者人员交接，并做好跟踪回访等工作。

第七十条　建立健全安全责任制，监督检查、审查调查部门主要负责人和审查调查组组长是审查调查安全第一责任人，审查调查组应当指定专人担任安全员。被审查调查人发生安全事故的，应当在 24 小时内逐级上报至中央纪委，及时做好舆论引导。

发生严重安全事故的，或者存在严重违规违纪违法行为的，省级纪检监察机关主要负责人应当向中央纪委作出检讨，并予以通报、严肃问责追责。

案件监督管理部门应当组织开展经常性检查和不定期抽查，发现问题及时报告并督促整改。

审理审议

> 第五十一条　监察机关在调查工作结束后，应当依法对案件事实和证据、性质认定、程序手续、涉案财物等进行全面审理，形成审理报告，提请集体审议。

【关联法条】

51.1 《监察法实施条例》

第六十条　监察机关认定案件事实应当以证据为根据，全面、客观地收集、固定被调查人有无违法犯罪以及情节轻重的各种证据，形成相互印证、完整稳定的证据链。

只有被调查人陈述或者供述，没有其他证据的，不能认定案件事实；没有被调查人陈述或者供述，证据符合法定标准的，可以认定案件事实。

第六十一条　证据必须经过查证属实，才能作为定案的根据。审查认定证据，应当结合案件的具体情况，从证据与待证事实的关联程度、各证据之间的联系、是否依照法定程序收集等方面进行综合判断。

第六十二条　监察机关调查终结的职务违法案件，应当事实清楚、证据确凿。证据确凿，应当符合下列条件：

（一）定性处置的事实都有证据证实；

（二）定案证据真实、合法；

（三）据以定案的证据之间不存在无法排除的矛盾；

（四）综合全案证据，所认定事实清晰且令人信服。

第六十三条 监察机关调查终结的职务犯罪案件，应当事实清楚，证据确实、充分。证据确实、充分，应当符合下列条件：

（一）定罪量刑的事实都有证据证明；

（二）据以定案的证据均经法定程序查证属实；

（三）综合全案证据，对所认定事实已排除合理怀疑。

证据不足的，不得移送人民检察院审查起诉。

第一百九十一条 案件审理部门收到移送审理的案件后，应当审核材料是否齐全、手续是否完备。对被调查人涉嫌职务犯罪的，还应当审核相关案卷材料是否符合职务犯罪案件立卷要求，是否在调查报告中单独表述已查明的涉嫌犯罪问题，是否形成《起诉建议书》。

经审核符合移送条件的，应当予以受理；不符合移送条件的，经审批可以暂缓受理或者不予受理，并要求调查部门补充完善材料。

第一百九十二条 案件审理部门受理案件后，应当成立由二人以上组成的审理组，全面审理案卷材料。

案件审理部门对于受理的案件，应当以监察法、政务处分法、刑法、《中华人民共和国刑事诉讼法》等法律法规为准绳，对案件事实证据、性质认定、程序手续、涉案财物等进行全面审理。

案件审理部门应当强化监督制约职能，对案件严格审核把关，坚持实事求是、独立审理，依法提出审理意见。坚持调查与审理相分离的原则，案件调查人员不得参与审理。

第一百九十三条 审理工作应当坚持民主集中制原则，经集体审议形成审理意见。

第一百九十四条 审理工作应当在受理之日起一个月以内完成，重大复杂案件经批准可以适当延长。

第一百九十八条 上级监察机关办理下级监察机关管辖案件的，可以经审理后按程序直接进行处置，也可以经审理形成处置意见后，交由下级监察机关办理。

第一百九十九条　被指定管辖的监察机关在调查结束后应当将案件移送审理，提请监察机关集体审议。

上级监察机关将其所管辖的案件指定管辖的，被指定管辖的下级监察机关应当按照前款规定办理后，将案件报上级监察机关依法作出政务处分决定。上级监察机关在作出决定前，应当进行审理。

上级监察机关将下级监察机关管辖的案件指定其他下级监察机关管辖的，被指定管辖的监察机关应当按照第一款规定办理后，将案件送交有管理权限的监察机关依法作出政务处分决定。有管理权限的监察机关应当进行审理，审理意见与被指定管辖的监察机关意见不一致的，双方应当进行沟通；经沟通不能取得一致意见的，报请有权决定的上级监察机关决定。经协商，有管理权限的监察机关在被指定管辖的监察机关审理阶段可以提前阅卷，沟通了解情况。

对于前款规定的重大、复杂案件，被指定管辖的监察机关经集体审议后将处理意见报有权决定的上级监察机关审核同意的，有管理权限的监察机关可以经集体审议后依法处置。

51.2 《中国共产党纪律检查机关监督执纪工作规则》

第五十三条　纪检监察机关应当对涉嫌违纪或者违法、犯罪案件严格依规依纪依法审核把关，提出纪律处理或者处分的意见，做到事实清楚、证据确凿、定性准确、处理恰当、手续完备、程序合规。

纪律处理或者处分必须坚持民主集中制原则，集体讨论决定，不允许任何个人或者少数人决定和批准。

第五十四条　坚持审查调查与审理相分离的原则，审查调查人员不得参与审理。纪检监察机关案件审理部门对涉嫌违纪或者职务违法、职务犯罪问题，依照规定应当给予纪律处理或者处分的案件和复议复查案件进行审核处理。

第五十五条　审理工作按照以下程序进行：

（一）案件审理部门收到审查调查报告后，经审核符合移送条件的予以受理，不符合移送条件的可以暂缓受理或者不予受理。

（二）对于重大、复杂、疑难案件，监督检查、审查调查部门已查清主要违纪或者职务违法、职务犯罪事实并提出倾向性意见的；对涉嫌违纪或者职务违法、职务犯罪行为性质认定分歧较大的，经批准案件审理部门可以提前介入。

（三）案件审理部门受理案件后，应当成立由两人以上组成的审理组，全面审理案卷材料，提出审理意见。

（四）坚持集体审议原则，在民主讨论基础上形成处理意见；对争议较大的应当及时报告，形成一致意见后再作出决定。案件审理部门根据案件审理情况，应当与被审查调查人谈话，核对违纪或者职务违法、职务犯罪事实，听取辩解意见，了解有关情况。

（五）对主要事实不清、证据不足的，经纪检监察机关主要负责人批准，退回监督检查、审查调查部门重新审查调查；需要补充完善证据的，经纪检监察机关相关负责人批准，退回监督检查、审查调查部门补充审查调查。

（六）审理工作结束后应当形成审理报告，内容包括被审查调查人基本情况、审查调查简况、违纪违法或者职务犯罪事实、涉案财物处置、监督检查或者审查调查部门意见、审理意见等。审理报告应当体现党内审查特色，依据《中国共产党纪律处分条例》认定违纪事实性质，分析被审查调查人违反党章、背离党的性质宗旨的错误本质，反映其态度、认识以及思想转变过程。涉嫌职务犯罪需要追究刑事责任的，还应当形成《起诉意见书》，作为审理报告附件。

对给予同级党委委员、候补委员，同级纪委委员、监委委员处分的，在同级党委审议前，应当与上级纪委监委沟通并形成处理意见。

审理工作应当在受理之日起 1 个月内完成，重大复杂案件经批准可以适当延长。

第五十六条　审理报告报经纪检监察机关主要负责人批准后，

提请纪委常委会会议审议。需报同级党委审批的，应当在报批前以纪检监察机关办公厅（室）名义征求同级党委组织部门和被审查调查人所在党委（党组）意见。

处分决定作出后，纪检监察机关应当通知受处分党员所在党委（党组），抄送同级党委组织部门，并依照规定在1个月内向其所在党的基层组织中的全体党员以及本人宣布。处分决定执行情况应当及时报告。

调查处置

第五十二条　监察机关根据监督、调查结果，依法作出如下处置：

（一）对有职务违法行为但情节较轻的公职人员，按照管理权限，直接或者委托有关机关、人员，进行谈话提醒、批评教育、责令检查，或者予以诫勉；

（二）对违法的公职人员依照法定程序作出警告、记过、记大过、降级、撤职、开除等政务处分决定；

（三）对不履行或者不正确履行职责负有责任的领导人员，按照管理权限对其直接作出问责决定，或者向有权作出问责决定的机关提出问责建议；

（四）对涉嫌职务犯罪的，监察机关经调查认为犯罪事实清楚，证据确实、充分的，制作起诉意见书，连同案卷材料、证据一并移送人民检察院依法审查、提起公诉；

（五）对监察对象所在单位廉政建设和履行职责存在的问题等提出监察建议。

监察机关经调查，对没有证据证明被调查人存在违法犯罪行为的，应当撤销案件，并通知被调查人所在单位。

【关联法条】

52.1　《监察法》

第十一条　监察委员会依照本法和有关法律规定履行监督、调查、处置职责：

（一）对公职人员开展廉政教育，对其依法履职、秉公用权、廉洁从政从业以及道德操守情况进行监督检查；

（二）对涉嫌贪污贿赂、滥用职权、玩忽职守、权力寻租、利益输送、徇私舞弊以及浪费国家资财等职务违法和职务犯罪进行调查；

（三）对违法的公职人员依法作出政务处分决定；对履行职责不力、失职失责的领导人员进行问责；对涉嫌职务犯罪的，将调查结果移送人民检察院依法审查、提起公诉；向监察对象所在单位提出监察建议。

52.2 《公职人员政务处分法》

第三条　监察机关应当按照管理权限，加强对公职人员的监督，依法给予违法的公职人员政务处分。

公职人员任免机关、单位应当按照管理权限，加强对公职人员的教育、管理、监督，依法给予违法的公职人员处分。

监察机关发现公职人员任免机关、单位应当给予处分而未给予，或者给予的处分违法、不当的，应当及时提出监察建议。

第七条　政务处分的种类为：

（一）警告；

（二）记过；

（三）记大过；

（四）降级；

（五）撤职；

（六）开除。

第十二条　公职人员违法行为情节轻微，且具有本法第十一条规定的情形之一的，可以对其进行谈话提醒、批评教育、责令检查或者予以诫勉，免予或者不予政务处分。

公职人员因不明真相被裹挟或者被胁迫参与违法活动，经批评教育后确有悔改表现的，可以减轻、免予或者不予政务处分。

第四十四条　调查终结后，监察机关应当根据下列不同情况，分别作出处理：

（一）确有应受政务处分的违法行为的，根据情节轻重，按照政务处分决定权限，履行规定的审批手续后，作出政务处分决定；

（二）违法事实不能成立的，撤销案件；

（三）符合免予、不予政务处分条件的，作出免予、不予政务处分决定；

（四）被调查人涉嫌其他违法或者犯罪行为的，依法移送主管机关处理。

第六十一条　有关机关、单位无正当理由拒不采纳监察建议的，由其上级机关、主管部门责令改正，对该机关、单位给予通报批评，对负有责任的领导人员和直接责任人员依法给予处理。

52.3 《监察法实施条例》

第三十三条　监察机关对违法的公职人员，依据监察法、政务处分法等规定作出政务处分决定。

第三十四条　监察机关在追究违法的公职人员直接责任的同时，依法对履行职责不力、失职失责，造成严重后果或者恶劣影响的领导人员予以问责。

监察机关应当组成调查组依法开展问责调查。调查结束后经集体讨论形成调查报告，需要进行问责的按照管理权限作出问责决定，或者向有权作出问责决定的机关、单位书面提出问责建议。

第三十五条　监察机关对涉嫌职务犯罪的人员，经调查认为犯罪事实清楚，证据确实、充分，需要追究刑事责任的，依法移送人民检察院审查起诉。

第三十六条　监察机关根据监督、调查结果，发现监察对象所在单位在廉政建设、权力制约、监督管理、制度执行以及履行职责等方面存在问题需要整改纠正的，依法提出监察建议。

监察机关应当跟踪了解监察建议的采纳情况，指导、督促有关单位限期整改，推动监察建议落实到位。

第一百九十九条 被指定管辖的监察机关在调查结束后应当将案件移送审理，提请监察机关集体审议。

上级监察机关将其所管辖的案件指定管辖的，被指定管辖的下级监察机关应当按照前款规定办理后，将案件报上级监察机关依法作出政务处分决定。上级监察机关在作出决定前，应当进行审理。

上级监察机关将下级监察机关管辖的案件指定其他下级监察机关管辖的，被指定管辖的监察机关应当按照第一款规定办理后，将案件送交有管理权限的监察机关依法作出政务处分决定。有管理权限的监察机关应当进行审理，审理意见与被指定管辖的监察机关意见不一致的，双方应当进行沟通；经沟通不能取得一致意见的，报请有权决定的上级监察机关决定。经协商，有管理权限的监察机关在被指定管辖的监察机关审理阶段可以提前阅卷，沟通了解情况。

对于前款规定的重大、复杂案件，被指定管辖的监察机关经集体审议后将处理意见报有权决定的上级监察机关审核同意的，有管理权限的监察机关可以经集体审议后依法处置。

第二百条 监察机关根据监督、调查结果，依据监察法、政务处分法等规定进行处置。

第二百零一条 监察机关对于公职人员有职务违法行为但情节较轻的，可以依法进行谈话提醒、批评教育、责令检查，或者予以诫勉。上述方式可以单独使用，也可以依据规定合并使用。

谈话提醒、批评教育应当由监察机关相关负责人或者承办部门负责人进行，可以由被谈话提醒、批评教育人所在单位有关负责人陪同；经批准也可以委托其所在单位主要负责人进行。对谈话提醒、批评教育情况应当制作记录。

被责令检查的公职人员应当作出书面检查并进行整改。整改情况在一定范围内通报。

诫勉由监察机关以谈话或者书面方式进行。以谈话方式进行的，应当制作记录。

第二百零二条　对违法的公职人员依法需要给予政务处分的，应当根据情节轻重作出警告、记过、记大过、降级、撤职、开除的政务处分决定，制作政务处分决定书。

第二百零四条　监察机关对不履行或者不正确履行职责造成严重后果或者恶劣影响的领导人员，可以按照管理权限采取通报、诫勉、政务处分等方式进行问责；提出组织处理的建议。

第二百零五条　监察机关依法向监察对象所在单位提出监察建议的，应当经审批制作监察建议书。

监察建议书一般应当包括下列内容：

（一）监督调查情况；

（二）调查中发现的主要问题及其产生的原因；

（三）整改建议、要求和期限；

（四）向监察机关反馈整改情况的要求。

第二百零六条　监察机关经调查，对没有证据证明或者现有证据不足以证明被调查人存在违法犯罪行为的，应当依法撤销案件。省级以下监察机关撤销案件后，应当在七个工作日以内向上一级监察机关报送备案报告。上一级监察机关监督检查部门负责备案工作。

省级以下监察机关拟撤销上级监察机关指定管辖或者交办案件的，应当将《撤销案件意见书》连同案卷材料，在法定调查期限到期七个工作日前报指定管辖或者交办案件的监察机关审查。对于重大、复杂案件，在法定调查期限到期十个工作日前报指定管辖或者交办案件的监察机关审查。

指定管辖或者交办案件的监察机关由监督检查部门负责审查工作。指定管辖或者交办案件的监察机关同意撤销案件的，下级监察机关应当作出撤销案件决定，制作《撤销案件决定书》；指定管辖或者交办案件的监察机关不同意撤销案件的，下级监察机关应当执行该决定。

监察机关对于撤销案件的决定应当向被调查人宣布，由其在《撤销案件决定书》上签名、捺指印，立即解除留置措施，并通知其所在机关、单位。

撤销案件后又发现重要事实或者有充分证据，认为被调查人有违法犯罪事实需要追究法律责任的，应当重新立案调查。

第二百零七条　对于涉嫌行贿等犯罪的非监察对象，案件调查终结后依法移送起诉。综合考虑行为性质、手段、后果、时间节点、认罪悔罪态度等具体情况，对于情节较轻，经审批不予移送起诉的，应当采取批评教育、责令具结悔过等方式处置；应当给予行政处罚的，依法移送有关行政执法部门。

对于有行贿行为的涉案单位和人员，按规定记入相关信息记录，可以作为信用评价的依据。

对于涉案单位和人员通过行贿等非法手段取得的财物及孳息，应当依法予以没收、追缴或者责令退赔。对于违法取得的其他不正当利益，依照法律法规及有关规定予以纠正处理。

第二百一十二条　监察机关决定对涉嫌职务犯罪的被调查人移送起诉的，应当出具《起诉意见书》，连同案卷材料、证据等，一并移送同级人民检察院。

监察机关案件审理部门负责与人民检察院审查起诉的衔接工作，调查、案件监督管理等部门应当予以协助。

国家监察委员会派驻或者派出的监察机构、监察专员调查的职务犯罪案件，应当依法移送省级人民检察院审查起诉。

第二百一十三条　涉嫌职务犯罪的被调查人和涉案人员符合监察法第三十一条〔1〕、第三十二条〔2〕规定情形的，结合其案发前的一贯表现、违法犯罪行为的情节、后果和影响等因素，监察机关经综合研判和集体审议，报上一级监察机关批准，可以在移送人民检察

〔1〕 对应2024年12月25日修正的《监察法》第34条。

〔2〕 对应2024年12月25日修正的《监察法》第35条。

院时依法提出从轻、减轻或者免除处罚等从宽处罚建议。报请批准时，应当一并提供主要证据材料、忏悔反思材料。

上级监察机关相关监督检查部门负责审查工作，重点审核拟认定的从宽处罚情形、提出的从宽处罚建议，经审批在十五个工作日以内作出批复。

52.4 《刑事诉讼法》

第一百七十条　人民检察院对于监察机关移送起诉的案件，依照本法和监察法的有关规定进行审查。人民检察院经审查，认为需要补充核实的，应当退回监察机关补充调查，必要时可以自行补充侦查。

对于监察机关移送起诉的已采取留置措施的案件，人民检察院应当对犯罪嫌疑人先行拘留，留置措施自动解除。人民检察院应当在拘留后的十日以内作出是否逮捕、取保候审或者监视居住的决定。在特殊情况下，决定的时间可以延长一日至四日。人民检察院决定采取强制措施的期间不计入审查起诉期限。

第一百七十二条　人民检察院对于监察机关、公安机关移送起诉的案件，应当在一个月以内作出决定，重大、复杂的案件，可以延长十五日；犯罪嫌疑人认罪认罚，符合速裁程序适用条件的，应当在十日以内作出决定，对可能判处的有期徒刑超过一年的，可以延长至十五日。

人民检察院审查起诉的案件，改变管辖的，从改变后的人民检察院收到案件之日起计算审查起诉期限。

第二百九十一条　对于贪污贿赂犯罪案件，以及需要及时进行审判，经最高人民检察院核准的严重危害国家安全犯罪、恐怖活动犯罪案件，犯罪嫌疑人、被告人在境外，监察机关、公安机关移送起诉，人民检察院认为犯罪事实已经查清，证据确实、充分，依法应当追究刑事责任的，可以向人民法院提起公诉。人民法院进行审查后，对于起诉书中有明确的指控犯罪事实，符合缺席审判程序适用条件的，应当决定开庭审判。

前款案件，由犯罪地、被告人离境前居住地或者最高人民法院指定的中级人民法院组成合议庭进行审理。

52.5 《中国共产党纪律处分条例》

第三十一条 党组织在纪律审查中发现党员严重违纪涉嫌违法犯罪的，原则上先作出党纪处分决定，并按照规定由监察机关给予政务处分或者由任免机关（单位）给予处分后，再移送有关国家机关依法处理。

第三十五条 党员依法受到刑事责任追究的，党组织应当根据司法机关的生效判决、裁定、决定及其认定的事实、性质和情节，依照本条例规定给予党纪处分，是公职人员的由监察机关给予相应政务处分或者由任免机关（单位）给予相应处分。

党员依法受到政务处分、任免机关（单位）给予的处分、行政处罚，应当追究党纪责任的，党组织可以根据生效的处分、行政处罚决定认定的事实、性质和情节，经核实后依照规定给予相应党纪处分或者组织处理。其中，党员依法受到撤职以上处分的，应当依照本条例规定给予撤销党内职务以上处分。

党员违反国家法律法规、企事业单位或者其他社会组织的规章制度受到其他处分，应当追究党纪责任的，党组织在对有关方面认定的事实、性质和情节进行核实后，依照规定给予相应党纪处分或者组织处理。

党组织作出党纪处分或者组织处理决定后，监察机关、司法机关、行政机关等依法改变原生效判决、裁定、决定等，对原党纪处分或者组织处理决定产生影响的，党组织应当根据改变后的生效判决、裁定、决定等重新作出相应处理。

52.6 《中国共产党纪律检查委员会工作条例》

第三十一条 党的各级纪律检查委员会围绕实现党章赋予的任务，坚持聚焦主责主业，履行监督、执纪、问责职责。

坚持把监督作为基本职责，抓早抓小、防微杜渐，综合考虑错误性质、情节后果、主观态度等因素，依规依纪依法、精准有效运用监督执纪“四种形态”：

（一）党员、干部有作风纪律方面的苗头性、倾向性问题或者轻微违纪问题，或者有一般违纪问题但具备免予处分情形的，运用监督执纪第一种形态，按照规定进行谈话提醒、批评教育、责令检查等，或者予以诫勉。

（二）党员、干部有一般违纪问题，或者违纪问题严重但具有主动交代等从轻减轻处分情形的，运用监督执纪第二种形态，按照规定给予警告、严重警告处分，或者建议单处、并处停职检查、调整职务、责令辞职、免职等处理。

（三）党员、干部有严重违纪问题，或者严重违纪并构成严重职务违法的，运用监督执纪第三种形态，按照规定给予撤销党内职务、留党察看、开除党籍处分，同时建议给予降职或者依法给予撤职、开除公职、调整其享受的待遇等处理。

（四）党员、干部严重违纪、涉嫌犯罪的，运用监督执纪第四种形态，按照规定给予开除党籍处分，同时依法给予开除公职、调整或者取消其享受的待遇等处理，再移送司法机关依法追究刑事责任。

52.7 《中国共产党问责条例》

第八条　对党组织的问责，根据危害程度以及具体情况，可以采取以下方式：

（一）检查。责令作出书面检查并切实整改。

（二）通报。责令整改，并在一定范围内通报。

（三）改组。对失职失责，严重违犯党的纪律、本身又不能纠正的，应当予以改组。

对党的领导干部的问责，根据危害程度以及具体情况，可以采取以下方式：

（一）通报。进行严肃批评，责令作出书面检查、切实整改，并在一定范围内通报。

（二）诫勉。以谈话或者书面方式进行诫勉。

（三）组织调整或者组织处理。对失职失责、危害较重，不适宜担任现职的，应当根据情况采取停职检查、调整职务、责令辞职、免职、降职等措施。

（四）纪律处分。对失职失责、危害严重，应当给予纪律处分的，依照《中国共产党纪律处分条例》追究纪律责任。

上述问责方式，可以单独使用，也可以依据规定合并使用。问责方式有影响期的，按照有关规定执行。

52.8 《中国共产党组织处理规定（试行）》

第三条 本规定所称组织处理，是指党组织对违规违纪违法、失职失责失范的领导干部采取的岗位、职务、职级调整措施，包括停职检查、调整职务、责令辞职、免职、降职。

第六条 党委（党组）及其组织（人事）部门按照干部管理权限履行组织处理职责。

有关机关、单位在执纪执法、日常管理监督等工作中发现领导干部存在需要进行组织处理的情形，应当向党委（党组）报告，或者向组织（人事）部门提出建议。

第八条 组织处理可以单独使用，也可以和党纪政务处分合并使用。

第九条 领导干部在推进改革中因缺乏经验、先行先试出现失误，尚无明确限制的探索性试验中出现失误，为推动发展出现无意过失，后果影响不是特别严重的，以及已经履职尽责，但因不可抗力、难以预见等因素造成损失的，可以不予或者免予组织处理。

第十二条 领导干部对组织处理决定不服的，可以在收到组织处理决定后，向作出组织处理决定的党委（党组）提出书面申诉。党委（党组）应当在收到申诉的1个月内作出申诉处理决定，以书面形式告知干部本人以及所在单位。领导干部对申诉处理决定不服的，可以向上级组织（人事）部门提出书面申诉。上级组织（人事）部门应当在2个月内予以办理并作出答复，情况复杂的不超过3个月。

申诉期间，不停止组织处理决定的执行。

第十三条　对领导干部组织处理存在事实认定不清楚、责任界定不准确的，应当重新调查核实。处理不当的，应当及时予以纠正。必要时，上级党委（党组）可以责令作出组织处理决定的党委（党组）予以纠正。

52.9 《中国共产党纪律检查机关监督执纪工作规则》

第十九条　纪检监察机关对监督中发现的突出问题，应当向有关党组织或者单位提出纪律检查建议或者监察建议，通过督促召开专题民主生活会、组织开展专项检查等方式，督查督办，推动整改。

52.10 《人民检察院刑事诉讼规则》

第一百四十二条　对于监察机关移送起诉的已采取留置措施的案件，人民检察院应当在受理案件后，及时对犯罪嫌疑人作出拘留决定，交公安机关执行。执行拘留后，留置措施自动解除。

第一百四十三条　人民检察院应当在执行拘留后十日以内，作出是否逮捕、取保候审或者监视居住的决定。特殊情况下，决定的时间可以延长一日至四日。

人民检察院决定采取强制措施的期间不计入审查起诉期限。

第一百四十四条　除无法通知的以外，人民检察院应当在公安机关执行拘留、逮捕后二十四小时以内，通知犯罪嫌疑人的家属。

第一百四十五条　人民检察院应当自收到移送起诉的案卷材料之日起三日以内告知犯罪嫌疑人有权委托辩护人。对已经采取留置措施的，应当在执行拘留时告知。

第一百四十六条　对于监察机关移送起诉的未采取留置措施的案件，人民检察院受理后，在审查起诉过程中根据案件情况，可以依照本规则相关规定决定是否采取逮捕、取保候审或者监视居住措施。

第一百四十七条　对于监察机关移送起诉案件的犯罪嫌疑人采取强制措施，本节未规定的，适用本规则相关规定。

第三百二十九条　监察机关移送起诉的案件，需要依照刑事诉讼法的规定指定审判管辖的，人民检察院应当在监察机关移送起诉二十日前协商同级人民法院办理指定管辖有关事宜。

违法财物处置

第五十三条　监察机关经调查，对违法取得的财物，依法予以没收、追缴或者责令退赔；对涉嫌犯罪取得的财物，应当随案移送人民检察院。

【关联法条】

53.1 《监察法实施条例》

第二百零七条　对于涉嫌行贿等犯罪的非监察对象，案件调查终结后依法移送起诉。综合考虑行为性质、手段、后果、时间节点、认罪悔罪态度等具体情况，对于情节较轻，经审批不予移送起诉的，应当采取批评教育、责令具结悔过等方式处置；应当给予行政处罚的，依法移送有关行政执法部门。

对于有行贿行为的涉案单位和人员，按规定记入相关信息记录，可以作为信用评价的依据。

对于涉案单位和人员通过行贿等非法手段取得的财物及孳息，应当依法予以没收、追缴或者责令退赔。对于违法取得的其他不正当利益，依照法律法规及有关规定予以纠正处理。

第二百零八条　对查封、扣押、冻结的涉嫌职务犯罪所得财物及孳息应当妥善保管，并制作《移送司法机关涉案财物清单》随案移送人民检察院。对作为证据使用的实物应当随案移送；对不宜移送的，应当将清单、照片和其他证明文件随案移送。

对于移送人民检察院的涉案财物，价值不明的，应当在移送起诉前委托进行价格认定。在价格认定过程中，需要对涉案财物先行作出真伪鉴定或者出具技术、质量检测报告的，应当委托有关鉴定机构或者检测机构进行真伪鉴定或者技术、质量检测。

对不属于犯罪所得但属于违法取得的财物及孳息，应当依法予以没收、追缴或者责令退赔，并出具有关法律文书。

对经认定不属于违法所得的财物及孳息，应当及时予以返还，并办理签收手续。

第二百零九条　监察机关经调查，对违法取得的财物及孳息决定追缴或者责令退赔的，可以依法要求公安、自然资源、住房城乡建设、市场监管、金融监管等部门以及银行等机构、单位予以协助。

追缴涉案财物以追缴原物为原则，原物已经转化为其他财物的，应当追缴转化后的财物；有证据证明依法应当追缴、没收的涉案财物无法找到、被他人善意取得、价值灭失减损或者与其他合法财产混合且不可分割的，可以依法追缴、没收其他等值财产。

追缴或者责令退赔应当自处置决定作出之日起一个月以内执行完毕。因被调查人的原因逾期执行的除外。

人民检察院、人民法院依法将不认定为犯罪所得的相关涉案财物退回监察机关的，监察机关应当依法处理。

第二百三十二条　对于贪污贿赂、失职渎职等职务犯罪案件，被调查人逃匿，在通缉一年后不能到案，或者被调查人死亡，依法应当追缴其违法所得及其他涉案财产的，承办部门在调查终结后应当依法移送审理。

监察机关应当经集体审议，出具《没收违法所得意见书》，连同案卷材料、证据等，一并移送人民检察院依法提出没收违法所得的申请。

监察机关将《没收违法所得意见书》移送人民检察院后，在逃的被调查人自动投案或者被抓获的，监察机关应当及时通知人民检察院。

第二百五十条　监察机关对依法应当追缴的境外违法所得及其

他涉案财产，应当责令涉案人员以合法方式退赔。涉案人员拒不退赔的，可以依法通过下列方式追缴：

（一）在开展引渡等追逃合作时，随附请求有关国家（地区）移交相关违法所得及其他涉案财产；

（二）依法启动违法所得没收程序，由人民法院对相关违法所得及其他涉案财产作出冻结、没收裁定，请有关国家（地区）承认和执行，并予以返还；

（三）请有关国家（地区）依法追缴相关违法所得及其他涉案财产，并予以返还；

（四）通过其他合法方式追缴。

第二百八十条　监察机关及其工作人员在行使职权时，有下列情形之一的，受害人可以申请国家赔偿：

（一）采取留置措施后，决定撤销案件的；

（二）违法没收、追缴或者违法查封、扣押、冻结财物造成损害的；

（三）违法行使职权，造成被调查人、涉案人员或者证人身体伤害或者死亡的；

（四）非法剥夺他人人身自由的；

（五）其他侵犯公民、法人和其他组织合法权益造成损害的。

受害人死亡的，其继承人和其他有扶养关系的亲属有权要求赔偿；受害的法人或者其他组织终止的，其权利承受人有权要求赔偿。

53.2　《刑事诉讼法》

第一百七十七条　犯罪嫌疑人没有犯罪事实，或者有本法第十六条规定的情形之一的，人民检察院应当作出不起诉决定。

对于犯罪情节轻微，依照刑法规定不需要判处刑罚或者免除刑罚的，人民检察院可以作出不起诉决定。

人民检察院决定不起诉的案件，应当同时对侦查中查封、扣押、冻结的财物解除查封、扣押、冻结。对被不起诉人需要给予行政处罚、处分或者需要没收其违法所得的，人民检察院应当提出检察意见，移送有关主管机关处理。有关主管机关应当将处理结果及时通知人民检察院。

第二百七十二条　没收财产的判决，无论附加适用或者独立适用，都由人民法院执行；在必要的时候，可以会同公安机关执行。

第二百九十八条　对于贪污贿赂犯罪、恐怖活动犯罪等重大犯罪案件，犯罪嫌疑人、被告人逃匿，在通缉一年后不能到案，或者犯罪嫌疑人、被告人死亡，依照刑法规定应当追缴其违法所得及其他涉案财产的，人民检察院可以向人民法院提出没收违法所得的申请。

公安机关认为有前款规定情形的，应当写出没收违法所得意见书，移送人民检察院。

没收违法所得的申请应当提供与犯罪事实、违法所得相关的证据材料，并列明财产的种类、数量、所在地及查封、扣押、冻结的情况。

人民法院在必要的时候，可以查封、扣押、冻结申请没收的财产。

第二百九十九条　没收违法所得的申请，由犯罪地或者犯罪嫌疑人、被告人居住地的中级人民法院组成合议庭进行审理。

人民法院受理没收违法所得的申请后，应当发出公告。公告期间为六个月。犯罪嫌疑人、被告人的近亲属和其他利害关系人有权申请参加诉讼，也可以委托诉讼代理人参加诉讼。

人民法院在公告期满后对没收违法所得的申请进行审理。利害关系人参加诉讼的，人民法院应当开庭审理。

第三百条　人民法院经审理，对经查证属于违法所得及其他涉案财产，除依法返还被害人的以外，应当裁定予以没收；对不属于应当追缴的财产的，应当裁定驳回申请，解除查封、扣押、冻结措施。

对于人民法院依照前款规定作出的裁定，犯罪嫌疑人、被告人的近亲属和其他利害关系人或者人民检察院可以提出上诉、抗诉。

第三百零一条　在审理过程中，在逃的犯罪嫌疑人、被告人自动投案或者被抓获的，人民法院应当终止审理。

没收犯罪嫌疑人、被告人财产确有错误的，应当予以返还、赔偿。

审查起诉

第五十四条　对监察机关移送的案件，人民检察院依照《中华人民共和国刑事诉讼法》对被调查人采取强制措施。

人民检察院经审查，认为犯罪事实已经查清，证据确实、充分，依法应当追究刑事责任的，应当作出起诉决定。

人民检察院经审查，认为需要补充核实的，应当退回监察机关补充调查，必要时可以自行补充侦查。对于补充调查的案件，应当在一个月内补充调查完毕。补充调查以二次为限。

人民检察院对于有《中华人民共和国刑事诉讼法》规定的不起诉的情形的，经上一级人民检察院批准，依法作出不起诉的决定。监察机关认为不起诉的决定有错误的，可以向上一级人民检察院提请复议。

【关联法条】

54.1 《监察法实施条例》

第二百三十条　监察机关认为人民检察院不起诉决定有错误的，应当在收到不起诉决定书后三十日以内，依法向其上一级人民检察院提请复议。监察机关应当将上述情况及时向上一级监察机关书面报告。

第二百三十一条　对于监察机关移送起诉的案件，人民检察院作出不起诉决定，人民法院作出无罪判决，或者监察机关经人民检察院退回补充调查后不再移送起诉，涉及对被调查人已生效政务处分事实认定的，监察机关应当依法对政务处分决定进行审核。认为原政务处分决定认定事实清楚、适用法律正确的，不再改变；认为原政务处分决定确有错误或者不当的，依法予以撤销或者变更。

54.2 《刑法》

第三十七条　对于犯罪情节轻微不需要判处刑罚的，可以免予刑事处罚，但是可以根据案件的不同情况，予以训诫或者责令具结悔过、赔礼道歉、赔偿损失，或者由主管部门予以行政处罚或者行政处分。

54.3 《刑事诉讼法》

第十六条　有下列情形之一的，不追究刑事责任，已经追究的，应当撤销案件，或者不起诉，或者终止审理，或者宣告无罪：

（一）情节显著轻微、危害不大，不认为是犯罪的；

（二）犯罪已过追诉时效期限的；

（三）经特赦令免除刑罚的；

（四）依照刑法告诉才处理的犯罪，没有告诉或者撤回告诉的；

（五）犯罪嫌疑人、被告人死亡的；

（六）其他法律规定免予追究刑事责任的。

第五十五条　对一切案件的判处都要重证据，重调查研究，不轻信口供。只有被告人供述，没有其他证据的，不能认定被告人有罪和处以刑罚；没有被告人供述，证据确实、充分的，可以认定被告人有罪和处以刑罚。

证据确实、充分，应当符合以下条件：

（一）定罪量刑的事实都有证据证明；

（二）据以定案的证据均经法定程序查证属实；

（三）综合全案证据，对所认定事实已排除合理怀疑。

第一百七十六条　人民检察院认为犯罪嫌疑人的犯罪事实已经查清，证据确实、充分，依法应当追究刑事责任的，应当作出起诉决定，按照审判管辖的规定，向人民法院提起公诉，并将案卷材料、证据移送人民法院。

犯罪嫌疑人认罪认罚的，人民检察院应当就主刑、附加刑、是否适用缓刑等提出量刑建议，并随案移送认罪认罚具结书等材料。

第一百七十七条 犯罪嫌疑人没有犯罪事实，或者有本法第十六条规定的情形之一的，人民检察院应当作出不起诉决定。

对于犯罪情节轻微，依照刑法规定不需要判处刑罚或者免除刑罚的，人民检察院可以作出不起诉决定。

人民检察院决定不起诉的案件，应当同时对侦查中查封、扣押、冻结的财物解除查封、扣押、冻结。对被不起诉人需要给予行政处罚、处分或者需要没收其违法所得的，人民检察院应当提出检察意见，移送有关主管机关处理。有关主管机关应当将处理结果及时通知人民检察院。

第一百七十八条 不起诉的决定，应当公开宣布，并且将不起诉决定书送达被不起诉人和他的所在单位。如果被不起诉人在押，应当立即释放。

54.4 《中国共产党纪律检查机关监督执纪工作规则》

第五十七条 被审查调查人涉嫌职务犯罪的，应当由案件监督管理部门协调办理移送司法机关事宜。对于采取留置措施的案件，在人民检察院对犯罪嫌疑人先行拘留后，留置措施自动解除。

案件移送司法机关后，审查调查部门应当跟踪了解处理情况，发现问题及时报告，不得违规过问、干预处理工作。

审理工作完成后，对涉及的其他问题线索，经批准应当及时移送有关纪检监察机关处置。

54.5 《人民检察院刑事诉讼规则》

第六十三条 人民检察院侦查终结或者提起公诉的案件，证据应当确实、充分。证据确实、充分，应当符合以下条件：

（一）定罪量刑的事实都有证据证明；

（二）据以定案的证据均经法定程序查证属实；

（三）综合全案证据，对所认定事实已排除合理怀疑。

第一百四十二条　对于监察机关移送起诉的已采取留置措施的案件，人民检察院应当在受理案件后，及时对犯罪嫌疑人作出拘留决定，交公安机关执行。执行拘留后，留置措施自动解除。

第一百四十三条　人民检察院应当在执行拘留后十日以内，作出是否逮捕、取保候审或者监视居住的决定。特殊情况下，决定的时间可以延长一日至四日。

人民检察院决定采取强制措施的期间不计入审查起诉期限。

第一百四十四条　除无法通知的以外，人民检察院应当在公安机关执行拘留、逮捕后二十四小时以内，通知犯罪嫌疑人的家属。

第一百四十五条　人民检察院应当自收到移送起诉的案卷材料之日起三日以内告知犯罪嫌疑人有权委托辩护人。对已经采取留置措施的，应当在执行拘留时告知。

第一百四十六条　对于监察机关移送起诉的未采取留置措施的案件，人民检察院受理后，在审查起诉过程中根据案件情况，可以依照本规则相关规定决定是否采取逮捕、取保候审或者监视居住措施。

第一百四十七条　对于监察机关移送起诉案件的犯罪嫌疑人采取强制措施，本节未规定的，适用本规则相关规定。

第三百四十三条　人民检察院对于监察机关移送起诉的案件，认为需要补充调查的，应当退回监察机关补充调查。必要时，可以自行补充侦查。

需要退回补充调查的案件，人民检察院应当出具补充调查决定书、补充调查提纲，写明补充调查的事项、理由、调查方向、需补充收集的证据及其证明作用等，连同案卷材料一并送交监察机关。

人民检察院决定退回补充调查的案件，犯罪嫌疑人已被采取强制措施的，应当将退回补充调查情况书面通知强制措施执行机关。监察机关需要讯问的，人民检察院应当予以配合。

第三百四十四条　对于监察机关移送起诉的案件，具有下列情形之一的，人民检察院可以自行补充侦查：

（一）证人证言、犯罪嫌疑人供述和辩解、被害人陈述的内容主要情节一致，个别情节不一致的；

（二）物证、书证等证据材料需要补充鉴定的；

（三）其他由人民检察院查证更为便利、更有效率、更有利于查清案件事实的情形。

自行补充侦查完毕后，应当将相关证据材料入卷，同时抄送监察机关。人民检察院自行补充侦查的，可以商请监察机关提供协助。

第三百四十六条　退回监察机关补充调查、退回公安机关补充侦查的案件，均应当在一个月以内补充调查、补充侦查完毕。

补充调查、补充侦查以二次为限。

补充调查、补充侦查完毕移送起诉后，人民检察院重新计算审查起诉期限。

人民检察院负责捕诉的部门退回本院负责侦查的部门补充侦查的期限、次数按照本条第一款至第三款的规定执行。

第三百五十五条　人民检察院认为犯罪嫌疑人的犯罪事实已经查清，证据确实、充分，依法应当追究刑事责任的，应当作出起诉决定。

具有下列情形之一的，可以认为犯罪事实已经查清：

（一）属于单一罪行的案件，查清的事实足以定罪量刑或者与定罪量刑有关的事实已经查清，不影响定罪量刑的事实无法查清的；

（二）属于数个罪行的案件，部分罪行已经查清并符合起诉条件，其他罪行无法查清的；

（三）无法查清作案工具、赃物去向，但有其他证据足以对被告人定罪量刑的；

（四）证人证言、犯罪嫌疑人供述和辩解、被害人陈述的内容主要情节一致，个别情节不一致，但不影响定罪的。

对于符合前款第二项情形的，应当以已经查清的罪行起诉。

第三百六十五条　人民检察院对于监察机关或者公安机关移送起诉的案件，发现犯罪嫌疑人没有犯罪事实，或者符合刑事诉讼法第十六条规定的情形之一的，经检察长批准，应当作出不起诉决定。

对于犯罪事实并非犯罪嫌疑人所为，需要重新调查或者侦查的，应当在作出不起诉决定后书面说明理由，将案卷材料退回监察机关或者公安机关并建议重新调查或者侦查。

第三百六十七条　人民检察院对于二次退回补充调查或者补充侦查的案件，仍然认为证据不足，不符合起诉条件的，经检察长批准，依法作出不起诉决定。

人民检察院对于经过一次退回补充调查或者补充侦查的案件，认为证据不足，不符合起诉条件，且没有再次退回补充调查或者补充侦查必要的，经检察长批准，可以作出不起诉决定。

第三百七十一条　人民检察院直接受理侦查的案件，以及监察机关移送起诉的案件，拟作不起诉决定的，应当报请上一级人民检察院批准。

第三百七十八条　对于监察机关或者公安机关移送起诉的案件，人民检察院决定不起诉的，应当将不起诉决定书送达监察机关或者公安机关。

第三百七十九条　监察机关认为不起诉的决定有错误，向上一级人民检察院提请复议的，上一级人民检察院应当在收到提请复议意见书后三十日以内，经检察长批准，作出复议决定，通知监察机关。

公安机关认为不起诉决定有错误要求复议的，人民检察院负责捕诉的部门应当另行指派检察官或者检察官办案组进行审查，并在收到要求复议意见书后三十日以内，经检察长批准，作出复议决定，通知公安机关。

第三百八十三条 人民检察院应当将复查决定书送达被害人、被不起诉人和作出不起诉决定的人民检察院。

上级人民检察院经复查作出起诉决定的，应当撤销下级人民检察院的不起诉决定，交由下级人民检察院提起公诉，并将复查决定抄送移送起诉的监察机关或者公安机关。

第三百八十五条 对于人民检察院依照刑事诉讼法第一百七十七条第二款规定作出的不起诉决定，被不起诉人不服，在收到不起诉决定书后七日以内提出申诉的，应当由作出决定的人民检察院负责捕诉的部门进行复查；被不起诉人在收到不起诉决定书七日以后提出申诉的，由负责控告申诉检察的部门进行审查。经审查，认为不起诉决定正确的，出具审查结论直接答复申诉人，并做好释法说理工作；认为不起诉决定可能存在错误的，移送负责捕诉的部门复查。

人民检察院应当将复查决定书送达被不起诉人、被害人。复查后，撤销不起诉决定，变更不起诉的事实或者法律依据的，应当同时将复查决定书抄送移送起诉的监察机关或者公安机关。

第五百零五条 对于监察机关移送起诉的贪污贿赂犯罪案件，犯罪嫌疑人、被告人在境外，人民检察院认为犯罪事实已经查清，证据确实、充分，依法应当追究刑事责任的，可以向人民法院提起公诉。

对于公安机关移送起诉的需要及时进行审判的严重危害国家安全犯罪、恐怖活动犯罪案件，犯罪嫌疑人、被告人在境外，人民检察院认为犯罪事实已经查清，证据确实、充分，依法应当追究刑事责任的，经最高人民检察院核准，可以向人民法院提起公诉。

前两款规定的案件，由有管辖权的中级人民法院的同级人民检察院提起公诉。

人民检察院提起公诉的，应当向人民法院提交被告人已出境的证据。

被调查人逃匿或者死亡情况的处理

第五十五条　监察机关在调查贪污贿赂、失职渎职等职务犯罪案件过程中，被调查人逃匿或者死亡，有必要继续调查的，应当继续调查并作出结论。被调查人逃匿，在通缉一年后不能到案，或者死亡的，由监察机关提请人民检察院依照法定程序，向人民法院提出没收违法所得的申请。

【关联法条】

55.1　《刑法》

第六十四条　犯罪分子违法所得的一切财物，应当予以追缴或者责令退赔；对被害人的合法财产，应当及时返还；违禁品和供犯罪所用的本人财物，应当予以没收。没收的财物和罚金，一律上缴国库，不得挪用和自行处理。

55.2　《监察法实施条例》

第二百三十二条　对于贪污贿赂、失职渎职等职务犯罪案件，被调查人逃匿，在通缉一年后不能到案，或者被调查人死亡，依法应当追缴其违法所得及其他涉案财产的，承办部门在调查终结后应当依法移送审理。

监察机关应当经集体审议，出具《没收违法所得意见书》，连同案卷材料、证据等，一并移送人民检察院依法提出没收违法所得的申请。

监察机关将《没收违法所得意见书》移送人民检察院后，在逃的被调查人自动投案或者被抓获的，监察机关应当及时通知人民检察院。

55.3　《刑事诉讼法》

第二百九十八条　对于贪污贿赂犯罪、恐怖活动犯罪等重大犯罪案件，犯罪嫌疑人、被告人逃匿，在通缉一年后不能到案，或者犯罪嫌疑人、被告人死亡，依照刑法规定应当追缴其违法所得及其他涉案财产的，人民检察院可以向人民法院提出没收违法所得的申请。

公安机关认为有前款规定情形的，应当写出没收违法所得意见书，移送人民检察院。

没收违法所得的申请应当提供与犯罪事实、违法所得相关的证据材料，并列明财产的种类、数量、所在地及查封、扣押、冻结的情况。

人民法院在必要的时候，可以查封、扣押、冻结申请没收的财产。

第二百九十九条 没收违法所得的申请，由犯罪地或者犯罪嫌疑人、被告人居住地的中级人民法院组成合议庭进行审理。

人民法院受理没收违法所得的申请后，应当发出公告。公告期间为六个月。犯罪嫌疑人、被告人的近亲属和其他利害关系人有权申请参加诉讼，也可以委托诉讼代理人参加诉讼。

人民法院在公告期满后对没收违法所得的申请进行审理。利害关系人参加诉讼的，人民法院应当开庭审理。

第三百条 人民法院经审理，对经查证属于违法所得及其他涉案财产，除依法返还被害人的以外，应当裁定予以没收；对不属于应当追缴的财产的，应当裁定驳回申请，解除查封、扣押、冻结措施。

对于人民法院依照前款规定作出的裁定，犯罪嫌疑人、被告人的近亲属和其他利害关系人或者人民检察院可以提出上诉、抗诉。

第三百零一条 在审理过程中，在逃的犯罪嫌疑人、被告人自动投案或者被抓获的，人民法院应当终止审理。

没收犯罪嫌疑人、被告人财产确有错误的，应当予以返还、赔偿。

55.4 《人民检察院刑事诉讼规则》

第五百一十二条 对于贪污贿赂犯罪、恐怖活动犯罪等重大犯罪案件，犯罪嫌疑人、被告人逃匿，在通缉一年后不能到案，依照刑法规定应当追缴其违法所得及其他涉案财产的，人民检察院可以向人民法院提出没收违法所得的申请。

对于犯罪嫌疑人、被告人死亡，依照刑法规定应当追缴其违法所得及其他涉案财产的，人民检察院也可以向人民法院提出没收违法所得的申请。

第五百一十三条　犯罪嫌疑人、被告人为逃避侦查和刑事追究潜逃、隐匿，或者在刑事诉讼过程中脱逃的，应当认定为“逃匿”。

犯罪嫌疑人、被告人因意外事故下落不明满二年，或者因意外事故下落不明，经有关机关证明其不可能生存的，按照前款规定处理。

第五百一十五条　犯罪嫌疑人、被告人通过实施犯罪直接或者间接产生、获得的任何财产，应当认定为“违法所得”。

违法所得已经部分或者全部转变、转化为其他财产的，转变、转化后的财产应当视为前款规定的“违法所得”。

来自违法所得转变、转化后的财产收益，或者来自已经与违法所得相混合财产中违法所得相应部分的收益，也应当视为第一款规定的违法所得。

第五百一十六条　犯罪嫌疑人、被告人非法持有的违禁品、供犯罪所用的本人财物，应当认定为“其他涉案财产”。

55.5 《最高人民法院、最高人民检察院关于适用犯罪嫌疑人、被告人逃匿、死亡案件违法所得没收程序若干问题的规定》

第一条　下列犯罪案件，应当认定为刑事诉讼法第二百八十条第一款规定的“犯罪案件”：

（一）贪污、挪用公款、巨额财产来源不明、隐瞒境外存款、私分国有资产、私分罚没财物犯罪案件；

（二）受贿、单位受贿、利用影响力受贿、行贿、对有影响力的人行贿、对单位行贿、介绍贿赂、单位行贿犯罪案件；

（三）组织、领导、参加恐怖组织，帮助恐怖活动，准备实施恐怖活动，宣扬恐怖主义、极端主义、煽动实施恐怖活动，利用极端主义破坏法律实施，强制穿戴宣扬恐怖主义、极端主义服饰、标志，非法持有宣扬恐怖主义、极端主义物品犯罪案件；

（四）危害国家安全、走私、洗钱、金融诈骗、黑社会性质的组织、毒品犯罪案件。

电信诈骗、网络诈骗犯罪案件，依照前款规定的犯罪案件处理。

第三条　犯罪嫌疑人、被告人为逃避侦查和刑事追究潜逃、隐匿，或者在刑事诉讼过程中脱逃的，应当认定为刑事诉讼法第二百八十条第一款规定的“逃匿”。

犯罪嫌疑人、被告人因意外事故下落不明满二年，或者因意外事故下落不明，经有关机关证明其不可能生存的，依照前款规定处理。

第四条　犯罪嫌疑人、被告人死亡，依照刑法规定应当追缴其违法所得及其他涉案财产的，人民检察院可以向人民法院提出没收违法所得的申请。

第五条　公安机关发布通缉令或者公安部通过国际刑警组织发布红色国际通报，应当认定为刑事诉讼法第二百八十条第一款规定的“通缉”。

第六条　通过实施犯罪直接或者间接产生、获得的任何财产，应当认定为刑事诉讼法第二百八十条第一款规定的“违法所得”。

违法所得已经部分或者全部转变、转化为其他财产的，转变、转化后的财产应当视为前款规定的“违法所得”。

来自违法所得转变、转化后的财产收益，或者来自已经与违法所得相混合财产中违法所得相应部分的收益，应当视为第一款规定的“违法所得”。

处理决定的救济

第五十六条　监察对象对监察机关作出的涉及本人的处理决定不服的，可以在收到处理决定之日起一个月内，向作出决定的监察机关申请复审，复审机关应当在一个月内作出复审决定；监察对象对复审决定仍不服的，可以在收到复审决定之日起一个月内，向上一级监察机关申请复核，复核机关应当在二个月内作出复核决定。复审、复核期间，不停止原处理决定的执行。复核机关经审查，认定处理决定有错误的，原处理机关应当及时予以纠正。

【关联法条】

56.1 《公职人员政务处分法》

第五十五条　公职人员对监察机关作出的涉及本人的政务处分决定不服的，可以依法向作出决定的监察机关申请复审；公职人员对复审决定仍不服的，可以向上一级监察机关申请复核。

监察机关发现本机关或者下级监察机关作出的政务处分决定确有错误的，应当及时予以纠正或者责令下级监察机关及时予以纠正。

第五十六条　复审、复核期间，不停止原政务处分决定的执行。

公职人员不因提出复审、复核而被加重政务处分。

第五十七条　有下列情形之一的，复审、复核机关应当撤销原政务处分决定，重新作出决定或者责令原作出决定的监察机关重新作出决定：

（一）政务处分所依据的违法事实不清或者证据不足的；

（二）违反法定程序，影响案件公正处理的；

（三）超越职权或者滥用职权作出政务处分决定的。

第五十八条　有下列情形之一的，复审、复核机关应当变更原政务处分决定，或者责令原作出决定的监察机关予以变更：

（一）适用法律、法规确有错误的；

（二）对违法行为的情节认定确有错误的；

（三）政务处分不当的。

第五十九条　复审、复核机关认为政务处分决定认定事实清楚，适用法律正确的，应当予以维持。

第六十条　公职人员的政务处分决定被变更，需要调整该公职人员的职务、职级、衔级、级别、岗位和职员等级或者薪酬待遇等的，应当按照规定予以调整。政务处分决定被撤销的，应当恢复该公职人员的级别、薪酬待遇，按照原职务、职级、衔级、岗位和职员等级安排相应的职务、职级、衔级、岗位和职员等级，并在原政务处分决定公布范围内为其恢复名誉。没收、追缴财物错误的，应当依法予以返还、赔偿。

公职人员因有本法第五十七条、第五十八条规定的情形被撤销政务处分或者减轻政务处分的，应当对其薪酬待遇受到的损失予以补偿。

56.2 《监察官法》

第六十四条　监察官对涉及本人的政务处分、处分和人事处理不服的，可以依照规定的程序申请复审、复核，提出申诉。

第六十五条　对监察官的政务处分、处分或者人事处理错误的，应当及时予以纠正；造成名誉损害的，应当恢复名誉、消除影响、赔礼道歉；造成经济损失的，应当赔偿。对打击报复的直接责任人员，应当依法追究其责任。

56.3 《监察法实施条例》

第二百一十条　监察对象对监察机关作出的涉及本人的处理决定不服的，可以在收到处理决定之日起一个月以内，向作出决定的监察机关申请复审。复审机关应当依法受理，并在受理后一个月以内作出复审决定。监察对象对复审决定仍不服的，可以在收到复审决定之日起一个月以内，向上一级监察机关申请复核。复核机关应当依法受理，并在受理后二个月以内作出复核决定。

上一级监察机关的复核决定和国家监察委员会的复审、复核决定为最终决定。

第二百一十一条　复审、复核机关承办部门应当成立工作组，调阅原案卷宗，必要时可以进行调查取证。承办部门应当集体研究，提出办理意见，经审批作出复审、复核决定。决定应当送达申请人，抄送相关单位，并在一定范围内宣布。

复审、复核期间，不停止原处理决定的执行。复审、复核机关经审查认定处理决定有错误或者不当的，应当依法撤销、变更原处理决定，或者责令原处理机关及时予以纠正。复审、复核机关经审查认定处理决定事实清楚、适用法律正确的，应当予以维持。

坚持复审复核与调查审理分离，原案调查、审理人员不得参与复审复核。

56.4 《中国共产党纪律处分条例》

第四十五条　执行党纪处分决定的机关或者受处分党员所在单位，应当在六个月内将处分决定的执行情况向作出或者批准处分决定的机关报告。

党员对所受党纪处分不服的，可以依照党章及有关规定提出申诉。

56.5 《中国共产党纪律检查委员会工作条例》

第三十九条　党的纪律检查委员会对于党员因合法权益受到党组织或者其他党员侵害提出的控告，按照规定予以受理，及时恰当进行处理。通过办理党员的控告发现的违纪违法问题，按照本章规定进行检查和处理。

对于党员因不服纪委或者其他党组织给予本人的处理、处分而提出的申诉，按照规定予以受理，进行复议复查。

第四十条　党的各级纪律检查委员会应当依据相关党内法规，加强对党组织和领导干部履行保障党员权利工作职责的监督检查，依规依纪查处侵犯党员权利的行为。开展监督执纪工作，应当落实保障党员权利的规定和要求。

56.6 《中国共产党纪律检查机关监督执纪工作规则》

第五十九条　对不服处分决定的申诉，由批准或者决定处分的党委（党组）或者纪检监察机关受理；需要复议复查的，由纪检监察机关相关负责人批准后受理。

申诉办理部门成立复查组，调阅原案案卷，必要时可以进行取证，经集体研究后，提出办理意见，报纪检监察机关相关负责人批准或者纪委常委会会议研究决定，作出复议复查决定。决定应当告知申诉人，抄送相关单位，并在一定范围内宣布。

坚持复议复查与审查审理分离，原案审查、审理人员不得参与复议复查。

复议复查工作应当在3个月内办结。

第六章　反腐败国际合作

国际交流、合作

第五十七条　国家监察委员会统筹协调与其他国家、地区、国际组织开展的反腐败国际交流、合作，组织反腐败国际条约实施工作。

【关联法条】

57.1 《监察法实施条例》

第二百三十四条　国家监察委员会统筹协调与其他国家、地区、国际组织开展反腐败国际交流、合作。

国家监察委员会组织《联合国反腐败公约》等反腐败国际条约的实施以及履约审议等工作，承担《联合国反腐败公约》司法协助中央机关有关工作。

国家监察委员会组织协调有关单位建立集中统一、高效顺畅的反腐败国际追逃追赃和防逃协调机制，统筹协调、督促指导各级监察机关反腐败国际追逃追赃等涉外案件办理工作，具体履行下列职责：

（一）制定反腐败国际追逃追赃和防逃工作计划，研究工作中的重要问题；

（二）组织协调反腐败国际追逃追赃等重大涉外案件办理工作；

（三）办理由国家监察委员会管辖的涉外案件；

（四）指导地方各级监察机关依法开展涉外案件办理工作；

（五）汇总和通报全国职务犯罪外逃案件信息和追逃追赃工作信息；

（六）建立健全反腐败国际追逃追赃和防逃合作网络；

（七）承担监察机关开展国际刑事司法协助的主管机关职责；

（八）承担其他与反腐败国际追逃追赃等涉外案件办理工作相关的职责。

第二百三十五条　地方各级监察机关在国家监察委员会领导下，统筹协调、督促指导本地区反腐败国际追逃追赃等涉外案件办理工作，具体履行下列职责：

（一）落实上级监察机关关于反腐败国际追逃追赃和防逃工作部署，制定工作计划；

（二）按照管辖权限或者上级监察机关指定管辖，办理涉外案件；

（三）按照上级监察机关要求，协助配合其他监察机关开展涉外案件办理工作；

（四）汇总和通报本地区职务犯罪外逃案件信息和追逃追赃工作信息；

（五）承担本地区其他与反腐败国际追逃追赃等涉外案件办理工作相关的职责。

省级监察委员会应当会同有关单位，建立健全本地区反腐败国际追逃追赃和防逃协调机制。

国家监察委员会派驻或者派出的监察机构、监察专员统筹协调、督促指导本部门反腐败国际追逃追赃等涉外案件办理工作，参照第一款规定执行。

第二百三十六条　国家监察委员会国际合作局归口管理监察机关反腐败国际追逃追赃等涉外案件办理工作。地方各级监察委员会应当明确专责部门，归口管理本地区涉外案件办理工作。

国家监察委员会派驻或者派出的监察机构、监察专员和地方各级监察机关办理涉外案件中有关执法司法国际合作事项，应当逐级报送国家监察委员会审批。由国家监察委员会依法直接或者协调有关单位与有关国家（地区）相关机构沟通，以双方认可的方式实施。

第二百三十七条　监察机关应当建立追逃追赃和防逃工作内部联络机制。承办部门在调查过程中，发现被调查人或者重要涉案人员外逃、违法所得及其他涉案财产被转移到境外的，可以请追逃追赃部门提供工作协助。监察机关将案件移送人民检察院审查起诉后，仍有重要涉案人员外逃或者未追缴的违法所得及其他涉案财产的，应当由追逃追赃部门继续办理，或者由追逃追赃部门指定协调有关单位办理。

57.2　《国际刑事司法协助法》

第六条　国家监察委员会、最高人民法院、最高人民检察院、公安部、国家安全部等部门是开展国际刑事司法协助的主管机关，按照职责分工，审核向外国提出的刑事司法协助请求，审查处理对外联系机关转递的外国提出的刑事司法协助请求，承担其他与国际刑事司法协助相关的工作。在移管被判刑人案件中，司法部按照职责分工，承担相应的主管机关职责。

办理刑事司法协助相关案件的机关是国际刑事司法协助的办案机关，负责向所属主管机关提交需要向外国提出的刑事司法协助请求、执行所属主管机关交办的外国提出的刑事司法协助请求。

国际执法司法合作和司法协助

第五十八条　国家监察委员会会同有关单位加强与有关国家、地区、国际组织在反腐败方面开展引渡、移管被判刑人、遣返、联合调查、调查取证、资产追缴和信息交流等执法司法合作和司法协助。

【关联法条】

58.1　《监察法实施条例》

第二百四十五条　监察机关对依法应当留置或者已经决定留置的外逃人员，需要申请发布国际刑警组织红色通报的，应当逐级报送国家监察委员会审核。国家监察委员会审核后，依法通过公安部向国际刑警组织提出申请。

需要延期、暂停、撤销红色通报的，申请发布红色通报的监察机关应当逐级报送国家监察委员会审核，由国家监察委员会依法通过公安部联系国际刑警组织办理。

第二百四十六条　地方各级监察机关通过引渡方式办理相关涉外案件的，应当按照引渡法、相关双边及多边国际条约等规定准备引渡请求书及相关材料，逐级报送国家监察委员会审核。由国家监察委员会依法通过外交等渠道向外国提出引渡请求。

第二百四十七条　地方各级监察机关通过刑事司法协助方式办理相关涉外案件的，应当按照国际刑事司法协助法、相关双边及多边国际条约等规定准备刑事司法协助请求书及相关材料，逐级报送国家监察委员会审核。由国家监察委员会依法直接或者通过对外联系机关等渠道，向外国提出刑事司法协助请求。

国家监察委员会收到外国提出的刑事司法协助请求书及所附材料，经审查认为符合有关规定的，作出决定并交由省级监察机关执行，或者转交其他有关主管机关。省级监察机关应当立即执行，或者交由下级监察机关执行，并将执行结果或者妨碍执行的情形及时报送国家监察委员会。在执行过程中，需要依法采取查询、调取、查封、扣押、冻结等措施或者需要返还涉案财物的，根据我国法律规定和国家监察委员会的执行决定办理有关法律手续。

第二百四十八条　地方各级监察机关通过执法合作方式办理相关涉外案件的，应当将合作事项及相关材料逐级报送国家监察委员会审核。由国家监察委员会依法直接或者协调有关单位，向有关国家（地区）相关机构提交并开展合作。

第二百四十九条　地方各级监察机关通过境外追诉方式办理相关涉外案件的，应当提供外逃人员相关违法线索和证据，逐级报送国家监察委员会审核。由国家监察委员会依法直接或者协调有关单位向有关国家（地区）相关机构提交，请其依法对外逃人员调查、起诉和审判，并商有关国家（地区）遣返外逃人员。

第二百五十条　监察机关对依法应当追缴的境外违法所得及其他涉案财产，应当责令涉案人员以合法方式退赔。涉案人员拒不退赔的，可以依法通过下列方式追缴：

（一）在开展引渡等追逃合作时，随附请求有关国家（地区）移交相关违法所得及其他涉案财产；

（二）依法启动违法所得没收程序，由人民法院对相关违法所得及其他涉案财产作出冻结、没收裁定，请有关国家（地区）承认和执行，并予以返还；

（三）请有关国家（地区）依法追缴相关违法所得及其他涉案财产，并予以返还；

（四）通过其他合法方式追缴。

58.2 《刑事诉讼法》

第十七条　对于外国人犯罪应当追究刑事责任的，适用本法的规定。

对于享有外交特权和豁免权的外国人犯罪应当追究刑事责任的，通过外交途径解决。

第十八条　根据中华人民共和国缔结或者参加的国际条约，或者按照互惠原则，我国司法机关和外国司法机关可以相互请求刑事司法协助。

第二百九十二条　人民法院应当通过有关国际条约规定的或者外交途径提出的司法协助方式，或者被告人所在地法律允许的其他方式，将传票和人民检察院的起诉书副本送达被告人。传票和起诉书副本送达后，被告人未按要求到案的，人民法院应当开庭审理，依法作出判决，并对违法所得及其他涉案财产作出处理。

58.3 《引渡法》

第二条　中华人民共和国和外国之间的引渡，依照本法进行。

第三条　中华人民共和国和外国在平等互惠的基础上进行引渡合作。

引渡合作，不得损害中华人民共和国的主权、安全和社会公共利益。

第四条　中华人民共和国和外国之间的引渡，通过外交途径联系。中华人民共和国外交部为指定的进行引渡的联系机关。

引渡条约对联系机关有特别规定的，依照条约规定。

第五条　办理引渡案件，可以根据情况，对被请求引渡人采取引渡拘留、引渡逮捕或者引渡监视居住的强制措施。

第六条　本法下列用语的含义是：

（一）“被请求引渡人”是指请求国向被请求国请求准予引渡的人；

（二）“被引渡人”是指从被请求国引渡到请求国的人；

（三）“引渡条约”是指中华人民共和国与外国缔结或者共同参加的引渡条约或者载有引渡条款的其他条约。

第四十七条　请求外国准予引渡或者引渡过境的，应当由负责办理有关案件的省、自治区或者直辖市的审判、检察、公安、国家安全或者监狱管理机关分别向最高人民法院、最高人民检察院、公安部、国家安全部、司法部提出意见书，并附有关文件和材料及其经证明无误的译文。最高人民法院、最高人民检察院、公安部、国家安全部、司法部分别会同外交部审核同意后，通过外交部向外国提出请求。

第四十八条　在紧急情况下，可以在向外国正式提出引渡请求前，通过外交途径或者被请求国同意的其他途径，请求外国对有关人员先行采取强制措施。

第四十九条　引渡、引渡过境或者采取强制措施的请求所需的文书、文件和材料，应当依照引渡条约的规定提出；没有引渡条约或者引渡条约没有规定的，可以参照本法第二章第二节、第四节和

第七节的规定提出；被请求国有特殊要求的，在不违反中华人民共和国法律的基本原则的情况下，可以按照被请求国的特殊要求提出。

第五十条　被请求国就准予引渡附加条件的，对于不损害中华人民共和国主权、国家利益、公共利益的，可以由外交部代表中华人民共和国政府向被请求国作出承诺。对于限制追诉的承诺，由最高人民检察院决定；对于量刑的承诺，由最高人民法院决定。

在对被引渡人追究刑事责任时，司法机关应当受所作出的承诺的约束。

第五十一条　公安机关负责接收外国准予引渡的人以及与案件有关的财物。

对于其他部门提出引渡请求的，公安机关在接收被引渡人以及与案件有关的财物后，应当及时转交提出引渡请求的部门；也可以会同有关部门共同接收被引渡人以及与案件有关的财物。

58.4 《国际刑事司法协助法》

第二条　本法所称国际刑事司法协助，是指中华人民共和国和外国在刑事案件调查、侦查、起诉、审判和执行等活动中相互提供协助，包括送达文书，调查取证，安排证人作证或者协助调查，查封、扣押、冻结涉案财物，没收、返还违法所得及其他涉案财物，移管被判刑人以及其他协助。

第五条　中华人民共和国和外国之间开展刑事司法协助，通过对外联系机关联系。

中华人民共和国司法部等对外联系机关负责提出、接收和转递刑事司法协助请求，处理其他与国际刑事司法协助相关的事务。

中华人民共和国和外国之间没有刑事司法协助条约的，通过外交途径联系。

第六条　国家监察委员会、最高人民法院、最高人民检察院、公安部、国家安全部等部门是开展国际刑事司法协助的主管机关，按照职责分工，审核向外国提出的刑事司法协助请求，审查处理对外联系机关转递的外国提出的刑事司法协助请求，承担其他与国际刑事司法协助相关的工作。在移管被判刑人案件中，司法部按照职责分工，承担相应的主管机关职责。

办理刑事司法协助相关案件的机关是国际刑事司法协助的办案机关，负责向所属主管机关提交需要向外国提出的刑事司法协助请求、执行所属主管机关交办的外国提出的刑事司法协助请求。

第九条　办案机关需要向外国请求刑事司法协助的，应当制作刑事司法协助请求书并附相关材料，经所属主管机关审核同意后，由对外联系机关及时向外国提出请求。

第十条　向外国的刑事司法协助请求书，应当依照刑事司法协助条约的规定提出；没有条约或者条约没有规定的，可以参照本法第十三条的规定提出；被请求国有特殊要求的，在不违反中华人民共和国法律的基本原则的情况下，可以按照被请求国的特殊要求提出。

请求书及所附材料应当以中文制作，并附有被请求国官方文字的译文。

第十一条　被请求国就执行刑事司法协助请求提出附加条件，不损害中华人民共和国的主权、安全和社会公共利益的，可以由外交部作出承诺。被请求国明确表示对外联系机关作出的承诺充分有效的，也可以由对外联系机关作出承诺。对于限制追诉的承诺，由最高人民检察院决定；对于量刑的承诺，由最高人民法院决定。

在对涉案人员追究刑事责任时，有关机关应当受所作出的承诺的约束。

第十二条　对外联系机关收到外国的有关通知或者执行结果后，应当及时转交或者转告有关主管机关。

外国就其提供刑事司法协助的案件要求通报诉讼结果的，对外联系机关转交有关主管机关办理。

第二十条　办案机关需要外国协助送达传票、通知书、起诉书、判决书和其他司法文书的，应当制作刑事司法协助请求书并附相关材料，经所属主管机关审核同意后，由对外联系机关及时向外国提出请求。

第二十一条　向外国请求送达文书的，请求书应当载明受送达人的姓名或者名称、送达的地址以及需要告知受送达人的相关权利和义务。

第二十五条　办案机关需要外国就下列事项协助调查取证的，应当制作刑事司法协助请求书并附相关材料，经所属主管机关审核同意后，由对外联系机关及时向外国提出请求：

（一）查找、辨认有关人员；

（二）查询、核实涉案财物、金融账户信息；

（三）获取并提供有关人员的证言或者陈述；

（四）获取并提供有关文件、记录、电子数据和物品；

（五）获取并提供鉴定意见；

（六）勘验或者检查场所、物品、人身、尸体；

（七）搜查人身、物品、住所和其他有关场所；

（八）其他事项。

请求外国协助调查取证时，办案机关可以同时请求在执行请求时派员到场。

第三十九条　办案机关需要外国协助查封、扣押、冻结涉案财物的，应当制作刑事司法协助请求书并附相关材料，经所属主管机关审核同意后，由对外联系机关及时向外国提出请求。

外国对于协助执行中华人民共和国查封、扣押、冻结涉案财物的请求有特殊要求的，在不违反中华人民共和国法律的基本原则的情况下，可以同意。需要由司法机关作出决定的，由人民法院作出。

第四十七条　办案机关需要外国协助没收违法所得及其他涉案财物的，应当制作刑事司法协助请求书并附相关材料，经所属主管机关审核同意后，由对外联系机关及时向外国提出请求。

请求外国将违法所得及其他涉案财物返还中华人民共和国或者

返还被害人的，可以在向外国提出没收请求时一并提出，也可以单独提出。

外国对于返还被查封、扣押、冻结的违法所得及其他涉案财物有特殊要求的，在不违反中华人民共和国法律的基本原则的情况下，可以同意。需要由司法机关作出决定的，由人民法院作出决定。

第五十五条 外国可以向中华人民共和国请求移管外国籍被判刑人，中华人民共和国可以向外国请求移管外国籍被判刑人。

第五十六条 向外国移管被判刑人应当符合下列条件：

（一）被判刑人是该国国民；

（二）对被判刑人判处刑罚所针对的行为根据该国法律也构成犯罪；

（三）对被判刑人判处刑罚的判决已经发生法律效力；

（四）被判刑人书面同意移管，或者因被判刑人年龄、身体、精神等状况确有必要，经其代理人书面同意移管；

（五）中华人民共和国和该国均同意移管。

有下列情形之一的，可以拒绝移管：

（一）被判刑人被判处死刑缓期执行或者无期徒刑，但请求移管时已经减为有期徒刑的除外；

（二）在请求移管时，被判刑人剩余刑期不足一年；

（三）被判刑人在中华人民共和国境内存在尚未了结的诉讼；

（四）其他不宜移管的情形。

国际追逃追赃防逃组织协调

第五十九条 国家监察委员会加强对反腐败国际追逃追赃和防逃工作的组织协调，督促有关单位做好相关工作：

（一）对于重大贪污贿赂、失职渎职等职务犯罪案件，被调查人逃匿到国（境）外，掌握证据比较确凿的，通过开展境外追逃合作，追捕归案；

（二）向赃款赃物所在国请求查询、冻结、扣押、没收、追缴、返还涉案资产；

（三）查询、监控涉嫌职务犯罪的公职人员及其相关人员进出国（境）和跨境资金流动情况，在调查案件过程中设置防逃程序。

【关联法条】

59.1 《监察法实施条例》

第二百三十八条　监察机关应当将防逃工作纳入日常监督内容，督促相关机关、单位建立健全防逃责任机制。

监察机关在监督、调查工作中，应当根据情况制定对监察对象、重要涉案人员的防逃方案，防范人员外逃和资金外流风险。监察机关应当会同同级组织人事、外事、公安、移民管理等单位健全防逃预警机制，对存在外逃风险的监察对象早发现、早报告、早处置。

第二百三十九条　监察机关应当加强与同级人民银行、公安等单位的沟通协作，推动预防、打击利用离岸公司和地下钱庄等向境外转移违法所得及其他涉案财产，对涉及职务违法和职务犯罪的行为依法进行调查。

第二百四十条　国家监察委员会派驻或者派出的监察机构、监察专员和地方各级监察委员会发现监察对象出逃、失踪、出走，或者违法所得及其他涉案财产被转移至境外的，应当在二十四小时以内将有关信息逐级报送至国家监察委员会国际合作局，并迅速开展相关工作。

第二百四十一条　监察机关追逃追赃部门统一接收巡视巡察机构、审计机关、行政执法部门、司法机关等单位移交的外逃信息。

监察机关对涉嫌职务违法和职务犯罪的外逃人员，应当明确承办部门，建立案件档案。

第二百四十二条　监察机关应当依法全面收集外逃人员涉嫌职务违法和职务犯罪证据。

第二百四十三条　开展反腐败国际追逃追赃等涉外案件办理工作，应当把思想教育贯穿始终，落实宽严相济刑事政策，依法适用认罪认罚从宽制度，促使外逃人员回国投案或者配合调查、主动退赃。开展相关工作，应当尊重所在国家（地区）的法律规定。

第二百四十四条　外逃人员归案、违法所得及其他涉案财产被追缴后，承办案件的监察机关应当将情况逐级报送国家监察委员会国际合作局。监察机关应当依法对涉案人员和违法所得及其他涉案财产作出处置，或者请有关单位依法处置。对不需要继续采取相关措施的，应当及时解除或者撤销。

59.2 《关于实施〈中华人民共和国国际刑事司法协助法〉若干问题的规定（试行）》

第四条　对外联系机关经审查认为外国刑事司法协助请求书形式和内容符合要求的，应当根据相关法律规定的职责分工，综合考虑请求事项性质、案件所处诉讼阶段等因素确定主管机关：

（一）外国请求协助送达文书、调查取证、安排证人作证或者协助调查，案件尚未进入审判阶段的，转交调查、侦查或者检察机关办理；案件已进入审判阶段的，转交审判机关办理；

（二）外国请求协助查封、扣押、冻结涉案财物或者没收、返还违法所得及其他涉案财物的，依照本规定第十六条、第十七条，转交相关主管机关办理；

（三）案件较为复杂、请求事项存在特殊情形或者涉及多个主管机关，需要明确转交的主管机关的，对外联系机关可以与相关主管机关协商确定主管机关。

第六条　外国刑事司法协助请求存在以下情形之一的，对外联系机关、主管机关和办案机关可以根据案件情况和工作需要优先处理：

（一）需要紧急查封、扣押、冻结涉案财物或者没收违法所得及其他涉案财物的；

（二）基于调查、侦查、起诉或者审理期限限制，确有必要紧急处理的；

（三）涉及的案件具有重大影响或者其他特殊情形的。

第八条　对外联系机关应当加强与外国有关机关沟通联系，推动外国提高执行中华人民共和国刑事司法协助请求的效率和质量。

对外联系机关和主管机关支持、指导办案机关对外提出刑事司法协助请求。

对外联系机关应当定期统计国际刑事司法协助案件办理情况，及时向主管机关通报。

第九条　主管机关应当对办案机关应外国刑事司法协助请求调取的证据或者其他信息严格审核把关，确保交由对外联系机关向外国提供的证据或者其他信息在内容和形式上符合相关法律规定。

第十条　对外联系机关、主管机关等应当共同推进国际刑事司法协助信息化建设，提高国际刑事司法协助信息化水平。

第十二条　建立由刑事司法协助对外联系机关和主管机关等组成的刑事证据出境审查工作机制（以下简称工作机制），统筹负责刑事证据出境安全审查相关工作。工作机制办公室设在国务院司法行政部门。

第七章　对监察机关和监察人员的监督

人大监督

第六十条　各级监察委员会应当接受本级人民代表大会及其常务委员会的监督。

各级人民代表大会常务委员会听取和审议本级监察委员会的专项工作报告，组织执法检查。

县级以上各级人民代表大会及其常务委员会举行会议时，人民代表大会代表或者常务委员会组成人员可以依照法律规定的程序，就监察工作中的有关问题提出询问或者质询。

【关联法条】

60.1　《宪法》

第三条　中华人民共和国的国家机构实行民主集中制的原则。

全国人民代表大会和地方各级人民代表大会都由民主选举产生，对人民负责，受人民监督。

国家行政机关、监察机关、审判机关、检察机关都由人民代表大会产生，对它负责，受它监督。

中央和地方的国家机构职权的划分，遵循在中央的统一领导下，充分发挥地方的主动性、积极性的原则。

第一百二十六条　国家监察委员会对全国人民代表大会和全国人民代表大会常务委员会负责。地方各级监察委员会对产生它的国家权力机关和上一级监察委员会负责。

60.2　《监察法实施条例》

第二百五十一条　监察机关和监察人员必须自觉坚持党的领导，

在党组织的管理、监督下开展工作，依法接受本级人民代表大会及其常务委员会的监督，接受民主监督、司法监督、社会监督、舆论监督，加强内部监督制约机制建设，确保权力受到严格的约束和监督。

第二百五十二条　各级监察委员会应当按照监察法第五十三条[1]第二款规定，由主任在本级人民代表大会常务委员会全体会议上报告专项工作。

在报告专项工作前，应当与本级人民代表大会有关专门委员会沟通协商，并配合开展调查研究等工作。各级人民代表大会常务委员会审议专项工作报告时，本级监察委员会应当根据要求派出领导成员列席相关会议，听取意见。

各级监察委员会应当认真研究办理本级人民代表大会常务委员会反馈的审议意见，并按照要求书面报告办理情况。

第二百五十三条　各级监察委员会应当积极接受、配合本级人民代表大会常务委员会组织的执法检查。对本级人民代表大会常务委员会的执法检查报告，应当认真研究处理，并向其报告处理情况。

第二百五十四条　各级监察委员会在本级人民代表大会常务委员会会议审议与监察工作有关的议案和报告时，应当派相关负责人到会听取意见，回答询问。

监察机关对依法交由监察机关答复的质询案应当按照要求进行答复。口头答复的，由监察机关主要负责人或者委派相关负责人到会答复。书面答复的，由监察机关主要负责人签署。

60.3 《各级人民代表大会常务委员会监督法》

第二条　各级人民代表大会常务委员会依据宪法和有关法律的规定，行使监督职权。

各级人民代表大会常务委员会行使监督职权的程序，适用本法；

[1] 对应2024年12月25日修正的《监察法》第60条。

本法没有规定的，适用有关法律的规定。

第四条　各级人民代表大会常务委员会行使监督职权，应当围绕党和国家工作大局，以经济建设为中心，坚持改革开放，贯彻新发展理念，推动高质量发展，保障全面建设社会主义现代化国家、以中国式现代化全面推进中华民族伟大复兴。

第五条　全国人民代表大会常务委员会监督宪法和法律的实施，地方各级人民代表大会及其常务委员会在本行政区域内保证宪法、法律、行政法规和上级人民代表大会及其常务委员会决议的遵守和执行，维护国家法治统一、尊严、权威。

第六条　各级人民代表大会常务委员会对本级人民政府、监察委员会、人民法院和人民检察院的工作实施监督，实行正确监督、有效监督、依法监督，促进依法行政、依法监察、公正司法。

各级人民政府、监察委员会、人民法院和人民检察院应当严格依法行使职权、履行职责、开展工作，自觉接受本级人民代表大会常务委员会的监督。

第十一条　各级人民代表大会常务委员会每年选择若干关系改革发展稳定大局和群众切身利益、社会普遍关注的重大问题，有计划地安排听取和审议本级人民政府、监察委员会、人民法院和人民检察院的专项工作报告。

第十二条　常务委员会听取和审议本级人民政府、监察委员会、人民法院和人民检察院的专项工作报告的议题，根据有关法律的规定和下列途径反映的问题确定：

（一）本级人民代表大会常务委员会在执法检查中发现的突出问题；

（二）本级人民代表大会代表对人民政府、监察委员会、人民法院和人民检察院工作提出的建议、批评和意见集中反映的问题；

（三）本级人民代表大会常务委员会组成人员提出的比较集中的问题；

（四）本级人民代表大会专门委员会、常务委员会工作机构在调查研究中发现的突出问题；

（五）人民来信来访集中反映的问题；

（六）社会普遍关注的其他问题。

人民政府、监察委员会、人民法院和人民检察院可以向本级人民代表大会常务委员会要求报告专项工作。

常务委员会根据法律规定，听取和审议本级人民政府关于环境状况和环境保护目标完成情况的报告。

第十四条　常务委员会听取和审议专项工作报告前，常务委员会办事机构应当将各方面对该项工作的意见汇总，交由本级人民政府、监察委员会、人民法院或者人民检察院研究并在专项工作报告中作出回应。

第十五条　人民政府、监察委员会、人民法院或者人民检察院应当在常务委员会举行会议的二十日前，由其办事机构将专项工作报告送交本级人民代表大会有关专门委员会或者常务委员会有关工作机构征求意见；人民政府、监察委员会、人民法院或者人民检察院对报告修改后，在常务委员会举行会议的十日前送交常务委员会。

常务委员会办事机构应当在常务委员会举行会议的七日前，将专项工作报告发给常务委员会组成人员。

第十六条　专项工作报告由人民政府、监察委员会、人民法院或者人民检察院的负责人向本级人民代表大会常务委员会报告，人民政府也可以委托有关部门负责人向本级人民代表大会常务委员会报告。

委员长会议或者主任会议可以决定将报告交有关专门委员会审议。

第十七条　常务委员会组成人员对专项工作报告的审议意见交由本级人民政府、监察委员会、人民法院或者人民检察院研究处理。人民政府、监察委员会、人民法院或者人民检察院应当将研究处理情况由其办事机构送交本级人民代表大会有关专门委员会或者常务委员会有关工作机构征求意见后，向常务委员会提出书面报告。常务委员会认为必要时，可以对专项工作报告作出决议；本级人民政府、监察委员会、人民法院或者人民检察院应当在决议规定的期限内，将执行决议的情况向常务委员会报告。

委员长会议或者主任会议可以决定将审议意见研究处理情况或者执行决议情况的报告提请常务委员会审议。必要时，常务委员会可以组织开展跟踪监督。

常务委员会听取的专项工作报告及审议意见，人民政府、监察委员会、人民法院或者人民检察院对审议意见研究处理情况或者执行决议情况的报告，向本级人民代表大会代表通报并向社会公布。

第三十七条　常务委员会组成人员对执法检查报告的审议意见及执法检查报告交由本级人民政府、监察委员会、人民法院或者人民检察院研究处理。人民政府、监察委员会、人民法院或者人民检察院应当将研究处理情况由其办事机构送交本级人民代表大会有关专门委员会或者常务委员会有关工作机构征求意见后，向常务委员会提出书面报告。常务委员会认为必要时，可以对执法检查报告作出决议；本级人民政府、监察委员会、人民法院或者人民检察院应当在决议规定的期限内，将执行决议的情况向常务委员会报告。

委员长会议或者主任会议可以决定将人民政府、监察委员会、人民法院或者人民检察院对执法检查报告及审议意见研究处理情况或者执行决议情况的报告提请常务委员会审议。必要时，常务委员会可以组织跟踪检查，也可以委托本级人民代表大会有关专门委员会或者常务委员会有关工作机构组织跟踪检查。

常务委员会的执法检查报告及审议意见，人民政府、监察委员会、人民法院或者人民检察院对其研究处理情况或者执行决议情况的报告，向本级人民代表大会代表通报并向社会公布。

第三十八条　行政法规、监察法规、地方性法规、自治条例和单行条例、规章等的备案、审查和撤销，依照《中华人民共和国立法法》和全国人民代表大会常务委员会的有关决定办理。

第四十六条　各级人民代表大会常务委员会会议审议议案和有关报告时，本级人民政府或者有关部门、监察委员会、人民法院或者人民检察院应当派有关负责人员到会，听取意见，回答询问。

第四十七条　各级人民代表大会常务委员会围绕关系改革发展稳定大局和群众切身利益、社会普遍关注的重大问题，可以召开全体会议、联组会议或者分组会议，进行专题询问。本级人民政府及其有关部门、监察委员会、人民法院或者人民检察院的负责人应当到会，听取意见，回答询问。

第五十一条　全国人民代表大会常务委员会组成人员十人以上联名，省、自治区、直辖市、自治州、设区的市人民代表大会常务委员会组成人员五人以上联名，县级人民代表大会常务委员会组成人员三人以上联名，可以向常务委员会书面提出对本级人民政府及其部门和监察委员会、人民法院、人民检察院的质询案。

质询案应当写明质询对象、质询的问题和内容。

第六十一条　县级以上地方各级人民政府、监察委员会、人民法院和人民检察院，可以向本级人民代表大会常务委员会提出对本法第六十条所列国家机关工作人员的撤职案。

县级以上地方各级人民代表大会常务委员会主任会议，可以向常务委员会提出对本法第六十条所列国家机关工作人员的撤职案。

县级以上地方各级人民代表大会常务委员会五分之一以上的组成人员书面联名，可以向常务委员会提出对本法第六十条所列国家机关工作人员的撤职案，由主任会议决定是否提请常务委员会会议审议；或者由主任会议提议，经全体会议决定，组织调查委员会，由以后的常务委员会会议根据调查委员会的报告审议决定。

60.4　《地方各级人民代表大会和地方各级人民政府组织法》

第十三条　地方各级人民代表大会有权罢免本级人民政府的组

成人员。县级以上的地方各级人民代表大会有权罢免本级人民代表大会常务委员会的组成人员和由它选出的监察委员会主任、人民法院院长、人民检察院检察长。罢免人民检察院检察长，须报经上一级人民检察院检察长提请该级人民代表大会常务委员会批准。

第二十三条　在地方各级人民代表大会审议议案的时候，代表可以向有关地方国家机关提出询问，由有关机关派人说明。

第二十四条　地方各级人民代表大会举行会议的时候，代表十人以上联名可以书面提出对本级人民政府和它所属各工作部门以及监察委员会、人民法院、人民检察院的质询案。质询案必须写明质询对象、质询的问题和内容。

质询案由主席团决定交由受质询机关在主席团会议、大会全体会议或者有关的专门委员会会议上口头答复，或者由受质询机关书面答复。在主席团会议或者专门委员会会议上答复的，提质询案的代表有权列席会议，发表意见；主席团认为必要的时候，可以将答复质询案的情况报告印发会议。

质询案以口头答复的，应当由受质询机关的负责人到会答复；质询案以书面答复的，应当由受质询机关的负责人签署，由主席团印发会议或者印发提质询案的代表。

第三十一条第一款　县级以上的地方各级人民代表大会举行会议的时候，主席团、常务委员会或者十分之一以上代表联名，可以提出对本级人民代表大会常务委员会组成人员、人民政府组成人员、监察委员会主任、人民法院院长、人民检察院检察长的罢免案，由主席团提请大会审议。

第五十条第一款第七项、第十七项　县级以上的地方各级人民代表大会常务委员会行使下列职权：

（七）监督本级人民政府、监察委员会、人民法院和人民检察院的工作，听取和审议有关专项工作报告，组织执法检查，开展专题询问等；联系本级人民代表大会代表，受理人民群众对上述机关和国家工作人员的申诉和意见；

（十七）在本级人民代表大会闭会期间，决定撤销个别副省长、自治区副主席、副市长、副州长、副县长、副区长的职务；决定撤销由它任命的本级人民政府其他组成人员和监察委员会副主任、委员，人民法院副院长、庭长、副庭长、审判委员会委员、审判员，人民检察院副检察长、检察委员会委员、检察员，中级人民法院院长，人民检察院分院检察长的职务；

第五十三条第一款　在常务委员会会议期间，省、自治区、直辖市、自治州、设区的市的人民代表大会常务委员会组成人员五人以上联名，县级的人民代表大会常务委员会组成人员三人以上联名，可以向常务委员会书面提出对本级人民政府及其工作部门、监察委员会、人民法院、人民检察院的质询案。质询案必须写明质询对象、质询的问题和内容。

社会监督

第六十一条　监察机关应当依法公开监察工作信息，接受民主监督、社会监督、舆论监督。

【关联法条】

61.1 《宪法》

第二十七条　一切国家机关实行精简的原则，实行工作责任制，实行工作人员的培训和考核制度，不断提高工作质量和工作效率，反对官僚主义。

一切国家机关和国家工作人员必须依靠人民的支持，经常保持同人民的密切联系，倾听人民的意见和建议，接受人民的监督，努力为人民服务。

国家工作人员就职时应当依照法律规定公开进行宪法宣誓。

第四十一条　中华人民共和国公民对于任何国家机关和国家工作人员，有提出批评和建议的权利；对于任何国家机关和国家工作人员的违法失职行为，有向有关国家机关提出申诉、控告或者检举的权利，但是不得捏造或者歪曲事实进行诬告陷害。

对于公民的申诉、控告或者检举，有关国家机关必须查清事实，负责处理。任何人不得压制和打击报复。

由于国家机关和国家工作人员侵犯公民权利而受到损失的人，有依照法律规定取得赔偿的权利。

61.2 《监察官法》

第七条　监察机关应当建立健全对监察官的监督制度和机制，确保权力受到严格约束。

监察官应当自觉接受组织监督和民主监督、社会监督、舆论监督。

第十条　监察官应当履行下列义务：

（一）自觉坚持中国共产党领导，严格执行中国共产党和国家的路线方针政策、重大决策部署；

（二）模范遵守宪法和法律；

（三）维护国家和人民利益，秉公执法，勇于担当、敢于监督，坚决同腐败现象作斗争；

（四）依法保障监察对象及有关人员的合法权益；

（五）忠于职守，勤勉尽责，努力提高工作质量和效率；

（六）保守国家秘密和监察工作秘密，对履行职责中知悉的商业秘密和个人隐私、个人信息予以保密；

（七）严守纪律，恪守职业道德，模范遵守社会公德、家庭美德；

（八）自觉接受监督；

（九）法律规定的其他义务。

61.3 《监察法实施条例》

第二百五十一条　监察机关和监察人员必须自觉坚持党的领导，在党组织的管理、监督下开展工作，依法接受本级人民代表大会及其常务委员会的监督，接受民主监督、司法监督、社会监督、舆论监督，加强内部监督制约机制建设，确保权力受到严格的约束和监督。

第二百五十五条　各级监察机关应当通过互联网政务媒体、报刊、广播、电视等途径，向社会及时准确公开下列监察工作信息：

（一）监察法规；

（二）依法应当向社会公开的案件调查信息；

（三）检举控告地址、电话、网站等信息；

（四）其他依法应当公开的信息。

61.4 《中国共产党纪律检查委员会工作条例》

第五十条　党的纪律检查委员会必须接受最严格的约束和监督，在同级党委和上级纪委的领导、监督下强化自我监督，自觉接受党的组织和党员的监督。建立完善监督检查、审查调查、案件监督管理、案件审理相互协调、相互制约的工作机制，发挥内设干部监督机构、机关纪委等作用，加大监管和自我净化力度，坚决防治“灯下黑”。

党的纪律检查委员会应当自觉接受民主监督、群众监督、舆论监督等各方面监督。任何单位和个人对纪检机关、纪检干部的违纪违法行为，有权提出检举、控告。

61.5 《中国共产党党务公开条例（试行）》

第十二条　党的纪律检查机关应当公开以下内容：

（一）学习贯彻党中央大政方针和重大决策部署，坚决维护以习近平同志为核心的党中央权威和集中统一领导，贯彻落实本级党委、上级纪律检查机关工作部署情况；

（二）开展纪律教育、加强纪律建设，维护党章党规党纪情况；

（三）查处违反中央八项规定精神，发生在群众身边、影响恶劣的不正之风和腐败问题情况；

（四）对党员领导干部严重违纪涉嫌违法犯罪进行立案审查、组织审查和给予开除党籍处分情况；

（五）对党员领导干部严重失职失责进行问责情况；

（六）加强纪律检查机关自身建设情况；

（七）其他应当公开的党务。

61.6 《纪检监察机关处理检举控告工作规则》

第八条　县级以上纪检监察机关应当明确承担信访举报工作职责的部门和人员，设置接待群众的场所，公开检举控告地址、电话、网站等信息，公布有关规章制度，归口接收检举控告。

巡视巡察工作机构对收到的检举控告，按有关规定处理。

61.7 《中国共产党纪律检查机关监督执纪工作规则》

第六十条　纪检监察机关应当严格依照党内法规和国家法律，在行使权力上慎之又慎，在自我约束上严之又严，强化自我监督，健全内控机制，自觉接受党内监督、社会监督、群众监督，确保权力受到严格约束，坚决防止“灯下黑”。

纪检监察机关应当加强对监督执纪工作的领导，切实履行自身建设主体责任，严格教育、管理、监督，使纪检监察干部成为严守纪律、改进作风、拒腐防变的表率。

特约监察员监督

第六十二条　监察机关根据工作需要，可以从各方面代表中聘请特约监察员。特约监察员按照规定对监察机关及其工作人员履行职责情况实行监督。

【关联法条】

62.1 《监察官法》

第四十五条　监察委员会根据工作需要，按照规定从各方面代表中聘请特约监察员等监督人员，对监察官履行职责情况进行监督，提出加强和改进监察工作的意见、建议。

62.2 《监察法实施条例》

第二百五十六条　各级监察机关可以根据工作需要，按程序选聘特约监察员履行监督、咨询等职责。特约监察员名单应当向社会公布。

监察机关应当为特约监察员依法开展工作提供必要条件和便利。

62.3 《国家监察委员会特约监察员工作办法》

第二条　特约监察员是国家监察委员会根据工作需要，按照一定程序优选聘请，以兼职形式履行监督、咨询等相关职责的公信人士。

特约监察员主要从全国人大代表中优选聘请，也可以从全国政协委员，中央和国家机关有关部门工作人员，各民主党派成员、无党派人士，企业、事业单位和社会团体代表，专家学者，媒体和文艺工作者，以及一线代表和基层群众中优选聘请。

第四条　特约监察员应当具备下列条件：

（一）坚持中国共产党领导和拥护党的路线、方针、政策，走中国特色社会主义道路，遵守中华人民共和国宪法和法律、法规，具有中华人民共和国国籍；

（二）有较高的业务素质，具备与履行职责相应的专业知识和工作能力，在各自领域有一定代表性和影响力；

（三）热心全面从严治党、党风廉政建设和反腐败工作，有较强的责任心，认真履行职责，热爱特约监察员工作；

（四）坚持原则、实事求是，密切联系群众，公正廉洁、作风正派，遵守职业道德和社会公德；

（五）身体健康。

第五条　受到党纪处分、政务处分、刑事处罚的人员，以及其他不适宜担任特约监察员的人员，不得聘请为特约监察员。

第六条　特约监察员的聘请由国家监察委员会依照下列程序进行：

（一）根据工作需要，会同有关部门、单位提出特约监察员推荐人选，并征得被推荐人所在单位及本人同意；

（二）会同有关部门、单位对特约监察员推荐人选进行考察；

（三）经中央纪委国家监委对考察情况进行研究，确定聘请特约监察员人选；

（四）聘请人选名单及意见抄送特约监察员所在单位及推荐单位，并在中央纪委国家监委组织部备案；

（五）召开聘请会议，颁发聘书，向社会公布特约监察员名单。

第七条　特约监察员在国家监察委员会领导班子产生后换届，每届任期与本届领导班子任期相同，连续任职一般不得超过两届。

特约监察员受聘期满自然解聘。

第八条　特约监察员具有下列情形之一的，国家监察委员会商推荐单位予以解聘，由推荐单位书面通知本人及所在单位：

（一）受到党纪处分、政务处分、刑事处罚的；

（二）因工作调整、健康状况等原因不宜继续担任特约监察员的；

（三）本人申请辞任特约监察员的；

（四）无正当理由连续一年不履行特约监察员职责和义务的；

（五）有其他不宜继续担任特约监察员的情形的。

第九条　特约监察员履行下列职责：

（一）对纪检监察机关及其工作人员履行职责情况进行监督，提出加强和改进纪检监察工作的意见、建议；

（二）对制定纪检监察法律法规、出台重大政策、起草重要文件、提出监察建议等提供咨询意见；

（三）参加国家监察委员会组织的调查研究、监督检查、专项工作；

（四）宣传纪检监察工作的方针、政策和成效；

（五）办理国家监察委员会委托的其他事项。

第十二条　国家监察委员会为特约监察员依法开展对监察机关及其工作人员监督等工作提供必要的工作条件和便利。

第十三条 特约监察员因履行本办法规定职责所支出的相关费用，由国家监察委员会按规定核报。

特约监察员履行本办法规定职责所需经费，列入国家监察委员会业务经费保障范围。

第十四条 国家监察委员会负责特约监察员工作的办事机构设在办公厅，履行下列职责：

（一）统筹协调特约监察员相关工作，完善工作机制，制定工作计划，对国家监察委员会相关部门落实特约监察员工作机制和计划情况进行督促检查，总结、报告特约监察员年度工作情况；

（二）组织开展特约监察员聘请、解聘等工作；

（三）组织特约监察员参加有关会议或者活动，定期开展走访，通报工作、交流情况，听取意见、建议；

（四）受理、移送、督办特约监察员提出的意见、建议和批评，并予以反馈；

（五）协调有关部门，定期向特约监察员提供有关刊物、资料，组织开展特约监察员业务培训；

（六）承担监察机关特约监察员工作的联系和指导，组织经验交流，加强和改进特约监察员工作；

（七）对特约监察员进行动态管理和考核；

（八）加强与特约监察员所在单位及推荐单位的沟通联系，了解特约监察员工作情况，反馈特约监察员履职情况，并征求意见、建议；

（九）办理其他相关工作。

内部监督

第六十三条 监察机关通过设立内部专门的监督机构等方式，加强对监察人员执行职务和遵守法律情况的监督，建设忠诚、干净、担当的监察队伍。

【关联法条】

63.1 《监察官法》

第七条　监察机关应当建立健全对监察官的监督制度和机制，确保权力受到严格约束。

监察官应当自觉接受组织监督和民主监督、社会监督、舆论监督。

第十条　监察官应当履行下列义务：

（一）自觉坚持中国共产党领导，严格执行中国共产党和国家的路线方针政策、重大决策部署；

（二）模范遵守宪法和法律；

（三）维护国家和人民利益，秉公执法，勇于担当、敢于监督，坚决同腐败现象作斗争；

（四）依法保障监察对象及有关人员的合法权益；

（五）忠于职守，勤勉尽责，努力提高工作质量和效率；

（六）保守国家秘密和监察工作秘密，对履行职责中知悉的商业秘密和个人隐私、个人信息予以保密；

（七）严守纪律，恪守职业道德，模范遵守社会公德、家庭美德；

（八）自觉接受监督；

（九）法律规定的其他义务。

第四十二条　监察机关应当规范工作流程，加强内部监督制约机制建设，强化对监察官执行职务和遵守法律情况的监督。

63.2 《监察法实施条例》

第二百五十七条　监察机关实行严格的人员准入制度，严把政治关、品行关、能力关、作风关、廉洁关。监察人员必须忠诚坚定、担当尽责、遵纪守法、清正廉洁。

第二百五十八条　监察机关应当建立监督检查、调查、案件监督管理、案件审理等部门相互协调制约的工作机制。

监督检查和调查部门实行分工协作、相互制约。监督检查部门主要负责联系地区、部门、单位的日常监督检查和对涉嫌一般违法问题线索处置。调查部门主要负责对涉嫌严重职务违法和职务犯罪问题线索进行初步核实和立案调查。

案件监督管理部门负责对监督检查、调查工作全过程进行监督管理，做好线索管理、组织协调、监督检查、督促办理、统计分析等工作。案件监督管理部门发现监察人员在监督检查、调查中有违规办案行为的，及时督促整改；涉嫌违纪违法的，根据管理权限移交相关部门处理。

第二百五十九条　监察机关应当对监察权运行关键环节进行经常性监督检查，适时开展专项督查。案件监督管理、案件审理等部门应当按照各自职责，对问题线索处置、调查措施使用、涉案财物管理等进行监督检查，建立常态化、全覆盖的案件质量评查机制。

第二百六十条　监察机关应当加强对监察人员执行职务和遵纪守法情况的监督，按照管理权限依法对监察人员涉嫌违法犯罪问题进行调查处置。

第二百六十五条　上级监察机关应当通过专项检查、业务考评、开展复查等方式，强化对下级监察机关及监察人员执行职务和遵纪守法情况的监督。

63.3　《公务员法》

第七条　公务员的任用，坚持德才兼备、以德为先，坚持五湖四海、任人唯贤，坚持事业为上、公道正派，突出政治标准，注重工作实绩。

第十三条　公务员应当具备下列条件：

（一）具有中华人民共和国国籍；

（二）年满十八周岁；

（三）拥护中华人民共和国宪法，拥护中国共产党领导和社会主义制度；

（四）具有良好的政治素质和道德品行；

（五）具有正常履行职责的身体条件和心理素质；

（六）具有符合职位要求的文化程度和工作能力；

（七）法律规定的其他条件。

第十四条　公务员应当履行下列义务：

（一）忠于宪法，模范遵守、自觉维护宪法和法律，自觉接受中国共产党领导；

（二）忠于国家，维护国家的安全、荣誉和利益；

（三）忠于人民，全心全意为人民服务，接受人民监督；

（四）忠于职守，勤勉尽责，服从和执行上级依法作出的决定和命令，按照规定的权限和程序履行职责，努力提高工作质量和效率；

（五）保守国家秘密和工作秘密；

（六）带头践行社会主义核心价值观，坚守法治，遵守纪律，恪守职业道德，模范遵守社会公德、家庭美德；

（七）清正廉洁，公道正派；

（八）法律规定的其他义务。

第五十七条　机关应当对公务员的思想政治、履行职责、作风表现、遵纪守法等情况进行监督，开展勤政廉政教育，建立日常管理监督制度。

对公务员监督发现问题的，应当区分不同情况，予以谈话提醒、批评教育、责令检查、诫勉、组织调整、处分。

对公务员涉嫌职务违法和职务犯罪的，应当依法移送监察机关处理。

63.4 《中国共产党纪律检查机关监督执纪工作规则》

第十二条　纪检监察机关案件监督管理部门负责对监督执纪工作全过程进行监督管理，做好线索管理、组织协调、监督检查、督促办理、统计分析等工作。党风政风监督部门应当加强对党风政风建设的综合协调，做好督促检查、通报曝光和综合分析等工作。

第二十条第三款　监督检查部门、审查调查部门、干部监督部门发现的相关问题线索，属于本部门受理范围的，应当送案件监督管理部门备案；不属于本部门受理范围的，经审批后移送案件监督管理部门，由其按程序转交相关监督执纪部门办理。

第六十条　纪检监察机关应当严格依照党内法规和国家法律，在行使权力上慎之又慎，在自我约束上严之又严，强化自我监督，健全内控机制，自觉接受党内监督、社会监督、群众监督，确保权力受到严格约束，坚决防止“灯下黑”。

纪检监察机关应当加强对监督执纪工作的领导，切实履行自身建设主体责任，严格教育、管理、监督，使纪检监察干部成为严守纪律、改进作风、拒腐防变的表率。

禁闭

第六十四条　监察人员涉嫌严重职务违法或者职务犯罪，为防止造成更为严重的后果或者恶劣影响，监察机关经依法审批，可以对其采取禁闭措施。禁闭的期限不得超过七日。

被禁闭人员应当配合监察机关调查。监察机关经调查发现被禁闭人员符合管护或者留置条件的，可以对其采取管护或者留置措施。

本法第五十条的规定，适用于禁闭措施。

【关联法条】

64.1　《监察法》

第五十条　采取管护或者留置措施后，应当在二十四小时以内，通知被管护人员、被留置人员所在单位和家属，但有可能伪造、隐匿、毁灭证据，干扰证人作证或者串供等有碍调查情形的除外。有碍调查的情形消失后，应当立即通知被管护人员、被留置人员所在单位和家属。解除管护或者留置的，应当及时通知被管护人员、被留置人员所在单位和家属。

被管护人员、被留置人员及其近亲属有权申请变更管护、留置措施。监察机关收到申请后，应当在三日以内作出决定；不同意变更措施的，应当告知申请人，并说明不同意的理由。

监察机关应当保障被强制到案人员、被管护人员以及被留置人员的饮食、休息和安全，提供医疗服务。对其谈话、讯问的，应当合理安排时间和时长，谈话笔录、讯问笔录由被谈话人、被讯问人阅看后签名。

被管护人员、被留置人员涉嫌犯罪移送司法机关后，被依法判处管制、拘役或者有期徒刑的，管护、留置一日折抵管制二日，折抵拘役、有期徒刑一日。

64.2 《监察官法》

第五十三条　监察官涉嫌违纪违法，已经被立案审查、调查、侦查，不宜继续履行职责的，按照管理权限和规定的程序暂时停止其履行职务。

第六十四条　监察官对涉及本人的政务处分、处分和人事处理不服的，可以依照规定的程序申请复审、复核，提出申诉。

第六十五条　对监察官的政务处分、处分或者人事处理错误的，应当及时予以纠正；造成名誉损害的，应当恢复名誉、消除影响、赔礼道歉；造成经济损失的，应当赔偿。对打击报复的直接责任人员，应当依法追究其责任。

64.3 《人民警察法》

第四十八条第三款　对违反纪律的人民警察，必要时可以对其采取停止执行职务、禁闭的措施。

64.4 《道路交通安全法》

第一百一十六条第一款　依照本法第一百一十五条的规定，给予交通警察行政处分的，在作出行政处分决定前，可以停止其执行职务；必要时，可以予以禁闭。

64.5 《公安机关督察条例》

第十二条　督察机构认为公安机关人民警察违反纪律需要采取停止执行职务、禁闭措施的，由督察机构作出决定，报本级公安机关督察长批准后执行。

停止执行职务的期限为 10 日以上 60 日以下；禁闭的期限为 1 日以上 7 日以下。

第十四条　公安机关人民警察对停止执行职务和禁闭决定不服的，可以在被停止执行职务或者被禁闭期间向作出决定的公安机关的上一级公安机关提出申诉。由公安部督察机构作出的停止执行职务、禁闭的决定，受理申诉的机关是公安部督察委员会。

受理申诉的公安机关对不服停止执行职务的申诉，应当自收到申诉之日起 5 日内作出是否撤销停止执行职务的决定；对不服禁闭的申诉，应当在收到申诉之时起 24 小时内作出是否撤销禁闭的决定。

申诉期间，停止执行职务、禁闭决定不停止执行。

受理申诉的公安机关认为停止执行职务、禁闭决定确有错误的，应当予以撤销，并在适当范围内为当事人消除影响，恢复名誉。

64.6 《公安机关人民警察内务条令》

第三十四条　公安民警因涉嫌违纪违法被留置、停止执行职务、禁闭期间，或者被采取刑事强制措施和其他可能影响人民警察形象声誉的情形，不得着装。

第二百二十九条　违反本条令，情节轻微的，应当给予谈话提醒、批评教育或者当场予以纠正；情节严重的，应当按照规定采取带离现场、停止执行职务、禁闭措施，给予处分或者限期调离、辞退等处理；构成违法犯罪的，依法追究相应的法律责任。

64.7 《公安机关实施停止执行职务和禁闭措施的规定》

第二条　停止执行职务和禁闭，是为制止、查处人民警察严重违法违纪行为，预防事故，对违反纪律的人民警察在必要时采取的行政措施。

第六条 人民警察有下列行为之一并不听制止，可能造成恶劣影响的，可以对其采取禁闭的措施：

（一）违抗命令，不服从指挥，可能造成严重危害的；

（二）涉嫌泄露公安工作秘密或者为犯罪嫌疑人通风报信的；

（三）威胁、恐吓、蓄意报复他人的；

（四）殴打他人或者唆使他人打人的；

（五）酗酒滋事，扰乱工作秩序和公共秩序的；

（六）其他有必要采取禁闭措施的。

第七条 禁闭的期限为一至七天。

第八条 对被停止执行职务或者禁闭的人民警察，应当收回其枪支、警械和执行职务的有关证件。

第九条 对违反纪律的人民警察需要采取停止执行职务或者禁闭措施的，由其所在单位提出意见，说明理由，填写《决定停止执行职务审批表》或者《决定禁闭审批表》，经县（含县级）以上公安机关督察机构审核报同级公安机关行政首长批准后执行，并报上一级公安机关督察机构备案。

必要时，县（含县级）以上公安机关督察机构可以直接提出意见，按前款规定办理手续。

对担任公安机关领导职务的人民警察需要停止执行职务或者禁闭的，应当由上一级公安机关督察机构提出意见，填写《决定停止执行职务审批表》或者《决定禁闭审批表》，报同级公安机关行政首长批准后执行，并报上一级公安机关督察机构备案。

对被采取禁闭措施的人民警察，应在十二小时内通知其家属。

第十条 停止执行职务和禁闭措施由批准的公安机关的督察机构组织实施。

停止执行职务或者禁闭期限届满，由负责实施的督察机构报同级公安机关行政首长批准后，通知被执行的人民警察，该措施即被解除。

在停止执行职务或者禁闭期间，被停止执行职务或者被禁闭的人民警察表现良好，确无继续停止执行职务或者禁闭必要的，经负责实施的督察机构报同级公安机关行政首长批准，可以提前解除停止执行职务或者禁闭措施。

第十一条　县以上公安机关设禁闭室。禁闭室内应当具备基本的生活设施和学习条件，并符合生活、卫生和安全条件。

第十二条　对被禁闭的人民警察，准其携带生活用品和学习材料。生病时，家属可以探望，并准其就医。

第十三条　对被禁闭的人民警察，由其所在单位派专人负责看护，认真做好思想政治工作，加强教育，严格管理，严格要求，防止发生事故。

第十四条　被禁闭的人民警察，必须服从管理，遵守有关规定。

第十五条　对被停止执行职务或者禁闭的人民警察，有关部门应当尽快查清其问题，并根据其所犯错误事实、性质、情节和其在被停止执行职务或者禁闭期间的表现，依照有关规定作出处理，并报上一级公安机关督察机构备案。

第十六条　人民警察对停止执行职务或者禁闭决定不服的，可以向作出决定的公安机关或者上一级公安机关督察机构提出申诉。受理申诉后，由督察机构提出复核意见，填写《复核决定停止执行职务审批表》或者《复核决定禁闭审批表》，报本级公安机关行政首长批准。对不服停止执行职务的申诉，应当在受理后十日内作出复核决定；对不服禁闭的申诉，应当在受理后二日内作出复核决定。

申诉、复核期间，不停止原决定的执行。

对于停止执行职务或者禁闭决定发现确有错误的，决定或者复核的公安机关应当予以撤销；已被执行的，应当在一定范围内为被停止执行职务或者禁闭的人民警察恢复名誉。

监察人员法定义务

> 第六十五条　监察人员必须模范遵守宪法和法律，忠于职守、秉公执法，清正廉洁、保守秘密；必须具有良好的政治素质，熟悉监察业务，具备运用法律、法规、政策和调查取证等能力，自觉接受监督。

【关联法条】

65.1 《监察官法》

第四条　监察官应当忠诚坚定、担当尽责、清正廉洁，做严格自律、作风优良、拒腐防变的表率。

第十二条　担任监察官应当具备下列条件：

（一）具有中华人民共和国国籍；

（二）忠于宪法，坚持中国共产党领导和社会主义制度；

（三）具有良好的政治素质、道德品行和廉洁作风；

（四）熟悉法律、法规、政策，具有履行监督、调查、处置等职责的专业知识和能力；

（五）具有正常履行职责的身体条件和心理素质；

（六）具备高等学校本科及以上学历；

（七）法律规定的其他条件。

本法施行前的监察人员不具备前款第六项规定的学历条件的，应当接受培训和考核，具体办法由国家监察委员会制定。

第十三条　有下列情形之一的，不得担任监察官：

（一）因犯罪受过刑事处罚，以及因犯罪情节轻微被人民检察院依法作出不起诉决定或者被人民法院依法免予刑事处罚的；

（二）被撤销中国共产党党内职务、留党察看、开除党籍的；

（三）被撤职或者开除公职的；

（四）被依法列为失信联合惩戒对象的；

（五）配偶已移居国（境）外，或者没有配偶但是子女均已移居国（境）外的；

（六）法律规定的其他情形。

第十四条　监察官的选用，坚持德才兼备、以德为先，坚持五湖四海、任人唯贤，坚持事业为上、公道正派，突出政治标准，注重工作实绩。

第二十九条　初任监察官实行职前培训制度。

第三十条　对监察官应当有计划地进行政治、理论和业务培训。

培训应当突出政治机关特色，坚持理论联系实际、按需施教、讲求实效，提高专业能力。

监察官培训情况，作为监察官考核的内容和任职、等级晋升的依据之一。

第三十一条　监察官培训机构按照有关规定承担培训监察官的任务。

第三十二条　国家加强监察学科建设，鼓励具备条件的普通高等学校设置监察专业或者开设监察课程，培养德才兼备的高素质监察官后备人才，提高监察官的专业能力。

第三十七条　监察官的考核应当按照管理权限，全面考核监察官的德、能、勤、绩、廉，重点考核政治素质、工作实绩和廉洁自律情况。

第四十条　对在监察工作中有显著成绩和贡献，或者有其他突出事迹的监察官、监察官集体，给予奖励。

65.2 《监察法实施条例》

第二百六十六条　监察机关应当对监察人员有计划地进行政治、理论和业务培训。培训应当坚持理论联系实际、按需施教、讲求实效，突出政治机关特色，建设高素质专业化监察队伍。

第二百六十七条　监察机关应当严格执行保密制度，控制监察事项知悉范围和时间。监察人员不准私自留存、隐匿、查阅、摘抄、复制、携带问题线索和涉案资料，严禁泄露监察工作秘密。

监察机关应当建立健全检举控告保密制度，对检举控告人的姓名（单位名称）、工作单位、住址、电话和邮箱等有关情况以及检举控告内容必须严格保密。

第二百六十八条　监察机关涉密人员离岗离职后，应当遵守脱密期管理规定，严格履行保密义务，不得泄露相关秘密。

第二百六十九条　监察人员离任三年以内，不得从事与监察和司法工作相关联且可能发生利益冲突的职业。

监察人员离任后，不得担任原任职监察机关办理案件的诉讼代理人或者辩护人，但是作为当事人的监护人或者近亲属代理诉讼或者进行辩护的除外。

第二百七十条　监察人员应当严格遵守有关规范领导干部配偶、子女及其配偶经商办企业行为的规定。

65.3 《公务员法》

第十四条　公务员应当履行下列义务：

（一）忠于宪法，模范遵守、自觉维护宪法和法律，自觉接受中国共产党领导；

（二）忠于国家，维护国家的安全、荣誉和利益；

（三）忠于人民，全心全意为人民服务，接受人民监督；

（四）忠于职守，勤勉尽责，服从和执行上级依法作出的决定和命令，按照规定的权限和程序履行职责，努力提高工作质量和效率；

（五）保守国家秘密和工作秘密；

（六）带头践行社会主义核心价值观，坚守法治，遵守纪律，恪守职业道德，模范遵守社会公德、家庭美德；

（七）清正廉洁，公道正派；

（八）法律规定的其他义务。

第五十八条　公务员应当自觉接受监督，按照规定请示报告工作、报告个人有关事项。

第五十九条　公务员应当遵纪守法，不得有下列行为：

（一）散布有损宪法权威、中国共产党和国家声誉的言论，组织或者参加旨在反对宪法、中国共产党领导和国家的集会、游行、示威等活动；

（二）组织或者参加非法组织，组织或者参加罢工；

（三）挑拨、破坏民族关系，参加民族分裂活动或者组织、利用宗教活动破坏民族团结和社会稳定；

（四）不担当，不作为，玩忽职守，贻误工作；

（五）拒绝执行上级依法作出的决定和命令；

（六）对批评、申诉、控告、检举进行压制或者打击报复；

（七）弄虚作假，误导、欺骗领导和公众；

（八）贪污贿赂，利用职务之便为自己或者他人谋取私利；

（九）违反财经纪律，浪费国家资财；

（十）滥用职权，侵害公民、法人或者其他组织的合法权益；

（十一）泄露国家秘密或者工作秘密；

（十二）在对外交往中损害国家荣誉和利益；

（十三）参与或者支持色情、吸毒、赌博、迷信等活动；

（十四）违反职业道德、社会公德和家庭美德；

（十五）违反有关规定参与禁止的网络传播行为或者网络活动；

（十六）违反有关规定从事或者参与营利性活动，在企业或者其他营利性组织中兼任职务；

（十七）旷工或者因公外出、请假期满无正当理由逾期不归；

（十八）违纪违法的其他行为。

第六十六条　机关根据公务员工作职责的要求和提高公务员素质的需要，对公务员进行分类分级培训。

国家建立专门的公务员培训机构。机关根据需要也可以委托其他培训机构承担公务员培训任务。

第六十七条　机关对新录用人员应当在试用期内进行初任培训；对晋升领导职务的公务员应当在任职前或者任职后一年内进行任职培训；对从事专项工作的公务员应当进行专门业务培训；对全体公

务员应当进行提高政治素质和工作能力、更新知识的在职培训，其中对专业技术类公务员应当进行专业技术培训。

国家有计划地加强对优秀年轻公务员的培训。

第八十八条　公务员有下列情形之一的，予以辞退：

（一）在年度考核中，连续两年被确定为不称职的；

（二）不胜任现职工作，又不接受其他安排的；

（三）因所在机关调整、撤销、合并或者缩减编制员额需要调整工作，本人拒绝合理安排的；

（四）不履行公务员义务，不遵守法律和公务员纪律，经教育仍无转变，不适合继续在机关工作，又不宜给予开除处分的；

（五）旷工或者因公外出、请假期满无正当理由逾期不归连续超过十五天，或者一年内累计超过三十天的。

65.4 《保守国家秘密法》

第五条　国家秘密受法律保护。

一切国家机关和武装力量、各政党和各人民团体、企业事业组织和其他社会组织以及公民都有保密的义务。

任何危害国家秘密安全的行为，都必须受到法律追究。

第八条　机关、单位应当实行保密工作责任制，依法设置保密工作机构或者指定专人负责保密工作，健全保密管理制度，完善保密防护措施，开展保密宣传教育，加强保密监督检查。

第十三条　下列涉及国家安全和利益的事项，泄露后可能损害国家在政治、经济、国防、外交等领域的安全和利益的，应当确定为国家秘密：

（一）国家事务重大决策中的秘密事项；

（二）国防建设和武装力量活动中的秘密事项；

（三）外交和外事活动中的秘密事项以及对外承担保密义务的秘密事项；

（四）国民经济和社会发展中的秘密事项；

（五）科学技术中的秘密事项；

（六）维护国家安全活动和追查刑事犯罪中的秘密事项；

（七）经国家保密行政管理部门确定的其他秘密事项。

政党的秘密事项中符合前款规定的，属于国家秘密。

65.5 《中国共产党纪律检查委员会工作条例》

第四十六条　党的各级纪律检查委员会必须坚持以习近平新时代中国特色社会主义思想武装头脑、指导实践、推动工作，突出抓好党的政治建设，教育引导纪检干部不断提高政治判断力、政治领悟力、政治执行力，带头践行“两个维护”，敢于善于斗争，做到忠诚干净担当。

第四十七条　贯彻新时代党的组织路线，坚持党管干部，严把干部准入关，加强思想淬炼、政治历练、实践锻炼、专业训练，加强理论研究和学科建设，提高把握政策、监督执纪、做思想政治工作等能力，建设高素质专业化干部队伍。

第四十八条　加强作风建设和纪律建设，保证纪检干部严守政治纪律和政治规矩，模范遵守党的纪律和国家法律，坚持实事求是，深入开展调查研究，密切联系群众，树立纪律严明、作风深入、工作扎实、谦虚谨慎、秉公执纪的良好形象。

第五十三条　纪检干部应当严格执行保密制度，不准私自留存、隐匿、查阅、摘抄、复制、携带问题线索和涉案资料，严禁泄露审查工作情况。

纪检干部离职的，应当严格遵守有关离职后从业限制的规定，三年内不得从事与纪律检查工作相关的职业。

第五十五条　纪检干部有以案谋私、跑风漏气、滥用职权以及其他违规违纪违法行为的，必须严肃查处；构成犯罪的，依法追究刑事责任。

纪检机关及其领导干部履行职责过程中失职失责造成严重后果或者恶劣影响的，应当严肃问责。

65.6 《干部教育培训工作条例》

第十四条　省部级、厅局级、县处级党政领导干部和四级调研员及相当层次职级以上公务员，经组织选调，应当每 5 年参加党校（行政学院）、干部学院等干部教育培训机构脱产培训，以及干部教育培训主管部门认可的其他集中培训，累计不少于 3 个月或者 550 学时。提拔担任领导职务的，确因特殊情况在提任前未达到教育培训要求的，应当在提任后 1 年内完成培训。干部教育培训主管部门应当作出规划，统筹安排。

乡科级党政领导干部和一级主任科员及相当层次职级以下公务员，应当每年参加干部教育培训主管部门认可的集中培训，累计不少于 12 天或者 90 学时。

干部应当结合岗位职责参加网络培训，完成规定的学时。

第十七条　干部教育培训以深入学习贯彻习近平新时代中国特色社会主义思想为主题主线，以党的理论教育、党性教育和履职能力培训为重点，注重知识培训，全面提高干部素质和能力。

第二十二条　干部教育培训以脱产培训、党委（党组）理论学习中心组学习、网络培训、在职自学等方式进行。

第二十八条　干部教育培训机构主要包括：党校（行政学院）、干部学院、社会主义学院、部门行业培训机构、国有企业培训机构、干部教育培训高校基地。

各级党委（党组）和干部教育培训主管部门应当加强对干部教育培训机构的工作指导，构建分工明确、优势互补、布局合理、规范有序的培训机构体系。

第三十六条　干部教育培训主管部门和干部教育培训机构应当按照政治过硬、素质优良、规模适当、结构合理、专兼结合的原则，建设高素质干部教育培训师资队伍。

第四十八条　干部教育培训主管部门和干部教育培训机构应当完善干部教育培训考核和激励机制。干部接受教育培训情况应当作为干部考核的内容和任职、晋升的重要依据。

第四十九条　干部教育培训考核的内容包括干部的学习态度和表现，理论、知识掌握程度，党性修养、作风养成和遵规守纪情况，以及解决实际问题的能力等。

干部教育培训考核结果应当按照干部管理权限及时反馈组织人事部门。干部教育培训考核不合格的，年度考核不得确定为优秀等次。

65.7 《中国共产党纪律检查机关监督执纪工作规则》

第六十条　纪检监察机关应当严格依照党内法规和国家法律，在行使权力上慎之又慎，在自我约束上严之又严，强化自我监督，健全内控机制，自觉接受党内监督、社会监督、群众监督，确保权力受到严格约束，坚决防止“灯下黑”。

纪检监察机关应当加强对监督执纪工作的领导，切实履行自身建设主体责任，严格教育、管理、监督，使纪检监察干部成为严守纪律、改进作风、拒腐防变的表率。

第六十一条　纪检监察机关应当严格干部准入制度，严把政治安全关，纪检监察干部必须忠诚坚定、担当尽责、遵纪守法、清正廉洁，具备履行职责的基本条件。

第六十二条　纪检监察机关应当加强党的政治建设、思想建设、组织建设，突出政治功能，强化政治引领。审查调查组有正式党员3人以上的，应当设立临时党支部，加强对审查调查组成员的教育、管理、监督，开展政策理论学习，做好思想政治工作，及时发现问题、进行批评纠正，发挥战斗堡垒作用。

第六十三条　纪检监察机关应当加强干部队伍作风建设，树立依规依法、纪律严明、作风深入、工作扎实、谦虚谨慎、秉公执纪的良好形象，力戒形式主义、官僚主义，力戒特权思想，力戒口大气粗、颐指气使，不断提高思想政治水平和把握政策能力，建设让党放心、人民信赖的纪检监察干部队伍。

65.8 《中国共产党廉洁自律准则》

第一条　坚持公私分明，先公后私，克己奉公。

第二条　坚持崇廉拒腐，清白做人，干净做事。

第三条　坚持尚俭戒奢，艰苦朴素，勤俭节约。

第四条　坚持吃苦在前，享受在后，甘于奉献。

第五条　廉洁从政，自觉保持人民公仆本色。

第六条　廉洁用权，自觉维护人民根本利益。

第七条　廉洁修身，自觉提升思想道德境界。

第八条　廉洁齐家，自觉带头树立良好家风。

登记备案制度

第六十六条　对于监察人员打听案情、过问案件、说情干预的，办理监察事项的监察人员应当及时报告。有关情况应当登记备案。

发现办理监察事项的监察人员未经批准接触被调查人、涉案人员及其特定关系人，或者存在交往情形的，知情人应当及时报告。有关情况应当登记备案。

【关联法条】

66.1 《监察官法》

第四十六条　监察官不得打听案情、过问案件、说情干预。对于上述行为，办理监察事项的监察官应当及时向上级报告。有关情况应当登记备案。

办理监察事项的监察官未经批准不得接触被调查人、涉案人员及其特定关系人，或者与其进行交往。对于上述行为，知悉情况的监察官应当及时向上级报告。有关情况应当登记备案。

66.2 《监察法实施条例》

第二百六十二条　对监察人员打听案情、过问案件、说情干预的，办理监察事项的监察人员应当及时向上级负责人报告。有关情况应当登记备案。

发现办理监察事项的监察人员未经批准接触被调查人、涉案人员及其特定关系人，或者存在交往情形的，知情的监察人员应当及时向上级负责人报告。有关情况应当登记备案。

66.3 《中国共产党纪律处分条例》

第一百四十二条　违反有关规定干预和插手司法活动、执纪执法活动，向有关地方或者部门打听案情、打招呼、说情，或者以其他方式对司法活动、执纪执法活动施加影响，情节较轻的，给予严重警告处分；情节较重的，给予撤销党内职务或者留党察看处分；情节严重的，给予开除党籍处分。

违反有关规定干预和插手公共财政资金分配、项目立项评审、功勋荣誉表彰奖励等活动，造成重大损失或者不良影响的，依照前款规定处理。

第一百四十三条　按照有关规定对干预和插手行为负有报告和登记义务的受请托人，不按照规定报告或者登记，情节较重的，给予警告或者严重警告处分；情节严重的，给予撤销党内职务处分。

第一百四十四条　泄露、扩散或者打探、窃取党组织关于干部选拔任用、纪律审查、巡视巡察等尚未公开事项或者其他应当保密的内容的，给予警告或者严重警告处分；情节较重的，给予撤销党内职务或者留党察看处分；情节严重的，给予开除党籍处分。

私自留存涉及党组织关于干部选拔任用、纪律审查、巡视巡察等方面资料，情节较重的，给予警告或者严重警告处分；情节严重的，给予撤销党内职务处分。

66.4 《中国共产党纪律检查机关监督执纪工作规则》

第六十四条　对纪检监察干部打听案情、过问案件、说情干预的，受请托人应当向审查调查组组长和监督检查、审查调查部门主要负责人报告并登记备案。

发现审查调查组成员未经批准接触被审查调查人、涉案人员及其特定关系人，或者存在交往情形的，应当及时向审查调查组组长和监督检查、审查调查部门主要负责人直至纪检监察机关主要负责人报告并登记备案。

第七十一条　对纪检监察干部越权接触相关地区、部门、单位党委（党组）负责人，私存线索、跑风漏气、违反安全保密规定，接受请托、干预审查调查、以案谋私、办人情案，侮辱、打骂、虐待、体罚或者变相体罚被审查调查人，以违规违纪违法方式收集证据，截留挪用、侵占私分涉案财物，接受宴请和财物等行为，依规依纪严肃处理；涉嫌职务违法、职务犯罪的，依法追究法律责任。

回避制度

第六十七条　办理监察事项的监察人员有下列情形之一的，应当自行回避，监察对象、检举人及其他有关人员也有权要求其回避：

（一）是监察对象或者检举人的近亲属的；

（二）担任过本案的证人的；

（三）本人或者其近亲属与办理的监察事项有利害关系的；

（四）有可能影响监察事项公正处理的其他情形的。

【关联法条】

67.1 《监察官法》

第二十三条　监察官担任县级、设区的市级监察委员会主任的，应当按照有关规定实行地域回避。

第四十七条　办理监察事项的监察官有下列情形之一的，应当自行回避，监察对象、检举人、控告人及其他有关人员也有权要求其回避；没有主动申请回避的，监察机关应当依法决定其回避：

（一）是监察对象或者检举人、控告人的近亲属的；

（二）担任过本案的证人的；

（三）本人或者其近亲属与办理的监察事项有利害关系的；

（四）有可能影响监察事项公正处理的其他情形的。

第五十五条　除下列情形外，不得将监察官调离：

（一）按规定需要任职回避的；

（二）按规定实行任职交流的；

（三）因机构、编制调整需要调整工作的；

（四）因违纪违法不适合继续从事监察工作的；

（五）法律规定的其他情形。

67.2 《公职人员政务处分法》

第四十七条　参与公职人员违法案件调查、处理的人员有下列情形之一的，应当自行回避，被调查人、检举人及其他有关人员也有权要求其回避：

（一）是被调查人或者检举人的近亲属的；

（二）担任过本案的证人的；

（三）本人或者其近亲属与调查的案件有利害关系的；

（四）可能影响案件公正调查、处理的其他情形。

第四十八条　监察机关负责人的回避，由上级监察机关决定；其他参与违法案件调查、处理人员的回避，由监察机关负责人决定。

监察机关或者上级监察机关发现参与违法案件调查、处理人员有应当回避情形的，可以直接决定该人员回避。

第六十三条第九项　监察机关及其工作人员有下列情形之一的，对负有责任的领导人员和直接责任人员依法给予处理：

（九）违反回避等程序规定，造成不良影响的；

67.3 《监察法实施条例》

第二百六十三条　办理监察事项的监察人员有监察法第五十八条[1]所列情形之一的，应当自行提出回避；没有自行提出回避的，监察机关应当依法决定其回避，监察对象、检举人及其他有关人员

---

〔1〕对应2024年12月25日修正的《监察法》第67条。

也有权要求其回避。

选用借调人员、看护人员、调查场所，应当严格执行回避制度。

第二百六十四条　监察人员自行提出回避，或者监察对象、检举人及其他有关人员要求监察人员回避的，应当书面或者口头提出，并说明理由。口头提出的，应当形成记录。

监察机关主要负责人的回避，由上级监察机关主要负责人决定；其他监察人员的回避，由本级监察机关主要负责人决定。

67.4 《公务员法》

第七十四条　公务员之间有夫妻关系、直系血亲关系、三代以内旁系血亲关系以及近姻亲关系的，不得在同一机关双方直接隶属于同一领导人员的职位或者有直接上下级领导关系的职位工作，也不得在其中一方担任领导职务的机关从事组织、人事、纪检、监察、审计和财务工作。

公务员不得在其配偶、子女及其配偶经营的企业、营利性组织的行业监管或者主管部门担任领导成员。

因地域或者工作性质特殊，需要变通执行任职回避的，由省级以上公务员主管部门规定。

第七十五条　公务员担任乡级机关、县级机关、设区的市级机关及其有关部门主要领导职务的，应当按照有关规定实行地域回避。

第七十六条　公务员执行公务时，有下列情形之一的，应当回避：

（一）涉及本人利害关系的；

（二）涉及与本人有本法第七十四条第一款所列亲属关系人员的利害关系的；

（三）其他可能影响公正执行公务的。

第七十七条　公务员有应当回避情形的，本人应当申请回避；利害关系人有权申请公务员回避。其他人员可以向机关提供公务员需要回避的情况。

机关根据公务员本人或者利害关系人的申请，经审查后作出是否回避的决定，也可以不经申请直接作出回避决定。

第七十八条　法律对公务员回避另有规定的，从其规定。

67.5 《中国共产党纪律检查机关监督执纪工作规则》

第六十五条　严格执行回避制度。审查调查审理人员是被审查调查人或者检举人近亲属、本案证人、利害关系人，或者存在其他可能影响公正审查调查审理情形的，不得参与相关审查调查审理工作，应当主动申请回避，被审查调查人、检举人以及其他有关人员也有权要求其回避。选用借调人员、看护人员、审查场所，应当严格执行回避制度。

67.6 《纪检监察机关处理检举控告工作规则》

第四十八条　处理检举控告工作人员有以下情形之一，应当主动提出回避，当事人有权要求其回避，回避决定由纪检监察机关作出：

（一）本人是被检举控告人或者其近亲属的；

（二）本人或者近亲属与被检举控告问题有利害关系的；

（三）其他可能影响检举控告问题公正处理的情形。

67.7 《公务员回避规定》

第二条　公务员回避，是指机关依照法律法规规定，对公务员在有关职位担任领导职务或者职级、执行公务等作出限制或者调整。

公务员回避包括任职回避、地域回避和公务回避。

法律法规对公务员中领导成员以及监察官、法官、检察官等回避另有规定的，按照有关规定办理。

第五条　公务员凡有下列亲属关系的，不得在同一机关双方直接隶属于同一领导人员的职位或者有直接上下级领导关系的职位工作，也不得在其中一方担任领导职务的机关从事组织、人事、纪检、监察、审计和财务工作：

（一）夫妻关系；

（二）直系血亲关系，包括祖父母、外祖父母、父母、子女、孙子女、外孙子女；

（三）三代以内旁系血亲关系，包括伯叔姑舅姨、兄弟姐妹、堂兄弟姐妹、表兄弟姐妹、侄子女、甥子女；

（四）近姻亲关系，包括配偶的父母、配偶的兄弟姐妹及其配偶、子女的配偶及子女配偶的父母、三代以内旁系血亲的配偶。

本规定所列亲属关系，包括法律规定的拟制血亲关系。

本规定所称直接隶属，是指具有直接上下级领导关系；同一领导人员，包括同一级领导班子成员；直接上下级领导关系，包括上一级正副职与下一级正副职之间的领导关系。

第十三条　公务员应当回避的公务活动包括：

（一）考试录用、聘任、调任、领导职务与职级升降任免、考核、考察、奖惩、转任、出国（境）审批；

（二）巡视、巡察、纪检、监察、审计、仲裁、案件侦办、审判、检察、信访举报处理；

（三）税费稽征、项目和资金审批、招标采购、行政许可、行政处罚；

（四）其他应当回避的公务活动。

离任后的义务

第六十八条　监察机关涉密人员离岗离职后，应当遵守脱密期管理规定，严格履行保密义务，不得泄露相关秘密。

监察人员辞职、退休三年内，不得从事与监察和司法工作相关联且可能发生利益冲突的职业。

【关联法条】

68.1 《监察官法》

第四十八条　监察官应当严格执行保密制度，控制监察事项知悉范围和时间，不得私自留存、隐匿、查阅、摘抄、复制、携带问题线索和涉案资料，严禁泄露监察工作秘密。

监察官离岗离职后，应当遵守脱密期管理规定，严格履行保密义务，不得泄露相关秘密。

第四十九条　监察官离任三年内，不得从事与监察和司法工作相关联且可能发生利益冲突的职业。

监察官离任后，不得担任原任职监察机关办理案件的诉讼代理人或者辩护人，但是作为当事人的监护人或者近亲属代理诉讼、进行辩护的除外。

监察官被开除后，不得担任诉讼代理人或者辩护人，但是作为当事人的监护人或者近亲属代理诉讼、进行辩护的除外。

第五十条　监察官应当遵守有关规范领导干部配偶、子女及其配偶经商办企业行为的规定。违反规定的，予以处理。

第五十一条　监察官的配偶、父母、子女及其配偶不得以律师身份担任该监察官所任职监察机关办理案件的诉讼代理人、辩护人，或者提供其他有偿法律服务。

68.2 《监察法实施条例》

第二百六十八条　监察机关涉密人员离岗离职后，应当遵守脱密期管理规定，严格履行保密义务，不得泄露相关秘密。

第二百六十九条　监察人员离任三年以内，不得从事与监察和司法工作相关联且可能发生利益冲突的职业。

监察人员离任后，不得担任原任职监察机关办理案件的诉讼代理人或者辩护人，但是作为当事人的监护人或者近亲属代理诉讼或者进行辩护的除外。

第二百七十条　监察人员应当严格遵守有关规范领导干部配偶、子女及其配偶经商办企业行为的规定。

68.3 《公务员法》

第八十六条　公务员有下列情形之一的，不得辞去公职：

（一）未满国家规定的最低服务年限的；

（二）在涉及国家秘密等特殊职位任职或者离开上述职位不满国家规定的脱密期限的；

（三）重要公务尚未处理完毕，且须由本人继续处理的；

（四）正在接受审计、纪律审查、监察调查，或者涉嫌犯罪，司法程序尚未终结的；

（五）法律、行政法规规定的其他不得辞去公职的情形。

第一百零七条　公务员辞去公职或者退休的，原系领导成员、县处级以上领导职务的公务员在离职三年内，其他公务员在离职两年内，不得到与原工作业务直接相关的企业或者其他营利性组织任职，不得从事与原工作业务直接相关的营利性活动。

公务员辞去公职或者退休后有违反前款规定行为的，由其原所在机关的同级公务员主管部门责令限期改正；逾期不改正的，由县级以上市场监管部门没收该人员从业期间的违法所得，责令接收单位将该人员予以清退，并根据情节轻重，对接收单位处以被处罚人员违法所得一倍以上五倍以下的罚款。

68.4 《保守国家秘密法》

第四十六条　涉密人员离岗离职应当遵守国家保密规定。机关、单位应当开展保密教育提醒，清退国家秘密载体，实行脱密期管理。涉密人员在脱密期内，不得违反规定就业和出境，不得以任何方式泄露国家秘密；脱密期结束后，应当遵守国家保密规定，对知悉的国家秘密继续履行保密义务。涉密人员严重违反离岗离职及脱密期国家保密规定的，机关、单位应当及时报告同级保密行政管理部门，由保密行政管理部门会同有关部门依法采取处置措施。

68.5 《中国共产党纪律处分条例》

第九十四条　党员干部必须正确行使人民赋予的权力，清正廉洁，反对特权思想和特权现象，反对任何滥用职权、谋求私利的行为。

利用职权或者职务上的影响为他人谋取利益，本人的配偶、子女及其配偶等亲属和其他特定关系人收受对方财物，情节较重的，给予警告或者严重警告处分；情节严重的，给予撤销党内职务、留党察看或者开除党籍处分。

第九十五条 相互利用职权或者职务上的影响为对方及其配偶、子女及其配偶等亲属、身边工作人员和其他特定关系人谋取利益搞权权交易的，给予警告或者严重警告处分；情节较重的，给予撤销党内职务或者留党察看处分；情节严重的，给予开除党籍处分。

68.6 《中国共产党纪律检查机关监督执纪工作规则》

第六十八条 纪检监察机关相关涉密人员离岗离职后，应当遵守脱密期管理规定，严格履行保密义务，不得泄露相关秘密。

监督执纪人员辞职、退休3年内，不得从事与纪检监察和司法工作相关联、可能发生利益冲突的职业。

申诉权

第六十九条 监察机关及其工作人员有下列行为之一的，被调查人及其近亲属、利害关系人有权向该机关申诉：

（一）采取强制到案、责令候查、管护、留置或者禁闭措施法定期限届满，不予以解除或者变更的；

（二）查封、扣押、冻结与案件无关或者明显超出涉案范围的财物的；

（三）应当解除查封、扣押、冻结措施而不解除的；

（四）贪污、挪用、私分、调换或者违反规定使用查封、扣押、冻结的财物的；

（五）利用职权非法干扰企业生产经营或者侵害企业经营者人身权利、财产权利和其他合法权益的；

（六）其他违反法律法规、侵害被调查人合法权益的行为。

受理申诉的监察机关应当在受理申诉之日起一个月内作出处理决定。申诉人对处理决定不服的，可以在收到处理决定之日起一个月内向上一级监察机关申请复查，上一级监察机关应当在收到复查申请之日起二个月内作出处理决定，情况属实的，及时予以纠正。

【关联法条】

69.1 《公职人员政务处分法》

第二条 本法适用于监察机关对违法的公职人员给予政务处分的活动。

本法第二章、第三章适用于公职人员任免机关、单位对违法的公职人员给予处分。处分的程序、申诉等适用其他法律、行政法规、国务院部门规章和国家有关规定。

本法所称公职人员，是指《中华人民共和国监察法》第十五条规定的人员。

第三十二条第三项 有下列行为之一的，予以警告、记过或者记大过；情节较重的，予以降级或者撤职；情节严重的，予以开除：

（三）对依法行使批评、申诉、控告、检举等权利的行为进行压制或者打击报复的；

69.2 《监察官法》

第十一条第四项 监察官享有下列权利：

（四）提出申诉或者控告；

第六十四条 监察官对涉及本人的政务处分、处分和人事处理不服的，可以依照规定的程序申请复审、复核，提出申诉。

69.3 《监察法实施条例》

第七条 监察机关应当在适用法律上一律平等，充分保障监察对象以及相关人员的人身权、知情权、财产权、申辩权、申诉权以及申请复审复核权等合法权益。

第二百七十二条 被调查人及其近亲属认为监察机关及监察人员存在监察法第六十条第一款[1]规定的有关情形，向监察机关提出申诉的，由监察机关案件监督管理部门依法受理，并按照法定的程序和时限办理。

---

〔1〕 对应2024年12月25日修正的《监察法》第69条第1款。

第二百七十五条 监察对象对控告人、申诉人、批评人、检举人、证人、监察人员进行打击、压制等报复陷害的，监察机关应当依法给予政务处分。构成犯罪的，依法追究刑事责任。

69.4 《公务员法》

第十五条第六项 公务员享有下列权利：

（六）提出申诉和控告；

第五十九条第六项 公务员应当遵纪守法，不得有下列行为：

（六）对批评、申诉、控告、检举进行压制或者打击报复；

第九十五条 公务员对涉及本人的下列人事处理不服的，可以自知道该人事处理之日起三十日内向原处理机关申请复核；对复核结果不服的，可以自接到复核决定之日起十五日内，按照规定向同级公务员主管部门或者作出该人事处理的机关的上一级机关提出申诉；也可以不经复核，自知道该人事处理之日起三十日内直接提出申诉：

（一）处分；

（二）辞退或者取消录用；

（三）降职；

（四）定期考核定为不称职；

（五）免职；

（六）申请辞职、提前退休未予批准；

（七）不按照规定确定或者扣减工资、福利、保险待遇；

（八）法律、法规规定可以申诉的其他情形。

对省级以下机关作出的申诉处理决定不服的，可以向作出处理决定的上一级机关提出再申诉。

受理公务员申诉的机关应当组成公务员申诉公正委员会，负责受理和审理公务员的申诉案件。

公务员对监察机关作出的涉及本人的处理决定不服向监察机关申请复审、复核的，按照有关规定办理。

第九十六条　原处理机关应当自接到复核申请书后的三十日内作出复核决定，并以书面形式告知申请人。受理公务员申诉的机关应当自受理之日起六十日内作出处理决定；案情复杂的，可以适当延长，但是延长时间不得超过三十日。

复核、申诉期间不停止人事处理的执行。

公务员不因申请复核、提出申诉而被加重处理。

第九十七条　公务员申诉的受理机关审查认定人事处理有错误的，原处理机关应当及时予以纠正。

第九十八条　公务员认为机关及其领导人员侵犯其合法权益的，可以依法向上级机关或者监察机关提出控告。受理控告的机关应当按照规定及时处理。

第九十九条　公务员提出申诉、控告，应当尊重事实，不得捏造事实，诬告、陷害他人。对捏造事实，诬告、陷害他人的，依法追究法律责任。

第一百零六条第六项　对有下列违反本法规定情形的，由县级以上领导机关或者公务员主管部门按照管理权限，区别不同情况，分别予以责令纠正或者宣布无效；对负有责任的领导人员和直接责任人员，根据情节轻重，给予批评教育、责令检查、诫勉、组织调整、处分；构成犯罪的，依法追究刑事责任：

（六）不按照规定受理和处理公务员申诉、控告的；

69.5 《刑事诉讼法》

第三十八条　辩护律师在侦查期间可以为犯罪嫌疑人提供法律帮助；代理申诉、控告；申请变更强制措施；向侦查机关了解犯罪嫌疑人涉嫌的罪名和案件有关情况，提出意见。

第四十九条　辩护人、诉讼代理人认为公安机关、人民检察院、人民法院及其工作人员阻碍其依法行使诉讼权利的，有权向同级或者上一级人民检察院申诉或者控告。人民检察院对申诉或者控告应当及时进行审查，情况属实的，通知有关机关予以纠正。

第一百一十七条　当事人和辩护人、诉讼代理人、利害关系人对于司法机关及其工作人员有下列行为之一的，有权向该机关申诉或者控告：

（一）采取强制措施法定期限届满，不予以释放、解除或者变更的；

（二）应当退还取保候审保证金不退还的；

（三）对与案件无关的财物采取查封、扣押、冻结措施的；

（四）应当解除查封、扣押、冻结不解除的；

（五）贪污、挪用、私分、调换、违反规定使用查封、扣押、冻结的财物的。

受理申诉或者控告的机关应当及时处理。对处理不服的，可以向同级人民检察院申诉；人民检察院直接受理的案件，可以向上一级人民检察院申诉。人民检察院对申诉应当及时进行审查，情况属实的，通知有关机关予以纠正。

第一百八十条　对于有被害人的案件，决定不起诉的，人民检察院应当将不起诉决定书送达被害人。被害人如果不服，可以自收到决定书后七日以内向上一级人民检察院申诉，请求提起公诉。人民检察院应当将复查决定告知被害人。对人民检察院维持不起诉决定的，被害人可以向人民法院起诉。被害人也可以不经申诉，直接向人民法院起诉。人民法院受理案件后，人民检察院应当将有关案件材料移送人民法院。

第一百八十一条　对于人民检察院依照本法第一百七十七条第二款规定作出的不起诉决定，被不起诉人如果不服，可以自收到决定书后七日以内向人民检察院申诉。人民检察院应当作出复查决定，通知被不起诉的人，同时抄送公安机关。

第二百五十二条　当事人及其法定代理人、近亲属，对已经发生法律效力的判决、裁定，可以向人民法院或者人民检察院提出申诉，但是不能停止判决、裁定的执行。

第二百五十三条　当事人及其法定代理人、近亲属的申诉符合下列情形之一的，人民法院应当重新审判：

（一）有新的证据证明原判决、裁定认定的事实确有错误，可能影响定罪量刑的；

（二）据以定罪量刑的证据不确实、不充分、依法应当予以排除，或者证明案件事实的主要证据之间存在矛盾的；

（三）原判决、裁定适用法律确有错误的；

（四）违反法律规定的诉讼程序，可能影响公正审判的；

（五）审判人员在审理该案件的时候，有贪污受贿，徇私舞弊，枉法裁判行为的。

第二百七十五条　监狱和其他执行机关在刑罚执行中，如果认为判决有错误或者罪犯提出申诉，应当转请人民检察院或者原判人民法院处理。

第二百八十二条第二款　对附条件不起诉的决定，公安机关要求复议、提请复核或者被害人申诉的，适用本法第一百七十九条、第一百八十条的规定。

69.6 《中国共产党纪律检查机关监督执纪工作规则》

第五十九条　对不服处分决定的申诉，由批准或者决定处分的党委（党组）或者纪检监察机关受理；需要复议复查的，由纪检监察机关相关负责人批准后受理。

申诉办理部门成立复查组，调阅原案案卷，必要时可以进行取证，经集体研究后，提出办理意见，报纪检监察机关相关负责人批准或者纪委常委会会议研究决定，作出复议复查决定。决定应当告知申诉人，抄送相关单位，并在一定范围内宣布。

坚持复议复查与审查审理分离，原案审查、审理人员不得参与复议复查。

复议复查工作应当在3个月内办结。

错案追责

> 第七十条　对调查工作结束后发现立案依据不充分或者失实，案件处置出现重大失误，监察人员严重违法的，应当追究负有责任的领导人员和直接责任人员的责任。

【关联法条】

70.1 《监察官法》

第五十四条　实行监察官责任追究制度，对滥用职权、失职失责造成严重后果的，终身追究责任或者进行问责。

监察官涉嫌严重职务违法、职务犯罪或者对案件处置出现重大失误的，应当追究负有责任的领导人员和直接责任人员的责任。

70.2 《监察法实施条例》

第二百七十三条　监察机关在维护监督执法调查工作纪律方面失职失责的，依法追究责任。监察人员涉嫌严重职务违法、职务犯罪或者对案件处置出现重大失误的，既应当追究直接责任，还应当严肃追究负有责任的领导人员责任。

监察机关应当建立办案质量责任制，对滥用职权、失职失责造成严重后果的，实行终身责任追究。

70.3 《中国共产党纪律检查机关监督执纪工作规则》

第七十二条　纪检监察机关在维护监督执纪工作纪律方面失职失责的，予以严肃问责。

第七十二条　对案件处置出现重大失误，纪检监察干部涉嫌严重违纪或者职务违法、职务犯罪的，开展“一案双查”，既追究直接责任，还应当严肃追究有关领导人员责任。

建立办案质量责任制，对滥用职权、失职失责造成严重后果的，实行终身问责。

第八章　法律责任

拒不执行监察决定、无正当理由拒不采纳监察建议的法律责任

第七十一条　有关单位拒不执行监察机关作出的处理决定，或者无正当理由拒不采纳监察建议的，由其主管部门、上级机关责令改正，对单位给予通报批评；对负有责任的领导人员和直接责任人员依法给予处理。

【关联法条】

71.1 《公职人员政务处分法》

第六十一条　有关机关、单位无正当理由拒不采纳监察建议的，由其上级机关、主管部门责令改正，对该机关、单位给予通报批评，对负有责任的领导人员和直接责任人员依法给予处理。

第六十二条　有关机关、单位、组织或者人员有下列情形之一的，由其上级机关，主管部门，任免机关、单位或者监察机关责令改正，依法给予处理：

（一）拒不执行政务处分决定的；

（二）拒不配合或者阻碍调查的；

（三）对检举人、证人或者调查人员进行打击报复的；

（四）诬告陷害公职人员的；

（五）其他违反本法规定的情形。

71.2 《监察法实施条例》

第三十六条　监察机关根据监督、调查结果，发现监察对象所在单位在廉政建设、权力制约、监督管理、制度执行以及履行职责等方面存在问题需要整改纠正的，依法提出监察建议。

监察机关应当跟踪了解监察建议的采纳情况，指导、督促有关单位限期整改，推动监察建议落实到位。

第二百七十四条　有关单位拒不执行监察机关依法作出的下列处理决定的，应当由其主管部门、上级机关责令改正，对单位给予通报批评，对负有责任的领导人员和直接责任人员依法给予处理：

（一）政务处分决定；

（二）问责决定；

（三）谈话提醒、批评教育、责令检查，或者予以诫勉的决定；

（四）采取调查措施的决定；

（五）复审、复核决定；

（六）监察机关依法作出的其他处理决定。

71.3　《中国共产党纪律处分条例》

第四十三条　对于违纪行为所获得的经济利益，应当收缴或者责令退赔。对于主动上交的违纪所得和经济损失赔偿，应当予以接收，并按照规定收缴或者返还有关单位、个人。

对于违纪行为所获得的职务、职级、职称、学历、学位、奖励、资格等其他利益，应当由承办案件的纪检机关或者由其上级纪检机关建议有关组织、部门、单位按照规定予以纠正。

对于依照本条例第三十七条、第三十八条规定处理的党员，经调查确属其实施违纪行为获得的利益，依照本条规定处理。

第一百三十五条　在信访工作中，有下列行为之一，造成不良影响或者严重后果的，对直接责任者和领导责任者，给予警告或者严重警告处分；情节较重的，给予撤销党内职务或者留党察看处分；情节严重的，给予开除党籍处分：

（一）不按照规定受理、办理信访事项；

（二）对规模性集体访等处置不力，导致事态扩大；

（三）对党委和政府信访部门提出的改进工作、完善政策等建议重视不够、落实不力，导致问题长期得不到解决；

（四）其他不履行或者不正确履行信访工作职责行为。

不履行或者不正确履行职责，导致信访事项发生，造成不良影响或者严重后果的，对直接责任者和领导责任者，依照前款规定处理。

71.4 《中国共产党纪律检查机关监督执纪工作规则》

第十九条　纪检监察机关对监督中发现的突出问题，应当向有关党组织或者单位提出纪律检查建议或者监察建议，通过督促召开专题民主生活会、组织开展专项检查等方式，督查督办，推动整改。

第五十六条　审理报告报经纪检监察机关主要负责人批准后，提请纪委常委会会议审议。需报同级党委审批的，应当在报批前以纪检监察机关办公厅（室）名义征求同级党委组织部门和被审查调查人所在党委（党组）意见。

处分决定作出后，纪检监察机关应当通知受处分党员所在党委（党组），抄送同级党委组织部门，并依照规定在1个月内向其所在党的基层组织中的全体党员以及本人宣布。处分决定执行情况应当及时报告。

妨害监察行为的法律责任

第七十二条　有关人员违反本法规定，有下列行为之一的，由其所在单位、主管部门、上级机关或者监察机关责令改正，依法给予处理：

（一）不按要求提供有关材料，拒绝、阻碍调查措施实施等拒不配合监察机关调查的；

（二）提供虚假情况，掩盖事实真相的；

（三）串供或者伪造、隐匿、毁灭证据的；

（四）阻止他人揭发检举、提供证据的；

（五）其他违反本法规定的行为，情节严重的。

【关联法条】

72.1 《监察法》

第四条第二款、第三款　监察机关办理职务违法和职务犯罪案件，应当与审判机关、检察机关、执法部门互相配合，互相制约。

监察机关在工作中需要协助的，有关机关和单位应当根据监察机关的要求依法予以协助。

第二十七条第三款　监察机关进行搜查时，可以根据工作需要提请公安机关配合。公安机关应当依法予以协助。

第十八条　监察机关行使监督、调查职权，有权依法向有关单位和个人了解情况，收集、调取证据。有关单位和个人应当如实提供。

监察机关及其工作人员对监督、调查过程中知悉的国家秘密、工作秘密、商业秘密、个人隐私和个人信息，应当保密。

任何单位和个人不得伪造、隐匿或者毁灭证据。

72.2 《公职人员政务处分法》

第十三条　公职人员有下列情形之一的，应当从重给予政务处分：

（一）在政务处分期内再次故意违法，应当受到政务处分的；

（二）阻止他人检举、提供证据的；

（三）串供或者伪造、隐匿、毁灭证据的；

（四）包庇同案人员的；

（五）胁迫、唆使他人实施违法行为的；

（六）拒不上交或者退赔违法所得的；

（七）法律、法规规定的其他从重情节。

第三十二条　有下列行为之一的，予以警告、记过或者记大过；情节较重的，予以降级或者撤职；情节严重的，予以开除：

（一）在选拔任用、录用、聘用、考核、晋升、评选等干部人事工作中违反有关规定的；

（二）弄虚作假，骗取职务、职级、衔级、级别、岗位和职员等级、职称、待遇、资格、学历、学位、荣誉、奖励或者其他利益的；

（三）对依法行使批评、申诉、控告、检举等权利的行为进行压制或者打击报复的；

（四）诬告陷害，意图使他人受到名誉损害或者责任追究等不良影响的；

（五）以暴力、威胁、贿赂、欺骗等手段破坏选举的。

第四十二条第一款　监察机关对涉嫌违法的公职人员进行调查，应当由二名以上工作人员进行。监察机关进行调查时，有权依法向有关单位和个人了解情况，收集、调取证据。有关单位和个人应当如实提供情况。

72.3 《监察法实施条例》

第五十九条第二款　监察机关向有关单位和个人收集、调取证据时，应当告知其必须依法如实提供证据。对于不按要求提供有关材料，泄露相关信息，伪造、隐匿、毁灭证据，提供虚假情况或者阻止他人提供证据的，依法追究法律责任。

第八十九条　凡是知道案件情况的人，都有如实作证的义务。对故意提供虚假证言的证人，应当依法追究法律责任。

证人或者其他任何人不得帮助被调查人隐匿、毁灭、伪造证据或者串供，不得实施其他干扰调查活动的行为。

第一百二十条　调取证据材料时，调查人员不得少于二人。调查人员应当依法出具《调取证据通知书》，必要时附《调取证据清单》。

有关单位和个人配合监察机关调取证据，应当严格保密。

第二百七十五条　监察对象对控告人、申诉人、批评人、检举人、证人、监察人员进行打击、压制等报复陷害的，监察机关应当依法给予政务处分。构成犯罪的，依法追究刑事责任。

第二百七十六条　控告人、检举人、证人采取捏造事实、伪造材料等方式诬告陷害的，监察机关应当依法给予政务处分，或者移送有关机关处理。构成犯罪的，依法追究刑事责任。

监察人员因依法履行职责遭受不实举报、诬告陷害、侮辱诽谤，致使名誉受到损害的，监察机关应当会同有关部门及时澄清事实，消除不良影响，并依法追究相关单位或者个人的责任。

72.4 《刑法》

第三百零五条　在刑事诉讼中，证人、鉴定人、记录人、翻译人对与案件有重要关系的情节，故意作虚假证明、鉴定、记录、翻译，意图陷害他人或者隐匿罪证的，处三年以下有期徒刑或者拘役；情节严重的，处三年以上七年以下有期徒刑。

第三百零七条　以暴力、威胁、贿买等方法阻止证人作证或者指使他人作伪证的，处三年以下有期徒刑或者拘役；情节严重的，处三年以上七年以下有期徒刑。

帮助当事人毁灭、伪造证据，情节严重的，处三年以下有期徒刑或者拘役。

司法工作人员犯前两款罪的，从重处罚。

第三百零八条　对证人进行打击报复的，处三年以下有期徒刑或者拘役；情节严重的，处三年以上七年以下有期徒刑。

72.5 《中国共产党纪律处分条例》

第六十三条　对抗组织审查，有下列行为之一的，给予警告或者严重警告处分；情节较重的，给予撤销党内职务或者留党察看处分；情节严重的，给予开除党籍处分：

（一）串供或者伪造、销毁、转移、隐匿证据；

（二）阻止他人揭发检举、提供证据材料；

（二）包庇同案人员；

（四）向组织提供虚假情况，掩盖事实；

（五）其他对抗组织审查行为。

第八十条　在党组织纪律审查中，依法依规负有作证义务的党员拒绝作证或者故意提供虚假情况，情节较重的，给予警告或者严重警告处分；情节严重的，给予撤销党内职务、留党察看或者开除党籍处分。

第八十八条　有下列行为之一的，对直接责任者和领导责任者，给予警告或者严重警告处分；情节较重的，给予撤销党内职务或者留党察看处分；情节严重的，给予开除党籍处分：

（一）对批评、检举、控告进行阻挠、压制，或者将批评、检举、控告材料私自扣压、销毁，或者故意将其泄露给他人；

（二）对党员的申辩、辩护、作证等进行压制，造成不良后果；

（三）压制党员申诉，造成不良后果，或者不按照有关规定处理党员申诉；

（四）其他侵犯党员权利行为，造成不良后果。

对批评人、检举人、控告人、证人及其他人员打击报复的，从重或者加重处分。

72.6　《中国共产党纪律检查机关监督执纪工作规则》

第四十六条第三款　严禁以威胁、引诱、欺骗以及其他违规违纪违法方式收集证据；严禁隐匿、损毁、篡改、伪造证据。

诬告陷害行为的法律责任

第七十三条　监察对象对控告人、检举人、证人或者监察人员进行报复陷害的；控告人、检举人、证人捏造事实诬告陷害监察对象的，依法给予处理。

【关联法条】

73.1　《宪法》

第四十一条　中华人民共和国公民对于任何国家机关和国家工作人员，有提出批评和建议的权利；对于任何国家机关和国家工作人员的违法失职行为，有向有关国家机关提出申诉、控告或者检举的权利，但是不得捏造或者歪曲事实进行诬告陷害。

对于公民的申诉、控告或者检举，有关国家机关必须查清事实，负责处理。任何人不得压制和打击报复。

由于国家机关和国家工作人员侵犯公民权利而受到损失的人，

有依照法律规定取得赔偿的权利。

73.2 《公职人员政务处分法》

第三十二条　有下列行为之一的，予以警告、记过或者记大过；情节较重的，予以降级或者撤职；情节严重的，予以开除：

（一）在选拔任用、录用、聘用、考核、晋升、评选等干部人事工作中违反有关规定的；

（二）弄虚作假，骗取职务、职级、衔级、级别、岗位和职员等级、职称、待遇、资格、学历、学位、荣誉、奖励或者其他利益的；

（三）对依法行使批评、申诉、控告、检举等权利的行为进行压制或者打击报复的；

（四）诬告陷害，意图使他人受到名誉损害或者责任追究等不良影响的；

（五）以暴力、威胁、贿赂、欺骗等手段破坏选举的。

第五十三条　监察机关在调查中发现公职人员受到不实检举、控告或者诬告陷害，造成不良影响的，应当按照规定及时澄清事实，恢复名誉，消除不良影响。

第六十二条　有关机关、单位、组织或者人员有下列情形之一的，由其上级机关，主管部门，任免机关、单位或者监察机关责令改正，依法给予处理：

（一）拒不执行政务处分决定的；

（二）拒不配合或者阻碍调查的；

（三）对检举人、证人或者调查人员进行打击报复的；

（四）诬告陷害公职人员的；

（五）其他违反本法规定的情形。

73.3 《监察官法》

第四十三条　任何单位和个人对监察官的违纪违法行为，有权检举、控告。受理检举、控告的机关应当及时调查处理，并将结果告知检举人、控告人。

对依法检举、控告的单位和个人，任何人不得压制和打击报复。

第五十七条　监察官的职业尊严和人身安全受法律保护。

任何单位和个人不得对监察官及其近亲属打击报复。

对监察官及其近亲属实施报复陷害、侮辱诽谤、暴力侵害、威胁恐吓、滋事骚扰等违法犯罪行为的，应当依法从严惩治。

第五十八条　监察官因依法履行职责遭受不实举报、诬告陷害、侮辱诽谤，致使名誉受到损害的，监察机关应当会同有关部门及时澄清事实，消除不良影响，并依法追究相关单位或者个人的责任。

第五十九条　监察官因依法履行职责，本人及其近亲属人身安全面临危险的，监察机关、公安机关应当对监察官及其近亲属采取人身保护、禁止特定人员接触等必要保护措施。

第六十五条　对监察官的政务处分、处分或者人事处理错误的，应当及时予以纠正；造成名誉损害的，应当恢复名誉、消除影响、赔礼道歉；造成经济损失的，应当赔偿。对打击报复的直接责任人员，应当依法追究其责任。

73.4 《监察法实施条例》

第二百七十五条　监察对象对控告人、申诉人、批评人、检举人、证人、监察人员进行打击、压制等报复陷害的，监察机关应当依法给予政务处分。构成犯罪的，依法追究刑事责任。

第二百七十六条　控告人、检举人、证人采取捏造事实、伪造材料等方式诬告陷害的，监察机关应当依法给予政务处分，或者移送有关机关处理。构成犯罪的，依法追究刑事责任。

监察人员因依法履行职责遭受不实举报、诬告陷害、侮辱诽谤，致使名誉受到损害的，监察机关应当会同有关部门及时澄清事实，消除不良影响，并依法追究相关单位或者个人的责任。

73.5 《刑法》

第二百四十三条　捏造事实诬告陷害他人，意图使他人受刑事追究，情节严重的，处三年以下有期徒刑、拘役或者管制；造成严重后果的，处三年以上十年以下有期徒刑。

国家机关工作人员犯前款罪的，从重处罚。

不是有意诬陷，而是错告，或者检举失实的，不适用前两款的规定。

第二百四十六条 以暴力或者其他方法公然侮辱他人或者捏造事实诽谤他人，情节严重的，处三年以下有期徒刑、拘役、管制或者剥夺政治权利。

前款罪，告诉的才处理，但是严重危害社会秩序和国家利益的除外。

通过信息网络实施第一款规定的行为，被害人向人民法院告诉，但提供证据确有困难的，人民法院可以要求公安机关提供协助。

第三百零八条 对证人进行打击报复的，处三年以下有期徒刑或者拘役；情节严重的，处三年以上七年以下有期徒刑。

73.6 《刑事诉讼法》

第一百一十一条 报案、控告、举报可以用书面或者口头提出。接受口头报案、控告、举报的工作人员，应当写成笔录，经宣读无误后，由报案人、控告人、举报人签名或者盖章。

接受控告、举报的工作人员，应当向控告人、举报人说明诬告应负的法律责任。但是，只要不是捏造事实，伪造证据，即使控告、举报的事实有出入，甚至是错告的，也要和诬告严格加以区别。

公安机关、人民检察院或者人民法院应当保障报案人、控告人、举报人及其近亲属的安全。报案人、控告人、举报人如果不愿公开自己的姓名和报案、控告、举报的行为，应当为他保守秘密。

73.7 《公务员法》

第九十九条 公务员提出申诉、控告，应当尊重事实，不得捏造事实，诬告、陷害他人。对捏造事实，诬告、陷害他人的，依法追究法律责任。

73.8 《治安管理处罚法》

第二十条　违反治安管理有下列情形之一的，从重处罚：

（一）有较严重后果的；

（二）教唆、胁迫、诱骗他人违反治安管理的；

（三）对报案人、控告人、举报人、证人打击报复的；

（四）六个月内曾受过治安管理处罚的。

第四十二条　有下列行为之一的，处五日以下拘留或者五百元以下罚款；情节较重的，处五日以上十日以下拘留，可以并处五百元以下罚款：

（一）写恐吓信或者以其他方法威胁他人人身安全的；

（二）公然侮辱他人或者捏造事实诽谤他人的；

（三）捏造事实诬告陷害他人，企图使他人受到刑事追究或者受到治安管理处罚的；

（四）对证人及其近亲属进行威胁、侮辱、殴打或者打击报复的；

（五）多次发送淫秽、侮辱、恐吓或者其他信息，干扰他人正常生活的；

（六）偷窥、偷拍、窃听、散布他人隐私的。

73.9 《中国共产党纪律处分条例》

第五十九条　制造、散布、传播政治谣言，破坏党的团结统一的，给予警告或者严重警告处分；情节较重的，给予撤销党内职务或者留党察看处分；情节严重的，给予开除党籍处分。

政治品行恶劣，匿名诬告，有意陷害或者制造其他谣言，造成损害或者不良影响的，依照前款规定处理。

第八十八条　有下列行为之一的，对直接责任者和领导责任者，给予警告或者严重警告处分；情节较重的，给予撤销党内职务或者留党察看处分；情节严重的，给予开除党籍处分：

（一）对批评、检举、控告进行阻挠、压制，或者将批评、检举、控告材料私自扣压、销毁，或者故意将其泄露给他人；

（二）对党员的申辩、辩护、作证等进行压制，造成不良后果；

（三）压制党员申诉，造成不良后果，或者不按照有关规定处理党员申诉；

（四）其他侵犯党员权利行为，造成不良后果。

对批评人、检举人、控告人、证人及其他人员打击报复的，从重或者加重处分。

73.10 《中国共产党党员权利保障条例》

第十一条第三款　党员进行批评、揭发、检举以及提出处理、处分要求，应当通过组织渠道，不得随意扩散传播、网络散布，不得夸大和歪曲事实，更不得捏造事实、诬告陷害。

第三十二条　党组织应当严格落实党内民主监督各项制度，畅通监督渠道，支持和鼓励党员发扬斗争精神，同各种违纪违法行为和不正之风作斗争。对于党员的批评、揭发、检举、控告以及提出的有关处理、处分和罢免、撤换要求，党组织应当按照规定及时恰当处理，并给予负责的答复。

党组织应当保障检举控告人的权益，对检举控告人的信息以及检举控告内容必须严格保密，严禁将检举控告材料转给被检举控告的组织和人员。提倡和鼓励实名检举控告，对实名检举控告优先办理、优先处置，告知受理情况、反馈处理结果；对于检举控告严重违纪违法问题经查证属实的，应当给予表扬。

对于党员检举控告和反映的问题，任何党组织和领导干部都不准隐瞒不报、拖延不办。对于通过正常渠道反映问题的党员，任何组织和个人都不准打击报复，不准擅自进行追查，不准采取调离工作岗位、降格使用等惩罚措施。

第三十四条　对于诬告陷害行为，党组织应当依规依纪严肃处理。对于经核查认定党员受到失实检举控告、确有必要澄清的，应当按照规定对检举控告失实的具体问题进行澄清。

第四十六条　党员不正确行使权利，损害党、国家和人民利益，有下列行为之一的，应当依规依纪追究责任：

（一）公开发表违背党的理论路线方针政策和党中央重大决策部署的观点和意见；

（二）不按照组织原则和程序进行批评、揭发、检举、控告以及提出处理、处分、罢免、撤换要求，或者随意扩散、传播；

（三）制作、发布、传播违反党的纪律或者法律法规规定的网络信息或者其他信息；

（四）捏造事实、伪造材料诬告陷害；

（五）其他不正确行使党员权利的行为。

73.11 《纪检监察机关处理检举控告工作规则》

第三十九条　采取捏造事实、伪造材料等方式反映问题，意图使他人受到不良政治影响、名誉损失或者责任追究的，属于诬告陷害。

认定诬告陷害，应当经设区的市级以上党委或者纪检监察机关批准。

第四十条　纪检监察机关应当加强对检举控告的分析甄别，注意发现异常检举控告行为，有重点地进行查证。属于诬告陷害的，依规依纪依法严肃处理，或者移交有关机关依法处理。

第四十一条　诬告陷害具有以下情形之一，应当从重处理：

（一）手段恶劣，造成不良影响的；

（二）严重干扰换届选举或者干部选拔任用工作的；

（三）经调查已有明确结论，仍诬告陷害他人的；

（四）强迫、唆使他人诬告陷害的；

（五）其他造成严重后果的。

第四十二条　纪检监察机关应当将查处的诬告陷害典型案件通报曝光。

第四十三条　纪检监察机关对通过诬告陷害获得的职务、职级、职称、学历、学位、奖励、资格等利益，应当建议有关组织、部门、单位按规定予以纠正。

第四十四条　对被诬告陷害的党员、干部以及监察对象，纪检监察机关、所在单位党组织应当开展思想政治工作，谈心谈话、消除顾虑，保护干事创业积极性，推动履职尽责、担当作为。

第四十五条　纪检监察机关应当区分诬告陷害和错告。属于错告的，可以对检举控告人进行教育。

负有责任的领导人员和直接责任人员的法律责任

第七十四条　监察机关及其工作人员有下列行为之一的，对负有责任的领导人员和直接责任人员依法给予处理：

（一）未经批准、授权处置问题线索，发现重大案情隐瞒不报，或者私自留存、处理涉案材料的；

（二）利用职权或者职务上的影响干预调查工作、以案谋私的；

（三）违法窃取、泄露调查工作信息，或者泄露举报事项、举报受理情况以及举报人信息的；

（四）对被调查人或者涉案人员逼供、诱供，或者侮辱、打骂、虐待、体罚或者变相体罚的；

（五）违反规定处置查封、扣押、冻结的财物的；

（六）违反规定发生办案安全事故，或者发生安全事故后隐瞒不报、报告失实、处置不当的；

（七）违反规定采取强制到案、责令候查、管护、留置或者禁闭措施，或者法定期限届满，不予以解除或者变更的；

（八）违反规定采取技术调查、限制出境措施，或者不按规定解除技术调查、限制出境措施的；

（九）利用职权非法干扰企业生产经营或者侵害企业经营者人身权利、财产权利和其他合法权益的；

（十）其他滥用职权、玩忽职守、徇私舞弊的行为。

【关联法条】

74.1 《公职人员政务处分法》

第六十三条　监察机关及其工作人员有下列情形之一的，对负有责任的领导人员和直接责任人员依法给予处理：

（一）违反规定处置问题线索的；

（二）窃取、泄露调查工作信息，或者泄露检举事项、检举受理情况以及检举人信息的；

（三）对被调查人或者涉案人员逼供、诱供，或者侮辱、打骂、虐待、体罚或者变相体罚的；

（四）收受被调查人或者涉案人员的财物以及其他利益的；

（五）违反规定处置涉案财物的；

（六）违反规定采取调查措施的；

（七）利用职权或者职务上的影响干预调查工作、以案谋私的；

（八）违反规定发生办案安全事故，或者发生安全事故后隐瞒不报、报告失实、处置不当的；

（九）违反回避等程序规定，造成不良影响的；

（十）不依法受理和处理公职人员复审、复核的；

（十一）其他滥用职权、玩忽职守、徇私舞弊的行为。

74.2 《监察官法》

第五十二条　监察官有下列行为之一的，依法给予处理；构成犯罪的，依法追究刑事责任：

（一）贪污贿赂的；

（二）不履行或者不正确履行监督职责，应当发现的问题没有发现，或者发现问题不报告、不处置，造成恶劣影响的；

（三）未经批准、授权处置问题线索，发现重大案情隐瞒不报，或者私自留存、处理涉案材料的；

（四）利用职权或者职务上的影响干预调查工作、以案谋私的；

（五）窃取、泄露调查工作信息，或者泄露举报事项、举报受理情况以及举报人信息的；

（六）隐瞒、伪造、变造、故意损毁证据、案件材料的；

（七）对被调查人或者涉案人员逼供、诱供，或者侮辱、打骂、虐待、体罚、变相体罚的；

（八）违反规定采取调查措施或者处置涉案财物的；

（九）违反规定发生办案安全事故，或者发生安全事故后隐瞒不报、报告失实、处置不当的；

（十）其他职务违法犯罪行为。

监察官有其他违纪违法行为，影响监察官队伍形象，损害国家和人民利益的，依法追究相应责任。

第五十三条　监察官涉嫌违纪违法，已经被立案审查、调查、侦查，不宜继续履行职责的，按照管理权限和规定的程序暂时停止其履行职务。

第五十四条　实行监察官责任追究制度，对滥用职权、失职失责造成严重后果的，终身追究责任或者进行问责。

监察官涉嫌严重职务违法、职务犯罪或者对案件处置出现重大失误的，应当追究负有责任的领导人员和直接责任人员的责任。

74.3 《监察法实施条例》

第二百五十九条　监察机关应当对监察权运行关键环节进行经常性监督检查，适时开展专项督查。案件监督管理、案件审理等部门应当按照各自职责，对问题线索处置、调查措施使用、涉案财物管理等进行监督检查，建立常态化、全覆盖的案件质量评查机制。

第二百六十条　监察机关应当加强对监察人员执行职务和遵纪守法情况的监督，按照管理权限依法对监察人员涉嫌违法犯罪问题进行调查处置。

第二百六十一条　监察机关及其监督检查、调查部门负责人应当定期检查调查期间的录音录像、谈话笔录、涉案财物登记资料，加强对调查全过程的监督，发现问题及时纠正并报告。

第二百六十五条　上级监察机关应当通过专项检查、业务考评、开展复查等方式，强化对下级监察机关及监察人员执行职务和遵纪守法情况的监督。

第二百七十三条　监察机关在维护监督执法调查工作纪律方面失职失责的，依法追究责任。监察人员涉嫌严重职务违法、职务犯罪或者对案件处置出现重大失误的，既应当追究直接责任，还应当严肃追究负有责任的领导人员责任。

监察机关应当建立办案质量责任制，对滥用职权、失职失责造成严重后果的，实行终身责任追究。

第二百七十七条　监察机关应当建立健全办案安全责任制。承办部门主要负责人和调查组组长是调查安全第一责任人。调查组应当指定专人担任安全员。

地方各级监察机关履行管理、监督职责不力发生严重办案安全事故的，或者办案中存在严重违规违纪违法行为的，省级监察机关主要负责人应当向国家监察委员会作出检讨，并予以通报、严肃追责问责。

案件监督管理部门应当对办案安全责任制落实情况组织经常性检查和不定期抽查，发现问题及时报告并督促整改。

第二百七十八条　监察人员在履行职责中有下列行为之一的，依法严肃处理；构成犯罪的，依法追究刑事责任：

（一）贪污贿赂、徇私舞弊的；

（二）不履行或者不正确履行监督职责，应当发现的问题没有发现，或者发现问题不报告、不处置，造成严重影响的；

（三）未经批准、授权处置问题线索，发现重大案情隐瞒不报，或者私自留存、处理涉案材料的；

（四）利用职权或者职务上的影响干预调查工作的；

（五）违法窃取、泄露调查工作信息，或者泄露举报事项、举报受理情况以及举报人信息的；

（六）对被调查人或者涉案人员逼供、诱供，或者侮辱、打骂、虐待、体罚或者变相体罚的；

（七）违反规定处置查封、扣押、冻结的财物的；

（八）违反规定导致发生办案安全事故，或者发生安全事故后隐瞒不报、报告失实、处置不当的；

（九）违反规定采取留置措施的；

（十）违反规定限制他人出境，或者不按规定解除出境限制的；

（十一）其他职务违法和职务犯罪行为。

第二百七十九条　对监察人员在履行职责中存在违法行为的，可以根据情节轻重，依法进行谈话提醒、批评教育、责令检查、诫勉，或者给予政务处分。构成犯罪的，依法追究刑事责任。

74.4　《中国共产党纪律检查委员会工作条例》

第五十四条　建立健全安全责任制，严格防范发生审查安全事故。组织开展经常性检查和不定期抽查，发现问题及时督促整改。

第五十五条　纪检干部有以案谋私、跑风漏气、滥用职权以及其他违规违纪违法行为的，必须严肃查处；构成犯罪的，依法追究刑事责任。

纪检机关及其领导干部履行职责过程中失职失责造成严重后果或者恶劣影响的，应当严肃问责。

74.5　《中国共产党纪律检查机关监督执纪工作规则》

第七十条　建立健全安全责任制，监督检查、审查调查部门主要负责人和审查调查组组长是审查调查安全第一责任人，审查调查组应当指定专人担任安全员。被审查调查人发生安全事故的，应当在 24 小时内逐级上报至中央纪委，及时做好舆论引导。

发生严重安全事故的，或者存在严重违规违纪违法行为的，省级纪检监察机关主要负责人应当向中央纪委作出检讨，并予以通报、严肃问责追责。

案件监督管理部门应当组织开展经常性检查和不定期抽查，发现问题及时报告并督促整改。

第七十一条　对纪检监察干部越权接触相关地区、部门、单位党委（党组）负责人，私存线索、跑风漏气、违反安全保密规定，接受请托、干预审查调查、以案谋私、办人情案，侮辱、打骂、虐待、体罚或者变相体罚被审查调查人，以违规违纪违法方式收集证据，截留挪用、侵占私分涉案财物，接受宴请和财物等行为，依规依纪严肃处理；涉嫌职务违法、职务犯罪的，依法追究法律责任。

第七十二条　纪检监察机关在维护监督执纪工作纪律方面失职失责的，予以严肃问责。

第七十三条　对案件处置出现重大失误，纪检监察干部涉嫌严重违纪或者职务违法、职务犯罪的，开展“一案双查”，既追究直接责任，还应当严肃追究有关领导人员责任。

建立办案质量责任制，对滥用职权、失职失责造成严重后果的，实行终身问责。

74.6 《纪检监察机关处理检举控告工作规则》

第五十二条　纪检监察机关及其工作人员有以下情形之一，依规依纪严肃处理；涉嫌职务违法、职务犯罪的，依法追究法律责任：

（一）私存、扣压、篡改、伪造、撤换、隐匿、遗失或者私自销毁检举控告材料的；

（二）超越权限，擅自处理检举控告材料的；

（三）泄露检举控告人信息或者检举控告内容等，或者将检举控告材料转给被检举控告的组织、人员的；

（四）隐瞒、谎报、未按规定期限上报重大检举控告信息，造成严重后果的；

（五）其他违规违纪违法的情形。

利用检举控告材料谋取个人利益或者为打击报复检举控告人提供便利的，应当从重处理。

刑事责任

第七十五条　违反本法规定，构成犯罪的，依法追究刑事责任。

【关联法条】

75.1　《公职人员政务处分法》

第六十四条　违反本法规定，构成犯罪的，依法追究刑事责任。

75.2　《监察法实施条例》

第二百七十五条　监察对象对控告人、申诉人、批评人、检举人、证人、监察人员进行打击、压制等报复陷害的，监察机关应当依法给予政务处分。构成犯罪的，依法追究刑事责任。

第二百七十六条第一款　控告人、检举人、证人采取捏造事实、伪造材料等方式诬告陷害的，监察机关应当依法给予政务处分，或者移送有关机关处理。构成犯罪的，依法追究刑事责任。

第二百七十九条　对监察人员在履行职责中存在违法行为的，可以根据情节轻重，依法进行谈话提醒、批评教育、责令检查、诫勉，或者给予政务处分。构成犯罪的，依法追究刑事责任。

75.3　《中国共产党纪律检查机关监督执纪工作规则》

第七十一条　对纪检监察干部越权接触相关地区、部门、单位党委（党组）负责人，私存线索、跑风漏气、违反安全保密规定，接受请托、干预审查调查、以案谋私、办人情案，侮辱、打骂、虐待、体罚或者变相体罚被审查调查人，以违规违纪违法方式收集证据，截留挪用、侵占私分涉案财物，接受宴请和财物等行为，依规依纪严肃处理；涉嫌职务违法、职务犯罪的，依法追究法律责任。

75.4　《中国共产党纪律检查委员会工作条例》

第五十五条第一款　纪检干部有以案谋私、跑风漏气、滥用职权以及其他违规违纪违法行为的，必须严肃查处；构成犯罪的，依法追究刑事责任。

75.5　《纪检监察机关派驻机构工作规则》

第五十条　派驻机构干部有跑风漏气、迟报瞒报、滥用职权、以案谋私以及其他违规违纪违法行为的，依规依纪依法严肃处理；构成犯罪的，依法追究刑事责任。

75.6 《纪检监察机关处理检举控告工作规则》

第五十四条　对纪检监察机关在监督检查、审查调查中发现的问题线索，审计机关、执法部门、司法机关等单位移交的信访举报以外的问题线索的处理，其他党内法规和法律法规另有规定的，从其规定。

国家赔偿责任

> 第七十六条　监察机关及其工作人员行使职权，侵犯公民、法人和其他组织的合法权益造成损害的，依法给予国家赔偿。

【关联法条】

76.1 《监察官法》

第六十五条　对监察官的政务处分、处分或者人事处理错误的，应当及时予以纠正；造成名誉损害的，应当恢复名誉、消除影响、赔礼道歉；造成经济损失的，应当赔偿。对打击报复的直接责任人员，应当依法追究其责任。

76.2 《监察法实施条例》

第二百八十条　监察机关及其工作人员在行使职权时，有下列情形之一的，受害人可以申请国家赔偿：

（一）采取留置措施后，决定撤销案件的；

（二）违法没收、追缴或者违法查封、扣押、冻结财物造成损害的；

（三）违法行使职权，造成被调查人、涉案人员或者证人身体伤害或者死亡的；

（四）非法剥夺他人人身自由的；

（五）其他侵犯公民、法人和其他组织合法权益造成损害的。

受害人死亡的，其继承人和其他有扶养关系的亲属有权要求赔偿；受害的法人或者其他组织终止的，其权利承受人有权要求赔偿。

第二百八十一条　监察机关及其工作人员违法行使职权侵犯公民、法人和其他组织的合法权益造成损害的，该机关为赔偿义务机关。申请赔偿应当向赔偿义务机关提出，由该机关负责复审复核工作的部门受理。

赔偿以支付赔偿金为主要方式。能够返还财产或者恢复原状的，予以返还财产或者恢复原状。

76.3 《国家赔偿法》

第二条　国家机关和国家机关工作人员行使职权，有本法规定的侵犯公民、法人和其他组织合法权益的情形，造成损害的，受害人有依照本法取得国家赔偿的权利。

本法规定的赔偿义务机关，应当依照本法及时履行赔偿义务。

第三十一条　赔偿义务机关赔偿后，应当向有下列情形之一的工作人员追偿部分或者全部赔偿费用：

（一）有本法第十七条第四项、第五项规定情形的；

（二）在处理案件中有贪污受贿，徇私舞弊，枉法裁判行为的。

对有前款规定情形的责任人员，有关机关应当依法给予处分；构成犯罪的，应当依法追究刑事责任。

第三十九条　赔偿请求人请求国家赔偿的时效为两年，自其知道或者应当知道国家机关及其工作人员行使职权时的行为侵犯其人身权、财产权之日起计算，但被羁押等限制人身自由期间不计算在内。在申请行政复议或者提起行政诉讼时一并提出赔偿请求的，适用行政复议法、行政诉讼法有关时效的规定。

赔偿请求人在赔偿请求时效的最后六个月内，因不可抗力或者其他障碍不能行使请求权的，时效中止。从中止时效的原因消除之日起，赔偿请求时效期间继续计算。

第九章　附　　则

具体授权

第七十七条　中国人民解放军和中国人民武装警察部队开展监察工作，由中央军事委员会根据本法制定具体规定。

【关联法条】

77.1　《公职人员政务处分法》

第六十六条　中央军事委员会可以根据本法制定相关具体规定。

77.2　《现役军官法》

第三十四条　军官违反军纪的，按照中央军事委员会的规定给予处分。

处分分为：警告、严重警告、记过、记大过、降职（级）或者降衔、撤职、开除军籍以及中央军事委员会规定的其他处分。

第三十五条　对被撤职的军官，根据其所犯错误的具体情况，任命新的职务；未任命新的职务的，应当确定职务等级待遇。

第三十六条　军官违反法律，构成犯罪的，依法追究刑事责任。

第五十二条　人民解放军总政治部根据本法制定实施办法，报国务院和中央军事委员会批准后施行。

第五十三条　中国人民武装警察部队现役警官适用本法，具体办法由国务院和中央军事委员会规定。

77.3　《人民武装警察法》

第四十条　人民武装警察部队应当对所属单位和人员执行法律、法规和遵守纪律的情况进行监督检查。

第四十一条　人民武装警察受中央军事委员会监察委员会、人民武装警察部队各级监察委员会的监督。

人民武装警察执行执勤、处置突发社会安全事件、防范和处置恐怖活动、海上维权执法、抢险救援任务，接受人民政府及其有关部门、公民、法人和其他组织的监督。

第四十二条　中央军事委员会监察委员会、人民武装警察部队各级监察委员会接到公民、法人和其他组织的检举、控告，或者接到县级以上人民政府及其有关部门对人民武装警察违法违纪行为的情况通报后，应当依法及时查处，按照有关规定将处理结果反馈检举人、控告人或者通报县级以上人民政府及其有关部门。

77.4 《中国共产党纪律处分条例》

第一百五十六条　中央军事委员会可以根据本条例，结合中国人民解放军和中国人民武装警察部队的实际情况，制定补充规定或者单项规定。

77.5 《中国共产党纪律检查委员会工作条例》

第五十七条　中央军事委员会可以根据本条例，制定相关规定。

77.6 《中国共产党纪律检查机关监督执纪工作规则》

第七十四条第二款　中央军事委员会可以根据本规则，制定相关规定。

77.7 《纪检监察机关处理检举控告工作规则》

第五十六条　中央军事委员会可以根据本规则，制定相关规定。

77.8 《纪检监察机关派驻机构工作规则》

第五十四条　中央军事委员会可以根据本规则制定相关细则。

77.9 《立法法》

第一百一十七条　中央军事委员会根据宪法和法律，制定军事法规。

中国人民解放军各战区、军兵种和中国人民武装警察部队，可以根据法律和中央军事委员会的军事法规、决定、命令，在其权限范围内，制定军事规章。

军事法规、军事规章在武装力量内部实施。

军事法规、军事规章的制定、修改和废止办法，由中央军事委员会依照本法规定的原则规定。

施行日期

第七十八条　本法自公布之日起施行。《中华人民共和国行政监察法》同时废止。

【关联法条】

《立法法》

第六十一条　法律应当明确规定施行日期。